내가 여기 있어요

세상에 혼자라고 느껴질 때,
우리를 위로해 주는 것들

크리스토프 앙드레 지음

안해린 옮김

내가 여기 있어요

세상에 혼자라고 느껴질 때,
우리를 위로해 주는 것들

크리스토프 앙드레 지음

안해린 옮김

불광출판사

에디뜨Édith에게 바칩니다.

"재는 불꽃을 증명할 뿐이다."

빅토르 위고Victor Hugo, 「비종교적 장례식Les Enterrements civils」[1]

위로가 절실하다

나는 오랜 시간 동안 위로에 대해 무지했다. 정신과 의사로서 환자를 돌보고, 작가로서 이해시키고 용기를 주며, 인간으로서 격려하는 것에 만족하며 살았다.

그러던 어느 날 중병을 앓게 되자, 내 인생이 예상보다 훨씬 빨리 끝나버릴지도 모르겠다는 생각이 들었다. 그로 인해 불안해졌다기보다는 지겨울 때까지 살아보지 못한 채 떠난다는 사실이 서글펐다. 그러나 나는 슬픔에 잠식되지 않고 오히려 세상을 이전보다 더 세밀하게 살펴볼 수 있게 되었다. 죽음의 위협을 받는 모든 이들이 그렇듯, 삶이 아름답다는 것을 깨달았다. 그리고 그중 많은 사람들처럼 나에게도 위로가 절실히 필요하다는 사실도. 아주 작은 미소, 조그마한 새의 노랫소리, 실낱같은 온정과 아름다움이 심히 연약한 내 몸과 정신을 한없이 기쁘게 한 것이다.

퇴원하고 집에 돌아와 서재를 정리했다(앞날은 알 수 없으니). 오래된 정신 의학서들을 정리하던 중 예전에 툴루즈에서 치료하던 어느 환자가 선물해준 책갈피를 발견했다. 마약 중독과 양극성 기분 장애로 고통받던, 내가 정말 아끼던 사람이었다. 그를 치료하고 안정시키는 것이 내게는 가장 어려운 일이었지만 그는 나 외에 그 누구도 만나고 싶어 하지 않았고 상태가 상당히 안 좋을 때도 예외 없이 거의 매일 상담을 오다시피 하였다. 간혹 나를 볼 낯이 없다고 느낄 때면 얼마간 사라지기도 했었다.

인사말

책갈피에는 이렇게 적혀있었다.

'친애하는 앙드레 선생님, 저를 인내해 주시고 제게 확신을 주셔서 감사합니다. 필립●.'

내가 툴루즈를 떠난 후 얼마 지나지 않아 필립이 결국 스스로 생을 마감했다는 소식을 그의 동성 연인이 전해주었다.

그 순간 문득, 그와 진행했던 치료 세션들을 떠올리며 내가 그의 병을 고치는 것은 실패했지만(별로 도움이 되지 않은 게 사실이다) 그를 위로하는 데에는 거의 매번 성공했다는 생각이 들었다. 나도 모르는 사이에 이루어진 일이다.

환자들을 치료하다가 어려움을 겪을 때면 이들은 왜 이런 상황에서도 충직하게 나를 찾아오며, 만날 때마다 기뻐 보이는 것일까 의아해하곤 했다. 내가 환자 입장이었다면 분명 다른 의사를 찾아갔으리라 생각했다. 그 당시 '위로'에 무지했던 나는 자고로 훌륭한 의료인이라면 환자를 치유하는 것으로만 만족할 수 있다는 신념으로 가득했다. 의술과 온정 외에도 온화함, 유대감, 진심, 영성 등 환자를 돕고 위로하기 위해 다른 것을 제공할 수 있다는 점을 이해하지 못했다. 물론 환자들에게 어느 정도씩은

● 이 책에 등장하는 인물들은 모두 가명을 사용하였다.

이런 것들을 주고 있었지만 의식하지 못했다. 치유하지 못한다는 사실에 집중하느라 내가 해내고 있던 위로를 알아채지 못한 것이다.

중병을 앓았지만 나는 여전히 살아있다. 죽음의 손아귀가 나를 움켜쥐었다가 다시 생명으로 놓아주었다. 그 경험으로 트라우마를 겪고 불안해지기는커녕 오히려 평온해지고 살아있음에 더 행복을 느끼게 되었다는 것을 어떻게 설명할 수 있을까?

이는 일시적인 격려보다 강력한 위로를 발견한 덕분이 아닐까. 위로는 폭풍과 공존하는 방법이자, 사랑의 고백이며, 아름다움과 역경을 모두 끌어안은 이 세상과 다시 이어주는 감미로운 노래이다.

위로는 마치 붉은 실처럼 탄생부터 죽음까지 우리의 삶 내내 이어진다. 우리는 평생 위로를 가까이하며 어릴 때는 솔직하게, 성인이 되어서는 겉으로 드러내진 않으나 내심 위로를 필요로 한다.

현실을 바꿀 수 없을 때 우리가 바라는 것도, 줄 수 있는 것도 오로지 위로뿐이다. 위로는 우리를 일으켜 세워 잠시나마 절망과 체념에서 벗어나게 하며, 살며시 삶의 의욕을 다시금 불어넣어 준다.

이 책이 위로에 관한 책에 머무르지 않고 부디 위로하는 책이 되기를.

목차

내가 여기 있어요

13

우리가 당신을 위로할 수 있을지 모르겠습니다

안녕하세요, 마리 님.

이토록 괴로우신 와중에 인사드리게 되어 유감입니다. 먼저, 우리를 신뢰하고 당신의 고통을 나눠주셔서 감사합니다.

우리가 당신을 위로할 수 있을지 모르겠습니다.

위로는 참 어렵습니다. 괴롭게 만드는 원인을 고치거나 바꾸지도 못하지요. 우리가 하는 말이 그저 일시적인 격려가 되거나, 혹은 격려가 되지도 못하거나, 심지어 더 괴롭게 할 수도 있다는 것을 압니다. 서툴러서, 무력해서, 타이밍이 안 좋아서일 수도 있겠지요.

그렇다고 여기서 만족하고 그 어떤 말로도 자녀를 잃은 어머니의 고통을 덜어줄 수 없다고만 말할 수는 없지 않겠습니까. 그래서 저는 당신이 겪은 지독한 아픔을 제가 겪었더라면 어떤 노력을 했을지, 외람되지만 말해보려 합니다.

고통이 우리를 집어삼키고 원망, 절망, 죄책감, 두려움, 시기, 분노 등 수난이 몰고 오는 모든 소용돌이에 휩쓸릴 때 두 가지 지침을 따르기 위해 노력해야 한다고 생각합니다.

우선 최선을 다해 세상과 연결된 채 자신 안에 잠식되지 말고 자신의 고통과 불행에 움츠리지 않아야 합니다. 이제 이 세상에서는 사랑하던 이의 부재밖에 보이지 않기에 세상과의 관계를 유지하기가 괴로울지라도, 그렇게 해야 조금씩 천천히 다시 살아갈 수 있습니다. 그다음엔 자신에게 다시 살 권리를 주세요. 루시는 어디서든 늘 당신을 사랑하며 응원할 것입니다. 루시 덕분에 당신은 삶의 의욕을 되찾고, 해와 하늘과 활짝 핀 꽃을 바라보며, 웃는 아이들을 미소 띤 얼굴로 다시금 바라볼 수 있게 될 것입니다. 그 모든 슬픔을 겪었어도 말이지요. 물론 이 슬픔은 당신을 영영 떠나지 않을 것입니다. 하지만 점차 희미해지고 어느 날엔가 당신에게 평화를 가져다줄 것입니다. 루시와 나누었던 행복을 떠올리며 더는 눈물 흘리거나 한숨짓지 않고, 부드러운 미소를 띨 수 있게 될 테지요. 그토록 아름답게 말할 줄 아는, 마음이 한없이 넓은 딸이 있었다는 사실과 더불어, 그 곁에서 누린 행복과 삶에 대한 딸의 사랑을 떠올리면서 진심으로 기뻐할 수 있게 될 것입니다.

이 행복을 결코 잊지 마세요, 매우 중요하답니다. 구름이 태양을 가리듯 이따금 슬픔과 고통이 찾아와 행복이 희미해지더라도 그것들을 좇아가지 마세요. 이 또한 매우 중요합니다. 감정들이 살아있도록 하되, 루시가 주었던 모든 기쁨을 정기적으로 떠올려 당신의 영혼 안에 살아 숨 쉬게 하는 것을 잊지 마세요.
처음에는 알아채지 못하겠지만, 지금의 괴롭고 아픈 길 위에 피어나는 꽃처럼 일상에 하나씩 다시 찾아올 소소한 행복에 눈을 뜨세요. '애도할 것'을 요구하는 사람들의 말을 귀담아듣지도, 불쾌히 여기지도 마세요. 본인의 속도에 맞추어 이 길을 가세요. 그 누구도 더 빨리 가라고 강요할 수 없고, 당신을 대신해 가줄 수도 없습니다. 여유를 갖되 멀리 보세요. 하늘과 별들을 가능한 한 자주 바라보세요. 실제로 보고, 자주 보고, 숨을 크게 쉬며, 루시를 생각하며, 그녀에게 미소 지으며 바라보는 겁니다.

내가 여기 있어요

편지에 언급하신 루시의 좌우명, '행복은 다른 사람을 행복하게 해줄 때 생겨난다'라는 말은 명료하고 고결하며 현명하고 훌륭합니다. 당신의 딸은 훌륭한 사람이었습니다. 지금도 그렇습니다. 그런 그녀가 당신의 마음속에 살아있게 하세요. 계속해서 말을 건네고, 삶의 여정에서 마주할 모든 아름다운 것들을 그녀와 함께 나누세요.

부디 잘 지내세요. 당신을 늘 응원합니다.
안녕히 계세요.

크리스토프 앙드레

파리 생탄느Sainte-Anne 병원에서 근무할 당시
2015년 11월 파리 테러로 딸을 잃은 어머니가
보낸 편지에 대한 답신

1
장

위
로

'위로'란 무엇인가?

위로란, 고통을 덜어주고 싶어 하는 것이다.

> 한 단어씩 살펴보자면,
> - **고통을** (감정적인 영향을 미치는 모든 시련을 일컫는다)
> - (괴로움의 원인을 제거하지 못함에도) **덜어주고**
> - (결과를 결코 확신할 수 없을지라도) **싶어 한다**.

위로는 친밀한 이들의 애정, 주의를 환기시키는 행동, (시련이 사소할 경우) 정신없이 흘러가는 삶 등 위로를 주는 주체인 동시에, 고통의 한복판에서 고통의 기억으로, 극심한 괴로움에서 희미한 괴로움으로, 혼돈에서 이해로, 외로움에서 유대로, 상처에서 흔적으로 나아가는 과정이자 여정이다.

> 보다 세밀하게 표현하자면, 위로는
> - 고통, 시련, 괴로움, 슬픔에 빠진 이를
> - (즉각적으로) 도와주고 진정시키며
>   (장기적으로는) 삶을 이어갈 수 있도록 돕기 위해
> - 우리가 제안하는 모든 말과 행동이다.

격려와 위로에는 어떤 차이가 있을까? 당장의 고통을 덜어주는 격려도 그 자체로 이미 훌륭하고 귀하다. 그러나 위로는 대체로 더 원대하고, 더 높고, 더 장기적인 바람을 품고 있다. 부분적이고 제한적인 격려에 비해,

위로에는 더 커다란 무언가가 있다.

격려도 물론 그 단어에서 볼 수 있듯 더 **강하게**(勵) 해주며 상심한 이가 다시 활동하고 교류할 수 있게 하려는 목적이 있지만, 위로는 효율성보다 상처받은 마음에 더 집중한다. 그런 의미에서 격려는 '위로의 (값진) 결과', 혹은 '감정보다 행위에 치중된 위로'라고 볼 수 있겠다.

위로는 해결책을 찾는 것이 아니다. 위로의 목적은 해결책처럼 현실을 바꾸고자 함이 아니라 고통의 감정을 경감시키는 것이다. 위로받는 것은 엄밀히 말해 상황을 변화시키는, 또는 변화시킬 수 있게 하는 도움을 받는 것이 아니다. 위로는 마음을 아프게 하는 '시련'보다 마음이 아픈 '사람'에 집중한다. 외부적인 도움이 아니라 내면적인 도움이다. 우리가 상황에 개입할 수 있을 때 위로는 (역할이 없진 않지만) 부수적인 역할밖에 하지 못한다. 누군가 넘어졌다면 그를 일으켜 세워야지(해결), 넘어진 사람을 위로하는 것으로 만족할 일이 아니다. 그러나 그를 일으킨 뒤에는 두려움, 부끄러움, 고통 등에 대해 위로가 필요한지 살펴볼 수 있다.

할아버지가 쓰러진 날

할아버지가 처음으로 내 눈앞에서 쓰러진 날을 기억한다. 내가 의대생이었던 스무 살 무렵이었다. 인도 모퉁이에서 느닷없이 비틀거리더니 쓰러져버리셨다. 다치신 곳은 없는지 확인하려 얼른 달려갔을 때 할아버지는 몇 군데 살짝 긁히기만 한 채 이미 일어나고 계셨다. 신체적인 부상을 염려했으나 실은 마음의 상처를 입었다는 것을 바로 알아챌 수 있었다. 할아버지는 사람들이 다 보는 거리에서, 더구나 자신을 우러러보는 손자 앞에서 작은 노인네처럼 넘어진 것이다. 그래서 나는 직관적으로 최선을 다해, 할아버지 당신의 연약함과 쇠약함에 대한 생각을 나 자신("아이고 할아버지, 제가 정말 깜짝 놀랐어요!")과, 길("길이 이렇게 패인 걸 그대로 두다니, 미쳤나 봐요. 지나가는 사람들 전부 넘어지겠어요")과, 신발("발에 잘 맞는 운동화를 신으셔야겠어요")로 돌려서 위로하기 바빴다. 그 순간 할아버지를 위로할 방법은 약함을 잊게 만들고 그가 연로하고 쇠약하다는 사실을 상기시키지 않는 것이었다.

위로는 때로 불가사의한 과정을 거치고 종종 불분명한 결과를 가져오는 연금술이다. 앞으로 우리가 살펴볼 위로의 여정에는 다음의 네 가지 필수 요소가 그 정도만 다를 뿐 거의 항상 있을 것이다.

- **애정**: 직접적이든 간접적이든, 모든 형태의 위로는 비탄에 잠긴 이를 향한 애정의 표현이다.
- **관심**: 위로하는 주체는 우리의 관심을 고통에서 돌려놓는다. 일시적이고, 표면적이고, 미약할지언정, 그 효과는 긍정적이다. 고통을 중단시키는 것은 할 수만 있다면 좋은 일이며, 숨을 돌릴 수 있게 해주기 때문이다.
- **행동**: 괴로워하는 이가 삶의 생기를 되찾을 수 있게 하려면 말과 조언보다 주로 행동, 특히 함께 공유하는 행동을 제안하는 것이 더욱 효과적이다.
- **수용**: 시련을 수용함은 그 존재를 인정하는 것이지 시련에 굴복하거나 즐기게 되는 것이 아니다. 모든 회복의 과정에

인정은 필수적이다. 하지만 인정은 위로의 결과이자 이로움이지, 정면에서 강요할 수 있는 것이 아니다. 위로하는 사람은 위로받는 이를 온화하게 이끌어 수용의 단계에 이르도록 하는 것을 암묵적으로 지향한다.

위로의 미(美)

우리 안에 무언가 불러일으키는 힘이 있는 말이 있다. 바로 노래하고 약속하는 말, 울림이 있어 일련의 이미지와 기억을 되살리는 말들이다. 위로가 그렇다. 유년기와 작은 시련들뿐 아니라 죽음과 애도, 모든 인간적인 괴로움을 상기시키는 한편, 내밀어준 손과 다정한 말, 애정과 이해가 담긴 모든 몸짓에 대한 기억을 불러일으킨다.

연약하고 불확실하며

우리의 말이 고통을 완전히 덜어주지 못한다는 사실을 알고 받아들이면서도, 외로움 속에 괴로워하지 않기를 바라는 마음에서 우리는 타인을 위로한다. 때로는 무력할지라도, 위로는 애정 어린 존재의 행위다.

　　우리가 위로하는 순간에는 상황이 어떻게 변할지 모를 수 있다. 불행한 사람이 타인을 위로할 때 이 불확실성의 위대함과 아름다움이 더욱 빛을 발한다. 포로나 강제수용소의 수감자끼리 서로 위로하는 이야기나 역경 속의 사람들이 곤경에 빠진 친지를 달래주려 애쓰는 경우처럼. 괴로운 이가 괴로운 이에게, 위기에 처한 이가 위기에 처한 이에게, 절망한 이가 절망한 이에게, 이렇게 본인이 안개 속에 있고 불안해하면서도 누군가에게 전하는 위로가 분명 가장 감동적인 위로일 것이다.

아무것도 해결하지 못하는 것처럼 보이지만

그래도 괜찮다. 위로는 물질적인 도움이 아니며, 힘도 능력도 요하지 않기에 우리가 연약하고 무력할지라도, 혹은 그렇다고 느낄지라도 위로할

내가 여기 있어요

수 있다. 말과 행동 같은 실질적인 차원을 넘어 위로는 존재, 의도, 인정 등 무형의 방식으로도 작용하기 때문이다.

"물질적인 차원에서 사람은 자신이 가지고 있는 것만 줄 수 있으나, 영적 질서에서는 자신에게 없는 것도 줄 수 있다."[1]

철학자 귀스타브 티봉Gustave Thibon의 말은 위로가 대체로 은밀하고 눈에 보이지 않는 힘을 가진 과정이라는 점을 상기시킨다. 그리고 위로는 삶과 죽음의 신비, 선과 악 등을 다루는 정신적 차원인 영적 세계에 어느 정도 속해있다. 이것이 격려와의 또 다른 차이점이다. 대부분의 경우 격려는 물질적 측면에만 그치므로 누군가를 격려하려면 상대보다 더 힘이 있어야 하는 반면 위로는 그렇지 않다.

겸손하며 능력이 유한함을 인정한다

위로는 제안하고 속삭이며 언성을 높이지 않는다. 응원가가 아니다. 정신적 상처의 크기를 정확히 가늠할 수 없기에 신중하며, 부드럽고 간결하게 말한다.

한편 위로의 말이 단독으로 작용하는 것은 아니다. 위로하는 이와 위로받는 이의 관계와 사연, 위로가 이루어지는 시점, 그리고 사용하는 단어들 모두의 연금술이다. 고통에 시달리는 중에는 말이 귀에 들어오지 않으므로 간결하고 명료해야 하며 (고통받는 사람에게 인생관을 읊을 수 없지 않은가) 진심과 연민을 담아 전해야 한다. 또한 겸허해야 한다. 복종해야 할 지식이나 경험이 아니라 사랑과 우애로 위로해야 한다.

간결함과 신중함: 눈에 띄지 않는 위로의 특징

위로의 영역에 확신은 적합하지 않다. 위로의 섬세한 연금술에는 위로하는 이의 부드러움과 위로받는 이의 수용이 필수적이다. 양측의 인내와 겸손이 요구된다. 확신에는 위로가 들어갈 자리가 없기에 의구심이 필요하다. 여기서 확신이란, 비탄에 잠긴 이의 입장에서는 분노와 절망에 대한 확신이며, 도움과 사랑을 제공하는 이의 입장에서는 고통을 지워야만 한다는 확신을 말한다. 위로의 빛이 들어갈 여백과 틈이 있어야 한다. 우리가 놓치는 신비한 요소들이 많지만, 안개 속에서도 우리는 무슨 일이 있어도 고통을 위로하기 위해 노력해야 한다. 때로는 사소하고 당황스러우며, 때로는 거대하고 위협적인 괴로움을 겪는 이가 바로 눈앞에 있기 때문이다.

위로에 진정성이 필요한가?

우리가 믿지 않는 위로의 말을 절대 해서는 안 되는 것일까? 꼭 그렇지는 않다. 믿느냐의 문제가 아니라 그 말이 좋게 작용할 수 있는지가 중요하다. 위로를 통해 얻고자 하는 것은 희망이며, 위로받는 이가 슬픔과 고통의 확신에서 벗어나 계속 살아갈 가치가 있다는 생각을 하는 것으로 충분하다. 위로는 기대를 도모한다. 무엇에 대한 기대인지는 몰라도, 그 기대는 분명 고통을 덜어준다. 기대란, 비탄에 빠져있는 연약하고 무력한 자의 믿음이자 더는 과거를 고치거나 미래를 건설할 힘도 능력이 없는 자의 믿음이다.

위로에는 확신이 아닌 의도의 진정성이 필요하다. 그렇게 우리는 죽어가는 이에게 그가 듣고 싶은 말을 해줄 수도 있다. 다 나을 거라고, 다시 살 수 있을 거라고, 어쩌면 금방 회복되어 예전처럼 함께 웃을 수 있을 거라고. 이것은 잘못된 게 아니라 침통한 현실에 사랑을 불어넣는 일이다. 그를 대신해 아플 수도, 죽을 수도 없으나 최선을 다해 함께해 줄 수는 있다. 거짓말이 아니라 비현실적이고 눈먼 희망이다. 위로에는 이렇게 아름답고도 비극적인 순간들이 있다.

고통이 클수록 위로가 제 길을 찾는 데 오래 걸린다

우리를 위로하고 다시 길을 걷게 한 말이나 행동을 몇 년 뒤에야 다시 떠올릴 때가 있다. 그리고 위로의 말이 우리를 보호하고 도와주는 짧고 단순한 주문처럼 작용해, 그 말을 되뇌며 빠져들 때도 있다.

내게 들었던 위로의 말이 힘든 시기를 지날 때 마치 역경에 대항하는 마법의 부적처럼 버팀목 역할을 해 주었다던 환자들이 생각난다. 주로 상담이 끝나고 문밖을 나서며 건넨 말들이었다. 이런 위로의 문장은 전문적인 조언이 아니라 누구나 할 수 있는 평범한 격려의 말인 경우가 훨씬 많았다. 다만 적절한 순간에 간결하게 진심을 담아 전해졌기에 효과가 월등히 컸던 것이다.

위로의 말은 네 가지 단계를 거친다.
- 발화되고, 듣는 단계
- 생각하고 곱씹는 단계
- 위로받는 이의 의식에서 사라지지만, 회복시키고 이롭게 하는 길을 지속하는 단계
- 위로받는 이의 기억 저편에 있는 추억과 자원의 보물 상자

에 담긴 채, 삶에 의심이 들 때마다 그래도 살아갈 가치가 있으며 시련을 지나갈 수 있으리란 확신을 주는 단계

처음엔 위로의 영향이 미미하다

그리고 위로가 변변찮은 눈가림처럼 보인다. 효과가 미약할뿐더러 오래 가지도 않고, 슬픔과 괴로움이 서서히 다시 돌아오며 결코 위로될 수 없을 거라는 냉혹한 기분이 든다. 처음엔 고통이 반드시 이기고, 반드시 돌아오며, 실의를 몰고 온다. 그렇기에 위로는 일시적인 도움의 행위가 아니라 지속적인 동행이어야 한다. 누군가 슬픔에 잠기면 처음에는 주변에 사람이 몰리다가 시간이 지나면서 외롭게 남겨지는 경우가 많다. 초반에 위로해 주던 이들이 그들과 그 고통을 잊어가는 것이다. 각자 본인의 삶을 살아야 하기에 자연스러운 현상이지만, 위로의 필요성은 여전히 존재한다.

철학자 앙드레 콩트-스퐁빌André Comte-Sponville은 훌륭한 에세이 『위로할 수 없는L'Inconsolable』에서 "항상 필요하지만 언제나 부족한 위로의 철학"이라 언급한 바 있다.[2] 정확한 표현이다. 위로가 없으면 우리는 고통에 사로잡히지만, 위로가 있으면 고통이 지속될지라도 잠식되지 않은 채 버틸 만하다고 느낀다.

위로는 마법의 묘약이 아니라 어둠 속을 파고드는 빛이다. 이 빛은 우리로 하여금 다가올 세상의 형태를 희미하게나마 볼 수 있게 해주어 세상이 살만하다고, 그저 살만할 뿐이라고 알려준다.

두 번의 봄이
들판을 꽃으로 물들였다

네가 떠난 뒤 휑한 들판은
두 번의 겨울로 초록빛 드레스를 잃었다.
그리고 두 번의 봄이 다시 꽃으로 물들였다.
어떤 말로도 위로받지 못한 고통이었는데,
이성도, 흘러가는 시간도,
눈물을 마르게 할 수 없었는데.

말레르브Malherbe, 「다몽의 그림자에Aux ombres de Damon」3

2장

비탄

유년기에 경험하는 슬픔은 순간적이다. 강렬하고 절대적이며 빠르게 위로된다.

조금씩 자라가면서 오래도록 지속되는 슬픔과 내면화된 고통을 경험하게 된다. 하지만 여전히 어린아이이기 때문에 상처받고 실패와 거절, 불의와 시련을 겪더라도 삶과 일상의 즐거움을 통해 금세 위로받는다.

유년기를 지나 청소년기에 이르면 성인의 고통이 무엇인지, 자아와 이상의 상처가 무엇인지 점차 알아간다. 이것들을 직면할 정신적 자원이 아직 준비되어 있지 않은 상태이기에 여지없이 괴로워할 수밖에 없다.

그다음에는 마침내 치유될 수 없는 슬픔, 즉 치료법은 없고 위로만을 요하는 슬픔을 경험하게 된다. 한없는 잠재적 슬픔에 맞서기 위해 무수한 행복의 순간에 민감하게 반응하고, 넘어질 때마다 다시 일으켜 주는 끝없는 위로를 받아들일 줄 아는 것이 바로 우리가 사는 동안 이루어야 하는 평생의 과업일 것이다.

인간이 피해갈 수 없는 세 가지

행복을 이야기하기 쉽지 않을 때가 종종 있다. 많은 이들에게 '행복'이란 다소 감상적이다 못해 유치하기까지 한 주제이며, '행복 추구'는 특권층에게나 허락된 안위로 여겨지기 때문이다. 하지만 정신의학자로서 나는 단한 번도 그렇게 생각한 적이 없다. 불행한 이들 곁에서 일생을 보내온 끝에 나는 행복을 추구하는 것이야말로 훌륭하고 현명한 생각이라는 결론에 도달하게 됐다.

긍정심리학에 대해 강의하거나 강연을 할 때면 행복의 필요성을 설명하고자 이렇게 화두를 던지곤 한다. "우리는 고통받고, 늙고, 죽을 것입니다. 우리가 사랑하는 사람들도 마찬가지로 고통받고, 늙고, 죽을 것입니다. 자, 이것이 인생입니다!" 그리고 입을 다문다. 대중 사이에 '강의실을 잘못 찾아왔나?' 하는 불안한 침묵이 흐른다.

나는 이렇게 설명을 이어간다. "그 사실엔 이견의 여지가 없습니다. 그러나 천만다행히도, 이것이 전부는 아닙니다. 인생에는 행복도 있기 때문이지요. 행복한 모든 순간들이 우리를 안정시키고 위로하고 감싸며, 고통과 노화와 죽음에도 불구하고 인생은 아름다우며 살아가는 것이 은총이자 행운이었음을 이해하게 도와줍니다."

어떠한 형태일지라도 행복은 고통, 노화, 죽음, 즉 내가 인간이 존재하는 한 '피해갈 수 없는 세 가지'라 정의한 삶의 어려움에 맞설 수 있는 힘을 준다. 이 세 가지 불가피한 요건으로 인해 우리 인간은 '고통받는 영혼의 공동체'가 되었다.[1]

아무리 인생이 아름답다 해도, 육신이 건강하고 사회가 평화로울지라도, 언젠가는 이 세 가지가 반드시 우리를 찾아와 위로의 필요성을 절감하게 할 것이다.

고통

대부분의 경우 사람들은 일평생 내내 대단한 고통을 당하며 살지는 않는다. 그러나 사소한 어려움도 불안정을 초래할 수 있고, 끝이 없는 것처럼 보이는 탓에 외부에서 알아챌 만한 크기로 우리 내면에 자리 잡을 수도 있다. 그러면 이를 악물고 해결책과 도움을 찾고, 때로는 약물과 치료에 의존할 수도 있다. 하지만 외부의 도움에도 불구하고 각자가 직접 '감내해야 할' 고난의 범위가 있다.

한편 질병과 장애는 고통과 비탄을 야기하는 커다란 요인이 된다. 본인 혹은 사랑하는 이가 치명적이고 치료 불가능한 중병에 걸렸다는 진단을 받는다면 누구나 기이한 고독의 순간을 경험할 것이다. 평소처럼 길을 걷고 있는데 곁을 지나는 사람들과 더 이상 같은 입장이 아님을 느낀다. 그들은 여전히 살아있고 걱정 없는 자들의 세계에 있으나, 우리는 이미 고통을 겪을, 죽게 될 자들의 편에 선 것이다.

심각한 만성 질환에 걸리면 악화와 재발 가능성에 위협받으며 살게 되고, 모니터링 검사는 매번 삶과 죽음의 제비뽑기로 변질된다. 지나치게 심각해지지 않고 자유롭기 위해 계속해서 투쟁해야 한다. 매일 생각하지 말 것, 날마다 스스로 진찰하지 말 것, 자신이 얼마나 큰 행운을 누리고 있는지 알지 못하고 이해하지 못하는 다른 이들, 건강한 이들과 번번이 비교하지 말 것.

질병은 헛된 희망에 대한 투쟁을 요하기도 하는데, 스스로 나았다고 믿고 싶은 욕망과 싸워야 한다. 이 욕망은 증상이 재발하거나, 검사 결과 증상은 없더라도 병이 남아있으며 그로 인해 힘들고 불안한 생활을 이어가야 한다는 선고를 받고 난 뒤의 실망으로 이어지곤 한다. 때로 질병은 장애나 영구적인 손상으로 이어져 잠시도 잊을 수 없는 한계를 떠안게 되며, 이때는 (과거와, 타인과) 더욱 비교하고 싶은 끊임없는 유혹과 싸워야 한다.

그렇기에 환자들에게는 장기적이고 지속적인 위로가 필요하다. 병세가 너무도 완연한 날엔 망각과 거부만으로 충분하지 않을 것이기에 그날그날의 미세한 위로를 천천히 연마하며 단순한 '하루하루씩' 철학에 최선을 다해 몰입해야 한다. 힘든 날이 단 하루뿐이라면 우리 능력으로 감당할 수 있지만, 고통이나 걸림돌이 십여 일, 백여 일, 아니면 영원히 이어진다고 생각하면 버겁다. 큰 행복이나 큰 고통을 겪는 순간에는 좋든 싫든 '영원'이 떠오르기 마련이다. '하루하루씩'은 행동의 철학("지금 여기서 할 수 있는 것에 집중하자")인 동시에 희망의 철학("내일 어떤 좋은 일이 생길지 아무도 몰라")이다. 희망은 우리 시선을 다가올 걱정에서 돌려 현재의 행복을 볼 수 있게 해줌으로써 위로를 가져다준다. 누구의 말인지는 몰라도 '시간을 잘 가꿔라, 시절이 스스로 가꿀 것이다'라는 격언은 '지금 이 순간'에 존재하고 자신 있게 미래를 맞이하자는 본 책의 논지와 일맥상통한다.

새벽의 위로

심각한 병을 앓아 본 이라면 밤이 얼마나 불안한 시간인지 안다. 활동과 교류가 줄어들거나 잠시 중단되었기에 고통과 걱정이 환자의 마음 전체를 지배한다. 차마 도움을 구하지 못할 때가 많다. 그리고 간혹 집에 혼자 있다 보면 도움받을 길이 없어 새벽이 오기만을 기다린다. 밝아오는 날이 사람의 존재와 보살핌과 웃음과 간단한 대화 같은 미세한 위로들을 전해주면 비로소 안정을 찾는다. 입원해 있던 한 친구는 이른 아침 다시 복도에 의료진의 목소리가 크게 울리고 창밖에 사람들이 지나가는 모습을 볼 때 기뻤노라 말했다. "내가 여전히 아프고 이 고통은 지속될 것이며 새날이 온들 걱정이 사라지지 않으리란 사실을 알면서도, 아침이 오면 더 이상 이 세상에 혼자 남겨지지 않은 기분이었다네. 밤의 고요함보다 새벽마다 돌아오는 생명의 움직임과 소리에 더 위로받았지." 괴테가 『파우스트Faust』에 쓴 아름다운 글귀처럼 "치유되고자 한다면 소생의 날을 떠올리며 힘을 내시오."**2**

노화

늙는다는 것은 미래와 계획보다는 추억과 아쉬움이 많아지는 것이다. 점점 더 낡은 배를 닮아가는 육신이 들려주는 이야기는 갈수록 뭉클해지는 한편, 수없는 수리와 정비 탓인지 폭풍우 탓인지 단순히 항해하며 보낸 시간 탓인지, 점점 더 쇠약해져 간다. 따라서 몸을 건사하고, 더 이상 너무 긴 여정은 떠나지 않으며, 자신의 한계를 알아야 한다. 항구나 마른 선창에 가만히 고정되어 썩어가는 일을 피하지 않는 한 모든 것이 순식간에 진행되고 말 테다.

　　노화에 대한 우울한 통찰과 진술이 수두룩하다. 귀스타브 티봉의 마음 아픈 통찰에 의하면 "극도의 노년이란, 이미 더는 살아있지 않은 삶과 아직 영원에 닿지 않은 죽음 사이에 건너야 할 구렁텅이이자, 미래를 빼앗긴 채 정체된 시간이다."**3** 반면 "늙는다는 것은 어찌 됐든 죽지 않기 위해 지금껏 우리가 찾은 최선의 방법이다"라는 우디 앨런Woody Allen의 재치 있는 말처럼 위로하고 웃음 짓게 하는 시선도 있다.

어느 날 책 사인회에서 한 독자가 내게 물었던 질문이 떠오른다. "늙은 육신에 깃든 젊은이의 기분을 뭐라고 하나요?" 나는 이 느낌을 생생하게 알고 있기에 이렇게 대답했다. "그걸 행운이라 부르지요! 젊은 육신을 갖고도 벌써 늙었다고 느끼는 것보다 훨씬 낫답니다!"

그러나 늙는다는 것은 사실 행운이 아니라, 정도의 차이는 있어도 결국 빠르고 가시적인 상실의 연속일 뿐이다. 위안 삼으려 억지로 좋은 말을 하지 않아도 된다. 나이가 들어가며 아름다운 경험들을 해왔음을 기억하고 새로운 일들이 여전히 남아있기를 바라면서 최대한 평온하게 노화를 받아들이는 것으로 만족하자.

늙어간다는 (가벼운 혹은 극심한) 슬픔에 대한 가장 아름다운 위로는 계속 살아가는 것이라 생각한다. 그리고 다시 초반의 문구로 돌아가자면, 행복하게 늙는 것은 후회를 버리고, 계획을 간직하고, 추억을 소중히 하고, 미래에 대한 걱정은 그만두고 그저 최선을 다해 내일을 써나가는 것이다.

당신에게 깃든 모든 은총

젊은 시절 서로 사랑했던 남녀가 있다. 그들은 헤어진 뒤에도 이따금씩 애정 어린 편지를 주고받으며 삶이 고단할 때 서로를 응원한다. 어느 날 여자는 남자에게 이런 편지를 썼다. "어제 길에서 아주 멋진 노신사를 봤어. 조심스레 걷고 있었지만 시선을 높이 든 채 곧게 선 그에게서 연약한 기운이 뿜어져 나오는 동시에 평온함과 확신이 느껴졌지. 곧장 당신이 떠올랐어. 언젠가 당신이 그이처럼 나이가 들었을 때 꼭 그런 모습이리라고. 우리 얼굴과 몸에 새겨질 세월을 상상하자니 마음이 벅찼어. 그리고 진정한 아름다움은 시간이 흘러도 남아 있다는 사실에 위안을 얻었어. 나이 든 이들의 아름다움을 말할 때 약간의 배려와 거짓을 담잖아. 그런데 아름다움은 정말 존재해. 가끔 당신을 만날 때 그런 기분이 들어. 우리는 늙어가고 있지만, 은총이라고 할 만한 무언가가 남아 있다는 느낌 말이야."

죽음

그저 살아있다는 사실 하나로 스스로를 위로해야 할 때가 있다고 생각하면 모순적이다. 살아간다는 것은 곧 죽어가는 것이기 때문이다. 그리고 인간은 본인이 죽을 운명이란 사실을 상당히 일찍이 깨닫고, 자주 혹은 항상 죽음을 생각한다. 신 또는 자연으로 인해 그렇게 낡아가도록 만들어졌기에 우리는 위로받아 마땅하다.

앞서 언급한 대로 삶이란 태어나고, 고통받고, 죽는 것이다. 이 세 가지 중 우리가 선택하는 사건은 하나도 없다. 우리가 자신을 인식하고 나면 그저 고통받고 죽게 되리라는 점을 알 뿐이다. 이 사실을 감당하는 것이 우리 몫이다! 그렇기에 시인 마리 노엘Marie Noël이 말하듯 행복한 순간에도 종종 슬픔의 유혹을 받는 것은 놀라운 일이 아니다.

"도망쳐! 행복은 고통의 시작일 뿐.

고통은 행복을 따라 세상에 왔네.
4월이 걸음을 내딛자마자 겨울이 저 멀리서 다가와
삶은 죽음을 열고, 새벽은 밤을 데려오네."**4**

사람의 영혼은 평생 동요한다. 행복해지려 하면 행복의 연약함이 보이고, 슬퍼지려 하면 슬픔의 불합리성이 보여 위로를 찾게 된다. 그렇기에 산다는 것은 결국 미세한 위로들을 끊임없이 필요로 하는 것이다. 때로는 위로가 예방적 역할을 하기도 한다. 소박한 순간들이 지닌 아름다움과 선함이 그 밑거름이 된다. 이 세상의 부드러움이 주는 격려를 받아들이도록 항상 조금씩 노력해야 우리를 덮치려는 모든 슬픔을 통과할 수 있다.

자연에 몰입할 때 얻는 보편적인 위안은 단지 복잡한 삶으로부터의 도피가 아니다. 뿌리로, 본질로, 살아있음이라는 절대적이고 불가항력적인 단순함으로 돌아오면서 얻는 충만한 위로이다. 마리 노엘은 본인이 위로받은 그대로 우리를 위로한다.

"이끼 주변에
아침, 점심, 저녁
자라는 풀처럼
나도 모르는 새 살았네."**5**

애도의 비탄함

"모든 것에 대해 안전대책을 강구할 수 있지만, 죽음으로 인해 우리 인간은 성벽 없는 도시에 살고 있다."[6] 철학자 에피쿠로스의 말이다. 쾌락주의를 주창했던 그는 의외로 쾌락을 추구하는 법보다 고통과 죽음을 대면하여 잘 사는 법에 대해 더 많이 가르쳤다. 우리 스스로도 죽음의 위협을 받지만, 여기서 다루고자 하는 주제는 타인의 죽음, 그리고 우리를 위로할 수 있는 것들이다.

산다는 것은 잃는 것이다. 오래 산다는 것은 잦은 상실을 보장받는 것이다. 장례를 여러 번 치르고, 수많은 주변인과 가까운 이들, 지인, 유명인이 떠나는 것을 보게 된다. 일평생 경험하는 애도가 많다. 따라서 경험하기 전과 후로 우리 존재를 찢어놓는 비탄과 고통, 슬픔을 여러 차례 겪는다. 어쩌면 찢어진 부분을 꿰맬 수도 있고, 나중에는 다른 사람들이 상처를 알아보지도 못하게 될 수도 있다. 그렇다고 우리에게 없던 일이 되지는 않는다.

같은 층이나 같은 동네에 사는 이웃의 죽음처럼 우리가 간신히 모면한 죽음이 있다. 죽음이 옆집 문을 두드렸기에 어쨌든 이번엔 우리 차례가 아니었던 것이다. 또는 가까운 교회에서 울리는 종소리나 예배당 앞에 모인 사람들, 지나가는 영구차 등을 보며 짐작하는 익명의 죽음도 있다. 모두 자연스러운 일이지만 우리는 매번 동요된다.

지난날의 증인인 친구의 죽음이나 젊은 시절의 증인인 인기 스타의 죽음으로 인한 슬픔은 우리를 지치게 하지만 견뎌낼 수 있다. 흩어져 있던 기억들이 하나의 이야기로 응집되기 시작하면서 점차 끝을 예감하고 조

내가 여기 있어요

금씩 계획보다 무거워지기 시작할 뿐이다.

우리는 배우자, 부모, 조부모, 사랑하는 이의 죽음 등 더 고통스러운 죽음도 여럿 경험한다. 그럴 때마다 인생 전체와 함께, 불멸까진 아니더라도 오래도록 살 것이란 덧없는 환상이 무너지고 사라져 버린다(사람들은 자신이 죽을 운명인 것을 알면서도 영존하기를 꿈꾼다).

무엇보다 가장 끔찍한 고통은 자녀의 죽음에서 온다. 그 충격의 여파는 헤아릴 수도, 상상할 수도 없다. 애도의 고통이 너무나 클 때, 정말 사랑했던 가까운 이가 죽었을 때, 비탄에 대한 해결책으로 죽음의 유혹을 느끼기도 한다.

"세상의 종말처럼 느껴진다. 하지만 안타깝게도 세상 전체가 끝나지는 않았다. 차라리 세상의 끝이면 좋았으리라. 눈을 뜰 필요도, 심장이 다시 뛸 필요도, 일어날 필요도 없을 테니."[7]

위로가 불가능해 보이는 순간이다. 슬픔에 잠긴 이는 절망에 휩싸여 위로받을 길이 없다고 느낀다. 그리고 그 상태에 머무르는 것이 (망자에 대한) 신의를 지키는 일이라고 생각하기도 한다. 회복은 곧 배신이라 여기기 때문에 고통에서 벗어나지 못한다.

어떻게 해야 할까? 위로는 마치 슬픔에 빠진 이를 고통에서 끄집어내고 아픔에서 탈출시키는 끈질긴 작업과 같다. 죽어가는 사람을 위한 약처럼 위로의 '연민 프로토콜'이 존재할까? 그저 그곳에 있어 주고, 닿을 수 있는 고통의 부분은 안정시켜 주고, 주의를 환기해 최악으로 치닫지 않도록 저지하고, 악화나 자살을 막으며, 어떤 일이 일어나기를 바랄 따름이다. 이러한 '동정적 완화 치료'의 핵심은 불치병으로 자녀를 잃은, 혹은 잃을 부모를 위로하는 것과 같은 불가능한 목표에 무너지지 않는 데에 있다.

부모에게 있어 자녀의 피할 수 없는 죽음이란 오래도록 천천히 폭발하는 고통, 분노, 몰이해 혹은 오래도록 천천히 훈련해야 하는 자기 통제만큼이나 가혹한 시련이기에.

"다른 아이들을 운 좋은 아이들로 바라보지 않도록 주의해야 한다. 변덕스럽고 말썽부리는 아이일지라도 다른 모든 아이들과 마찬가지로 아무런 잘못이 없다."

극도로 취약한 상태의 부모들에게 함께 있어주고 위로의 말을 건넬 수는 있지만, 결코 강요할 수 없다. 두 딸 중 한 명이 불치병을 선고받은 뒤 아이의 머리맡에 있던 프랑스의 작가 안-도핀 쥘리앙Anne-Dauphine Julliand에게 한 간호사가 다가와 그저 "내가 여기 있어요"라고 말했다. 말하지 않고 지나칠 수도 있었던 가장 단순한 세 단어를 전한 뒤 그녀는 말 없이 곁에 머물러 주었다.[8]

슬픔에 잠긴 사람들을 대할 때 위로는 결코 고통을 말끔히 없애는 것을 목표로 삼지 않고, 견딜 만하게 해주어 삶의 의욕을 완전히 잃지 않게끔 한다. 슬퍼하는 이에게 "울지 마"가 아니라 "울어, 눈물을 다 쏟아내, 내가 여기 네 곁에 있을게"라고 말해주는 것이다.

고통을 유산으로 바꾸기

내 딸 중 한 명이 할아버지(나의 아버지)의 죽음에 대해 말하면서 자신은 영원히 위로받을 수 없으며 사랑하는 이가 죽었는데 어떻게 위로가 될 수 있는지 모르겠다고 했다. "할아버지 얘기를 할 때마다 눈물이 나요."

나는 고통을 없애는 것이 문제가 아니라 스스로를 그 고통 속에 가두지 않는 것이 중요하다고 설명해 주었다. 떠나간 이에 대한 기억이 떠오를 때 생각을 멈추거나 회피하는 것이 아니라 그대로 받아들이며, 더 나아가 슬픔의 장막을 지나 고인이 우리에게 선사하고 전해주고 물려준 모든 것을 기억하며 행복한 기억에 다가가면 고통은 유산으로 변한다. 지극히 사랑하던 할아버지의 죽음으로 인해 내 딸들이 괴로움을 호소할 때면 슬픔과 기쁨이 혼재해 있는 것이 보인다. 할아버지가 손녀들에게 수백 가지 행복한 기억, 즉 아이들이 평생 간직할 보물을 남겨준 것이다. 위로는 결코 고통을 지워주지 않으나, 고통에 행복과 즐거움을 더해준다.

노련한 치료사들은 때가 되었다고 판단하는 즉시 슬픔에 잠긴 이에게 죽은 이에 대해 길게 이야기해 보라고 한다. 나의 동료이자 친구인 크리스토프 포레Christophe Fauré의 접근 방식은 적잖이 혼란스럽다. "누구를 잃었습니까?"라는 이상한 질문을 하는 것이다.[9] 환자들은 펄쩍 뛴다. "아니, 잘 아시잖아요. 제가 말씀드렸잖습니까. 제 딸(/남편/아버지)이요!" 그러면 그가 설명한다. "그건 잘 알고 있습니다. 여기서 제가 '누구'냐고 묻는 것은 '그 사람이 어떤 사람이었는지, 어떤 특징이 있고 어떤 어둠을 가졌는지, 당신과의 관계는 어땠는지'에 대한 질문입니다. 당신이 **정말로** 잃은 것은 누구인지 제게 말씀해 주세요." 이렇게 말로써 표현하도록 하는 과정에는 많은 감정과 고통이 따르지만 조금씩 평정심을 찾아주기도 한다. 이 부분은 후에 다시 다루도록 하자.

세상의 폭력과 광기

장애를 가진 걸인, 길에서 장애물에 가로막힌 시각 장애인, 다리를 저는 강아지. 인간이든 동물이든, 생명체가 겪는 고통에 자연히 슬퍼진 아이들은 "(보고 있으면) 너무 괴로워요"라 말한다. 시간이 흐르면서 그들은 무감각해지는 법을 배운다. 길 위에서 마주치는 불행에 끊임없이 동요되지 않도록 시선을 돌리거나 다른 생각을 하는 법을 터득한다. 그러나 어린아이들은 외면하거나 침묵할 줄 모르기 때문에 우리를 불편하게 하는 놀람과 연민의 말을 뱉어내고, 눈과 귀를 막은 채 고통스러운 감정을 소비하지 않으려는 우리의 안전지대를 혼란스럽게 한다. 이렇게 아이들은 우리에게 현실과 진실을 상기시킨다.

대체로 삶은 힘겹고 세상은 불의하고 미쳐 있다. 이것은 자명한 이치로, 너무나 명백해서 말할 필요조차 없는 듯하다. 하지만 우리 영혼에 보이지는 않더라도 이 진실은 우리에게 지속적이고 강력한 영향을 미치기 때문에 이를 소리내 말하고 명명하여, 잊지 않고 어떻게 대처할지 아는 편이 낫다.

바로 이 '어떻게 대처할지'가 난제다. 할 수만 있다면 당연히 대응해야 한다. 운동가나 인도주의자 등 어떤 사람들은 일생을 바치기도 한다. 그러나 적극적인 행동으로도 결코 온전히 해결되지 않을 고통, 폭력, 불의는 언제나 존재할 것이다.

세상의 폭력에 대해 우리는 행동 외에도 위로를 필요로 한다. 상처 입은 사람을 위로하고, 내가 상처 입었을 땐 위로를 받기도 해야 한다.

비탄의 감정 중 슬픔은 우리를 자신 안에 잠식시키고 관계와 행동을 등지게 한다. 하지만 슬퍼하는 사람 외에도, 겁에 질린 사람은 안심시켜야 하고, 화가 난 사람은 진정시켜야 하고, 수치심에 빠진 사람은 격려해야 하고, 욕심내는 사람은 주변을 밝혀줘야 한다. 이들을 대할 때 언제나 위로와 같은 것이 필요하다. 모든 고통스러운 감정의 파도 뒤에는 항상 비탄의 흔적이 남기 때문이다. 혼란스러운 세상 속에서 우리는 이토록 나약하고 무력하다.

위로가 우리에게 대응할 힘을 채워줄 수 있다. 진행되는 일, 잘 되어가는 일로 시선을 돌릴 때 불행이 사그라지기도 한다. 다만 불행을 줄여줄 뿐 사라지게 하지는 않는다. 이렇게 불행은 느리게 절뚝이는데 행복은 질주하며 우리 삶을 지나간다. 게다가 인생은 평균을 내지 않아서, 이편에 비극이 있고 저편에 은총이 있다 하더라도 '그럭저럭 괜찮은' 삶이 아니라 그저 짧디짧은 '삶'이 되고 만다. 발은 오븐 속에, 머리는 냉동실에 들어 있다면 평균적으로 적절한 온도에 있는 것이 아니라 해결해야 할 문제가 두 개나 있는 것과 마찬가지다. 이렇듯 인생에서는 비탄과 위로가 서로를 중화시키는 것이 아니라 충돌하며 잇달아 온다.

그다음으로 우리 상태가 아주 좋지 않을 때, 보이지 않아도 믿어야 하는 위로가 있다. 볼 수 없고 우리의 인지 바깥에 있지만, 세상을 살 만한, 심지어는 아름다운 곳으로 만드는 모든 것들이다. 나치에 대항했던 평범한 오스트리아 농부의 삶과 죽음을 다룬 영화 〈숨은 인생A Hidden Life〉[10]의 엔딩 크레디트에 이런 구절이 나온다. "더할 수도 있었던 그대와 나의 인생이 썩 나쁘지만은 않게 흘러간 이유의 절반은, 드러나지 않는 삶을 충실하게 살다가 이제는 누구도 찾지 않는 무덤에 잠든 이들 덕분이다."[11]

눈에 보이는 것들이 우리를 슬프게 한다면, 눈에 보이지 않지만 아름다운 것들이 훨씬 많다는 사실을 기억하자. 슬픔을 보상하거나 상쇄시키거나 무효화하기 위함이 아니다. 세상 한편에 자리를 차지한 공포, 비참, 불의는 다른 한편에 자리한 기쁨, 아름다움, 순수로 결코 세탁되고 보상되거나 지워지지 않는다. 하지만 기쁨과 아름다움과 순수는 우리가 쓰라린 고통이나 절대적 비탄의 절망에 침몰되지 않게 도와준다. 그리고 무엇을 향해 노력해야 하는지 보여주며, 인생에 대한 희망을 준다.

더한 것도 있다

2020년 초 코로나19 범유행 당시 서방 국가들은 대부분 백신이 개발될 때까지 자국민에게 가히 엄격한 격리 조치를 시행했다. 그 덕분에 전염병 확산을 억제할 수 있었고, 특히 의료적인 측면에서 가장 취약한 노년층에 긍정적인 효과를 가져다주었다. 그러나 심리적인 측면에서 어린 세대는 부정적인 영향을 받았다. 학교에 가지 못하고 운동 등의 사회 활동을 제한 당하자 화면만 응시하며 무력감과 권태에 빠진 것이다. 우울, 불안, 자살 시도, 마약 복용 등 정신건강 문제가 급증했다.[12]

　　전문가와 평론가들은 '희생당한 세대(Génération sacrifiée)'를 언급하며 우리가 노인들의 (마땅한) 의료적 필요에 비해 청년들의 정신적 필요는 충분히 고려하지 못했다는 견해를 피력했다. 이와 관련해 벌어진 논쟁에서 '희생당한 세대'는 지나친 표현이며, 제2차 세계 대전이나 현재 지구에서 일어나고 있는 수많은 분쟁 등 극심한 폭력과 박탈을 경험한 젊은이들에게나 사용되어야 할 용어라고 주장하는 이들이 있었다.

이러한 논지는 절대적으로 타당하며, 우리가 어떤 비탄을 경험하든 항상 더 나쁜 경우가 존재할 수 있다. 그렇다면 어떻게 해야 하는가? 가슴 아파할 시간 없으니 위로도, 대응도 하지 말라고 해야 하는가? 아니면 인간의 뇌가 그렇게 작동하지 않음을 인정해야 하는가? 우리는 절대적인 기준이 아닌 상대적인 기준을 통해 당면한 문제의 심각성을 판단한다. 만약 내가 대부분의 사람들이 중앙난방과 온수를 이용할 수 있는 사회에 살고 있다면, 고장으로 공급이 중단되는 상황이나 빈곤으로 인해 난방과 온수를 사용하지 못하는 사람들이 있다는 사실 때문에 괴로움을 느낄 수도 있다. 그렇지만 옛날이나 현재 지구에 사는 인류 대부분의 상황과 비교하자면, 난방과 온수는 사치이기에 불평 없이 지낼 수 있을 것이다.

분명 죽음, 폭력, 곤궁 등의 **절대적**인 비탄이 있다. 그리고 평범한 시련, 일상의 걱정과 같은 **상대적**인 비탄이 있다. 상대적 비탄도 우리가 바라는 것보다 훨씬 더 큰 영향을 끼칠 수 있다. 그러니 위로에서 배제하지 말고 그저 상대적인 정도만큼만 격려하면 된다. 과장 없이 자신의 고통을 표현하고 도움을 요청하며, 위로 또한 과장 없이 하는 것이 좋다.

일상의 시련

상처도, 눈에 띄는 후유증도 없으며, 우리와 지인 혹은 타인에게 직접적이거나 즉각적인 영향을 주지 않는 은밀한 시련이 있다. 이러한 불운을 견디고 나면 겉보기엔 멀쩡하지만 내면은 충격에 동요되어 있곤 하다.

고통의 빙산

강력한 시련도 있다. 물질적 측면에선 집에 화재가 발생하거나 강도가 침입할 수도 있고, 관계적 측면에서는 학대를 당하거나, 모욕, 폭행, 가정불화, 이혼, 외도, 별거, 실연의 아픔, 연로한 부모를 노인 요양 시설이나 양로원에 모시게 될 수 있다. 그리고 실패나 해고, 실업 등의 직업적인 시련도 존재한다.

이런 일들을 당했을 때 흔히 말하듯 '누가 죽은 것도 아닌데' 분명한 슬픔을 느낀다. 행복이 멀어져 가면서 나오는 동떨어진 관점이나 생각인 것처럼 여겨진다. 동료 의사가 고통스러운 이혼 분쟁을 겪던 중 이렇게 말했다. "행복과 평온은 크게 티가 안 나지만 불행은 단번에 알아챌 수 있어요." 상심한 마음은 단순히 편안한 마음의 반대말이 아니다. 후자가 우리 삶을 아름답게만 하는 반면, 전자는 치명타를 입힌다.

일상의 시련이 난해한 이유는 괴로움이 눈에 보이지 않거나 다른 사람이 헤아릴 수 없기 때문이다. 우리는 매일 작은 애도를 수없이 경험하며 기댈 곳이 없는 인생임을 상기시키는, 본인 눈에만 보이는 수많은 요소들을 감내하는 고통을 겪는다. 반려동물을 잃었을 때를 생각해 보면 고통은 마치 빙산 같아서, 물에 잠겨 있는 부분이 다른 사람이 생각할 수 있는 것보다 훨씬 크다. 그리고 다소 털어놓기 어려운 구석이 있다. 비참하게 살다가 죽는 사람들이 얼마나 많은데, 어떻게 행복하게 살다가 간 동물의 죽음 때문에 위로가 필요하다고 표현할 수 있겠는가?

겉보기엔 심각할 것 하나 없지만

그리고 학생이 시험에 떨어졌을 때나 청소년이 실연을 겪었을 때처럼 겉보기에 가벼워 보이는 시련도 있다. 외부에서 보기에는 단순한 실망처럼 보인다. 하지만 그런 경험들이 어떤 흔적을 남길지 누가 알겠는가? 혹은 어떤 상처를 헤집어 놓을지 어찌 아는가? 현실적인 생채기에 대한 반응으로 과하게 슬퍼하는 듯 보인다고 함부로 판단해서는 안 된다. 분명 그 시련이 과거에 생긴 다른 상처를 깨운 것이리라. 위로받지 못한 실패의 고통은 행동에 대한 공포, 반복적 실패에 대한 두려움의 촉진제가 될 수 있고, 평범해 보이는 실연이 안정적으로 사랑하지 못하는 어려움으로 이어질 수 있다. 따라서 미래의 상처를 방지하기 위한 위로도 중요하다.

이때 위로는 망가진 부분을 고치는 것이 아니라 장래의 시련과 미래의 불확실성에 대처할 수 있게 도와주는 역할을 한다. 제대로 위로하려면 슬픔이 정당한지 판단하려 들어서는 안 된다. 단지 한숨짓고 눈물 흘리거나 도움을 요청하는 이를 진정시키고자 노력해야 한다. 고통이 작아 보인대도 마찬가지다. 우리는 눈물 흘리는 이의 사정을 속속들이 알지 못한다.

자질구레한 병 한 무더기

철학자 몽테뉴가 "자질구레한 병 한 무더기"라고 한 것은 끊임없이 몰려오는 골칫거리와 어려움을 마주해야 하는 심정을 나타낸다.[13] 우울증을 겪는 이들이 흔히 경험하는 감각으로, 무쾌감증 – 즐거움을 느끼지 못하는 상태 – 으로 인해 행복을 유발하는 힘과 생의 약동을 잃은 것을 일컫는다.

그러나 살다 보면 책임과 역경이 충돌하는 순간이 있다. 이때 알레르기처럼 나타날 수 있는 이상 반응에 대해 몽테뉴는 "가장 사소하고 자잘한 장애물이 가장 매섭다. 작은 글자가 눈을 상하게 하고 피곤하게 만들듯 자질구레한 사건들이 우리를 더 괴롭힌다. 자질구레한 병 한 무더기가 커다란 한 방보다 더 큰 상처를 남기는 법이다. 내부의 가시가 촘촘하고 가늘기 때문에 더 날카롭게 찌르고, 경고도 없이 무방비한 상태인 우리를 습격한다"라고 하며, 다음과 같이 수려한 글을 이어갔다. "삶이란 부드럽고도 동요되기 쉬운 것이다."

한여름 밤의 슬픔

한여름 밤, 나는 바스크에서 툴루즈로 가는 기차에 타고 있었다. 나무와 들판에 펼쳐진 초록 물결 위로 저녁의 부드러운 황금빛이 가득했다. 저 멀리에서 분홍으로 물든 피레네산맥의 회색 정상이 그 웅장한 모습을 드러냈다. 어느 날 죽음이 찾아와 이런 순간들을 앗아가리라. 하지만 이상하게도 전혀 걱정되지 않고, 오로지 한 꺼풀의 가벼운 슬픔만 느껴졌다. 이 정도의 슬픔은 사랑하는 이에게 전화하거나(위로가 필요하다는 말을 하지 않아도 그저 목소리를 듣는 것만으로 기분이 좋아질 것이다), 지나간 혹은 다가올 즐거운 순간들을 떠올리며, (항상 쉽지만은 않지만 이번만은) 미소를 머금은 채 해소할 수 있다. 이 작고 연약한 슬픔이 어떠한 방해도 받지 않고 내 안에 떠다니게 두기로 했다. 슬픔으로 인해 이 순간은 더욱 묵직하고, 깊이 있고, 밀도 높게 미화된다. 더 근사하고 강인한 순간이 되는 것이다. 당장 위로가 필요한 대단한 사건은 없다. 그저 약간의 피로와 고통, 평생토록 지속되고 이어지는 삶의 평범한 불확실성이 있을 따름이다.

나는 죽음을 인지했을 뿐 아니라 정말로, 마음 속 깊이, 죽어가고 있음을 느낀다. 차분하지만 강렬하며 완전한 느낌으로, 단순한 생각이라기보다 확신에 가깝다. 그럼에도 나는 평온하다. 실존적 자장가처럼 나를 부드럽게 안정시키는 기차의 움직임이나 지나가는 하늘과 풍경 때문인 걸까? 혹은 저녁의 빛과 그 영원할 것 같은 느낌 때문일까?

그 순간 나는 위로의 정수에 닿은 것이다. 그 무엇도 해결되지 않았으나 지금 이 순간의 품에 안기면 진정이 되고, 그것으로 충분하다.

인생의 사용료

이렇게 소소한 시련들이 연속되는 것을 '삶의 역경'이라 부른다. 터무니없을 것도, 이상할 것도 없으니 우리는 오히려 이를 예측하고 있어야 한다. 기차나 비행기를 타러 기차역이나 공항에 갈 때 돌발 상황을 고려하듯이 말이다.

가장 단순하고도 유용한 실존적 지혜는 바로 시련을 인생의 사용료라 여기며, 현실이 불편하고 고통스러울지라도 그를 수용하는 것이다. 이렇게 주문을 외워볼 수 있겠다. "짜증나긴 하지만, 정상이야", "불평하지 말고 행동하고, 웃고, 지나가길 기다려…." 스스로에게 읊조리는 이런 말들은 위로의 말인가? 어떤 면에서는 그런 듯이 보인다. 고통에서 불평으로 미끄러지지 않도록 격려하며 이렇게 속삭인다. "너 혼자만 겪는 일이 아니야, 심각한 일이 아니야, 이겨낼 수 있어, 모두 다 잊게 될 거야. 너도 잘 알잖아, 그렇지?"

인지 행동 치료 과정에서 치료사는 스트레스를 느끼는 환자에게 다음의 간단한 훈련을 제안한다. 고통과 근심과 걱정의 원인에 각각 0부터

100까지 점수를 매겨서 시련 등급표를 만들어보는 것이다. 이 등급표에서 100은 자녀의 죽음 등 절대적 시련을 의미한다. 1에서 10 사이는 물건을 망가뜨리는 등의 사소한 어려움이다. 이 이상한 계산법을 대입하다 보면 고통의 정도를 재측정하고 다소 낮추게 되기도 한다.

유사한 훈련으로 지금 당장은 대단해 보이는 문제의 영향력을 상상해 보기도 한다. 한 달 뒤, 일 년 뒤, 혹은 임종 때에 돌아보아도 여전히 무시무시하게 느껴질까? 이 '임종의 훈련'은 우선 우리를 진정시키고, 그다음 생각하게 하며, 종내에는 우리를 위로하기도 한다.

이유 없는 괴로움

설명할 수 없는 우울, 권태, 슬픔은 보기보다 더 위로하기 어렵다. 주로 두 가지 태도가 나타나는데 첫 번째는 고통이 지나가기를 기다리면서 일단 행동에 돌입하고 삶이 뜻밖의 격려를 가져다주길 바라는 것이며, 두 번째는 결코 이유 없는 괴로움은 없다고 믿는 것이다. 그리고 위로되지 않는, 이 원인 없지 **않은** 괴로움에 대해 자문한다. 그 원인이 혹 우리를 즐겁게 하는 것도, 그 무엇도 없는 삶인지, 근심이 없지만 기쁨도 없는 회색빛 삶인지, 물질주의, 공리주의의 괴로움과 이성과 영성의 부재가 서서히 드러나는 삶인지. 아니면 먹고 살기에 급급해서 정작 반짝이는 별이나 자라나는 풀잎은 보지 못한 삶 때문인지….

나는 영혼들을 하염없이 고통받게 하는 그런 우울과 슬픔이 존재한다고 믿는다. 너무나 묵직해서 종국에는 한 생애를 애도보다 더 짓누르기도 한다. 누군가의 죽음은 커다란 고통이지만 위로와 회복을 향한 문을 열어 놓기라도 한다. 반면 서서히 목을 조여 오는 삶의 불행은 눈에 띄지 않거나 소리 내지 않으며 구원을 도무지 바라볼 수 없게 한다.

그리고 행복과 비슷한 듯하며, 우리를 기쁘게 하지만 힘들게도 하여 '행복한 사건의 괴로움'이라 부르는 고통이 있다. 학업을 마치거나, 이직하거나, 터전을 옮겨 정든 장소와 사람과 활동을 떠나거나, 자녀가 장성하여 집을 떠나거나, 부모님이 늙어 가는 모습을 바라보는 일 등을 말한다. 인생의 행복한 순간에도 슬픔은 한 자리를 차지한다.

마지막으로 걱정하고 불안한 이들의 행복이 있다. 행복의 덧없음을 알아채고 곧 사라지리란 것을 인식하기에 위로를 필요로 한다. 식탁에 앉자마자 식사의 끝을 떠올리는 것이다. 행복이 영원하지 않을 것은 사실이기에 그들을 탓할 수도 없다. 현재에 몰두하고 주어진 바를 누릴 힘을 주는 위로가 필요할 따름이다.

불안증에서 거의 회복된 환자와 언젠가 이야기를 나눈 적이 있다. 치료 중에 '현재'를 살고자 하는 의욕을 학습하고 연마한 뇌가 초반에는 가뿐해졌다가('생각하기 전에 일단 이 행복을 만끽해봐, 곧 사라지리란 것을 알아도 말이야'), 다른 생각들이 떠오르면서 ('행복이 항상 되돌아온다 해도, 사라졌다가 언제나 다시 돌아왔다 하더라도, 언젠가는 영원히 사라지고 말 거야') 다시 복잡해졌다고 한다. 때로는 걱정을 끝낼 수 없을 것만 같고 "위로의 필요성을 충족하기란 불가능하다"고 느껴지곤 한다.[14] 그렇기에 주의를 기울여야 한다. 항상 산소가 필요하기 때문에 끊임없이 호흡해야만 하는 것과 마찬가지로, 인생은 끊임없이 우리에게 상처를 주고 언젠가 끝나버릴 것이기에 우리는 항상 위로받아야만 한다. 삶은 고달프고 죽음으로 인해 분명 끝날 것이기

비탄

에 슬프지만, 또한 삶은 아름답기에, 그리고 저 너머의 신비로 끝맺음하기에 위로가 된다. 어떤 날은 그 환자가 또 다른 이야기를 해주었다. 그녀는 휴가든 주말 나들이든, 여행을 떠나야 할 때마다 항상 약간의 불안감을 느꼈다고 했다. 그러나 매번 익숙한 곳을 떠나 걱정스러운 동시에, 새로운 장소에 도착해서 행복하기도 하다는 사실을 발견했다고 한다. 그녀는 장난스러운 표정을 지으며 이렇게 말했다. "제 마지막 여행도 그랬으면 좋겠어요! 죽음에 대한 공포가 다시 몰려올 때마다 그렇게 생각하곤 한답니다. 생을 마쳐서 슬프겠지만, 제 '이동의 심리 법칙'이 적용된다면 저는 다른 편에 도착해서 기쁠 거예요!"

슬픔의 연속성

양극단 사이의 연속성을 정립할 수 있을까? 작은 슬픔과 큰 슬픔 사이의 연속성은? 기분이 상한 정도의 슬픔과 사별의 슬픔 사이에는? 터무니없어 보이지만 비애의 거대한 영역 내에 놀랍게도 상대적 연속성이 존재한다고 생각한다.

우리가 유약할 땐 좋아하는 물건을 잃어버리거나, 친구와 다투거나, 기차나 비행기를 놓치는 등의 사소한 시련에도 순간적으로 폭발하는 강렬한 슬픔을 느낄 수 있다. 심약했던 한 친구가 돌아가신 아버지께 받은 다기를 깨뜨린 적이 있다. 손쓸 수 없이 산산조각이 나 버린 다기를 보고 오랜 시간 동안 거대한 절망을 느꼈노라 말했다. 당연히 큰일이 아닐뿐더러 낙담이 지속되진 않았지만, 그 순간의 슬픔은 무척 강렬하게 느껴졌다고.

이러한 불균형적 불행 속에서 모든 비탄에 공통적인 두 가지 요소를 발견할 수 있다. 바로 적막감(민망하고 사회적으로 난처한 상황을 오늘날 '세상에 홀로 남겨진 순간'이라 표현한다)과 회복 불능감이다.

F. 스콧 피츠제럴드F. Scott Fitzgerald가 겪은 우울에 대한 자전적 에세이 『무너져 내리다The Crack-Up』를 보면 사소한 사건이 어떻게 죽고 싶다는 생각으로 발전하는지 묘사되어 있다. "새벽 3시가 되면 잊어버린 우편물 하나가 마치 사형 선고만큼이나 비극적으로 느껴진다."[15]

또한 하찮은 슬픔이 비극적인 슬픔에 파고들 수도 있다. 암 투병이나 상을 치르는 중에도 감기나 충치, 자동차 고장이나 행정상의 문제를 겪을 수 있듯, 안타깝게도 커다란 불행이 작은 불행을 막아주지는 못한다.

인간이라는 존재로 살다 보면 시련에 대비하고, 최소한 역경을 예상할 수 있게 된다. 그 과정에서 얻을 수 있는 좋은 영향 중 첫 번째는 어려움이 없는 모든 순간을 만끽하고 우리가 누리는 행운을 알아보게 되는 것이다. 두 번째는 역경이 닥쳤을 때 부당함에 한탄하는 시간을 줄일 수 있다는 점이다. 그저 "젠장, 바람이 몰아치는군" 하며 최선을 다해 맞서도록 노력하게 된다. 터무니없는 소리 같은가? 그렇게 보일 수도 있다. 그러나 시련이 결코 오지 않기를 바라면서 생각조차 하지 않는 부정의 자세를 취하는 것 또한 터무니없긴 마찬가지다. 인생의 각 순간에서 그때그때 각자 할 수 있는 만큼 선택하면 된다.

내가 만난 환자 중 가장 특이한 일을 했던 사람이 떠오른다. 우울증에서 갓 벗어난, 불안증이 굉장히 심한 여성이었는데 향후 닥칠 가능성이 있는 모든 재앙의 목록을 작성한 것이다. 자녀, 배우자, 지인의 죽음, 병에

비탄

걸림(가족력이 있거나 본인이 겁나는 병의 목록도 따로 만들었다), 실직…. 한 장을 가득 채우고도 "선생님, 다 적지도 못했어요!"라고 했었다. 그런 참사가 일어나리라 상상해 보라고는 결코 제안할 수조차 없었고, 특히 나 없이 그녀 혼자 있을 때는 더욱 안 될 일이었다.

하지만 결과적으로 이 목록은 그녀에게 도움이 되었다. "그거 아세요? 종이에 다 쓰고 나니 마음이 한결 편안해졌어요. 글로 적었다고 해서 그 일이 일어나는 건 아니라는 생각이 들었거든요. 이 불운이 다 일어날 수도 없을뿐더러, 저뿐만 아니라 누구에게나 일어날 수 있는 종류의 일인 것 같아요. 그리고 지금 제가 운이 좋다고 느꼈지요. 치료가 끝나가는 우울증과 평범한 문제들밖에 없으니까요."

비탄의 메커니즘

고로 인간이 느끼는 다양한 슬픔은 어느 정도씩 서로 유사점이 있고 상대적 연속성이 존재하며 각각의 메커니즘 또한 유사하다.

크든 작든 모든 슬픔은 평온하게 나아가던 인생에 갑작스레 켜진 빨간불 같다. 하루하루마다 내일에 대한 기약이 있고, 혹여 기회를 놓치더라도 다음이 있고 또 다른 기회가 있을 것이기에 그리 심각하지 않은 인생이었으리라. 잘 정돈된 삶에 불쑥 나타난 불행은 우리를 안전지대에서 끌어내 무방비 상태로 내던져 버린다. 현재가 불안해지고 미래는 말할 것도 없다. 무탈한 시절에는 갑갑하게 느껴지던 반복되는 일상이 혹독한 시절에 안정을 주기도 한다. 시련이 안정감과 예측 가능성을 앗아가기 때문이다.

상을 당했을 때나 엄청난 역경을 겪을 때 마치 다른 차원으로 떨어진 듯한 기분이 든다. 더 이상 다른 이들과 동일 선상에 있지 않게 되어, 정상적이고 매 순간 행복의 가능성이 있는 이전 세상에 머물러 있는 남들과 달리 차갑고 꿈꿀 여지가 없는 다른 세계로 추방당한 것 같다. 우리는 죽은 자의 세계와 산 자의 세계 사이, 그 무엇도 의미가 없는 **중간 세계**에 온 것이다. 셰익스피어의 표현처럼 그 순간 모든 고난이 우리 인생에 쇄도한 듯한 느낌이다. "지옥은 텅 비어있다, 악마가 모두 이곳에 있으니…"[16]

애도 중에, 마치 고통이 숨을 고르듯 더는 가장 일차적인 감정이 아닐 때, 일상에서 요구되는 소소한 노력들을 하면서 간혹 공허함이 느껴지기도 하고 삶의 어려움이 느껴지기도 한다. 상을 당한 어느 환자가 내게 얘기했듯이 "늘 괴로운 것은 아니지만, 단 한 순간도 기분이 좋지 않다." 앞서 언급한 에세이에서 피츠제럴드는 무수히 무너지고 또 무너지는 이러한 순간을 완벽히 묘사했다. "노력이 무의미하다는 생각과 투쟁해야 한다는 생각 간의 균형을 잡아야 한다. […] 무(無)에서 무(無)를 향한 화살처럼 자아를 유지해야 한다. […] 사랑하는 사람에 대한 사랑조차도 노력의 산물이 된다." 이것은 마치 무너지기 직전에 경험하는 우울한 고통의 폭발과 비슷하다. 자칫 주의하지 않으면 결국 견디고 안주하게 만드는 위험하고 고달픈 경험이다.

이 비탄의 메커니즘은 온갖 종류의 상실을 수반한다.
- 미래에 대한 평정심("미래가 있을 것이며 살만할 것이다")의 상실과 아직 경험하지 못한 것에 대한 가능성의 상실

- 행복할 능력의 상실과, 오래된 슬픔의 구름을 막아주는 역할을 하던 행복이 사라짐으로 인한 (과거의) 고통의 재귀
- 가벼움과 무사태평함의 상실
- 삶과 세상에 대한 신뢰의 상실
- 환상의 상실

이 마지막 상실이 아마 비탄의 가장 뼈아픈 대목일 것이다. 행복은 수많은 환상에 근거하며, 환상 없이는 행복도 없다는 사실을 알려주기 때문이다. 여기에서 벗어나 삶에 대한 새로운 철학을 확립하기까지는 시간과 노력이 필요하다. 환상은 환상에 지나지 않음을 인정하면서도 즐길 수 있도록 말이다. 산타 할아버지나 이빨 요정이 존재하지 않는다는 것을 알면서도 믿을 때 인생이 더욱 아름답기에, 영민하게 믿는 척하는 아이들처럼 되고자 노력하는 것이다.

시련은 외로움이라는 존재론적 진리를 상기시켜준다. 그 누구도 우리를 대신해 살아줄 수 없고, 우리 대신 고통받거나 죽을 수 있는 이도 없다.

의심 가득한 아침

상을 당하거나 사고를 당하거나, 혹은 중병을 선고받은 이들이 그 이후 아침에 일어나 붕 떠있는 순간을 경험한다는 이야기를 자주 들었다. "나는 여전히 '전(前)의 세계'에 있는 걸까? 여기는 배우자의 죽음, 암, 교통사고 이전과 같은 세계일까?" 그때 아주 빠른 속도로 환상이 깨진다. "아니, 여긴 '후(後)의 세계'야. 안정적이고, 내 것이라 여기고, 지속적이며, 마땅하다고 생각한 모든

것이 영원히 깨지고 부서지고 사라져버렸어. 나는 새로운 세계,
즉 깨진 것을 고칠 수 없고 위로받을 수밖에 없는 세계에 있어.
그런데 이 순간 누가 나를 위로해 주지?"

슬픔의 위험성과 절망의 위협

불운의 결과라 하면 가장 먼저 우울증, 즉 차츰 어떤 위로에도 무감해지
게 만드는 병적이고 장기적이며 내적인 슬픔이 떠오른다. 이렇게 삶의 고
통스러운 사건 이후에 나타나는, 이른바 '반응적' 우울증이 있다. 정신의
학자들은 시련을 겪은 뒤 나타나는, 경미하고 당연하기에 지켜보고 도와
주는 것으로 충분한 우울적 반응과, 적극적으로 치료해야 하는 병적인 반
응 사이의 경계를 밝혀내려고 여전히 애쓰고 있다. 이 경계는 아마도 위로
받을 수 있는지 여부에 달려있을 것이다. 어떤 형태의 위로에도 일관되게
영향을 받지 않는다는 것은 곧 심각하다는 신호이기 때문이다.

그러나 슬픔에서 가장 흔한 위협은 억울함일지도 모른다. "나는 아무
런 잘못도 안 했는데, 심지어 최선을 다했는데, 그런데도 이런 시련을 겪
다니" 같이 부당하다는 생각에서 오는 감정일 수 있다. 폐암에 걸린 비흡
연자 여성이나 유기농식만 먹었는데 백혈병이 발병한 남성 등 건강을 유
지하고자 철저히 생활을 관리하며 소위 '적극적 건강'에 공들였는데도 병
에 걸린 환자들이 이러한 감정을 자주 경험한다.

어떻게 "왜 나에게 이런 일이?"라고 생각하지 않을 수 있겠는가. 자
신의 행운에 무감각한 이들에 대해, 혹은 굳건한 유전자의 보호를 받는 이

들에 대해 어찌 쓰라린 감정을 느끼지 않을 수 있겠는가.

고통을 모르는 이들을 향한 억울함이라는 독과 만성적 분노는 오래도록 슬픔에 잠겨있는 이들이 필연적으로 싸워야 할 대상이다. 자녀가 모두 건강하게 살아있는 부모를 만난 자녀 잃은 부모도 마찬가지이다. 잘 지내고 괴롭지 않은 이들은 부지불식중에 본의 아니게 슬픈 사람들의 감정을 상하게 한다.

동년배의 가까운 이웃 부부와 친하게 지내던 한 노부인이 있었다. 소소한 도움을 받으며 그들에게 의지하면서도, 남편을 잃고 여러 개의 종양으로 고생하는 자신에 비해 너무도 건강하고 또 부부로서 살아가는 그들의 모습에 시샘이 나고 때로는 화도 났다.

또 다른 위험한 감정은 헤어나지 못하고 끊임없이 고통받는 스스로에게 느끼는 분노이다. 마치 고통이 과도한 자가 면역 질환처럼, 모든 에너지가 자기 파괴로 향하며 위로를 찾지 않고 스스로를 탓하는 것이다.

"걱정은 몸에 해롭다(Cor ne edito)", "네 마음을 갉아먹지 마라"는 에라스무스의 말이 생각난다.[17] 오늘날엔 "피 말리지 마라"라고 할 수 있겠다. 어쩔 수 없는 고통 앞에서 본인을 책망하기에 앞서 마음을 다독이고, 책임이 아니라 위로를 찾는 반응을 취한다면 괴로움을 한결 덜 수 있을 것이다.

한편 슬픔에 잠겨버리고픈 유혹이 있다. 왜 우리는 때때로 불평, 후회, 슬픔처럼 결국엔 우리를 아프게 할 것들에 끌리는 걸까? 아마도 중독처럼 처음에는 기분이 좋아지게 해준다고 느꼈을지도 모른다. 어쩌다 보니 불평하면 격려와 위로를 얻을 수 있으리라 생각했을 수도 있다. 아니면 단순히 슬픔에 내재된 연약함과 그것이 주는 위험한 안도감에 굴복한 것

내가 여기 있어요

일지 모른다. 슬픔 속에는 사람을 태만하게 하고 단념시키고 삶을 향한 투쟁심을 포기하게 하는 움직임이 있어 초반에는 완전한 위안을 준다. 하지만 이는 때로 우리가 위로를 밀어내도록 길들이기도 한다. 고통과 운명에 대한 터무니없는 위안으로 우리가 자기 자신과 독대할 시간을 방해하기 때문이다.

위로받을 필요

우리가 흔들리기 쉬운 날엔 지금까지 살펴본 일련의 역경으로 인해 좌절할 수도 있다. 또 스스로 강하다고 느끼는 날엔 지나치게 눈물을 쥐어짜는 일이라 여길 수도 있다. 나는 낙심케 하고 싶지도, 과장하고 싶지도 않다. 슬픔과 위로를 반복하는 인생의 숨결을 향한 눈을 열어주려는 것뿐이다.

그 누구도 고통 가운데 혼자 남겨져서는 안 된다. 언젠가 '아무도 그리워하지 않는 사람'이라는 초라하고 끔찍한 글귀를 읽은 적이 있다.[18] 나는 홀로 공원 벤치나 지하철 통로에 앉아 울고 있는 사람을 떠올렸다. 아무도 위로해 주지 않고 감히 위로하려 하지도 않는 사람. 이것이 나에게 있어 가장 통렬하게 슬프고 외로운 장면이다.

뉴스를 너무 많이 보거나, 사람들의 어떠한 행동 때문에 낙심될 때 나를 위로하고 기분 좋게 하는 방법은 아름다운 위로의 사슬을 생각하는 것이다. 위로를 주고, 위로를 받고, 사회에 위로를 전하는 사슬 말이다. 눈에 띄지 않는 친절한 위로자들을 떠올린다. 모든 인간 집단이 버틸 수 있게끔 하는, 그림자 속에서, 은밀하게, 겸허하게 주고받는 위로의 끝없는 흐름을 생각한다. 비탄에 맞서는 친절의 표현이자 행동과 말로 풀어내는 연민, 즉 위로가 없다면 이 세상은 험난하고 거칠고 숨 막힐 것이다. 우리를, 그리고 타인을 슬프게 하는 것들 앞에서 눈물을 쥐어짜기보다는 위로를 해야 한다.

위로는 현재(진정시킨다)와 미래(슬픔의 연장선으로 바라보지 않게 한다)를 위한 치료제이기 때문이다. 그리고 과거를 치유하기도 한다. 위로는 과거의 위로받지 못한 모든 고통을 지워준다. 아름다운 사랑이 하루 만에 과거의 모든 다난하고 괴로웠던 사랑을 위로할 수 있듯이 말이다. 그리고 앞으로 살펴보겠지만, 위로는 사랑의 여러 얼굴 중 하나이기도 하다.

그가 우리에게 말했다
모든 게 끝났다고

그가 자리에 앉아 손을 탁자 위에 올리라고 했다.
그는 우리의 손 위에 자신의 손을 포개더니
눈물 고인 눈을 들어 우리에게 알려주었다.
다 끝났다고.

로르 아들레르Laure Adler,
의사가 자신과 남편에게 아들이
죽을 것이라 알려주었던
가슴 찢어지는 순간을 이야기함.[19]

3장

우리를 위로하는 것: 관계의 회복

마음이 황폐할 때 무엇을 향해 나아갈지 직관적으로 아는 사람은 행복한 사람이다. 나는 오랫동안 그렇지 못한 사람이었다. 괴로움을 겪을 때마다 가야 할 바를 몰라 더욱 고통스러웠다. 그렇기에 무엇이 우리를 위로하는지 알아가는 것이 가장 소중한 존재적 지혜의 형태 중 하나라고 확신한다.

몽테뉴는 유럽에서의 오랜 여행에 대해 "내가 무엇으로부터 도망치는지 정확히 알았으나 무엇을 찾고 있는지는 알지 못했다"라고 묘사했다.[1] 이처럼 삶에서 슬픔을 피해 달아나고자 해도 위로가 어디에 있는지 항상 아는 것은 아니다. 답은 의외로 간단하다. 위로는 관계 속에 있다.

슬픔은 불의하고 난폭한 시련이 그 얼굴을 드러내는 세상, 졸렬하고 동떨어져 있으며 무심하고 부족한데다 때로는 우리의 고통에 어느 정도 책임이 있기까지 한 타인, 그리고 일어난 일을 피하지 못하고 피할 수 없었던 스스로를 원망하는 우리 자신과 불화를 일으킨다.

위로는 삶과 타인과 본인과의 관계 회복이자 화해이다. 고통스럽고 부정적인 감정이 줄어들면서 더 이상 우리 존재를 지배하지 않게 된다. "고통 자체를 제거하기보다는 행동과 말과 관심을 통해 단절과 상실의 감정을 연대감으로 대체하는 것이 위로의 목적이다."[2]

고통은 우리를 세상과 타인과 자기 자신으로부터 단절시킨다. 위로는 끈기와 온화함으로 이 관계를 회복시킨다.

내가 여기 있어요

세상과의 관계 회복: 회복하는 생명

"통찰력은 환상보다 더욱 고귀한 가치라고 할 수 있다. 그럼에도 불구하고 믿고 싶은 욕망은 수면이나 갈증처럼, 혹은 사랑의 애착이나 행복하고자 하는 욕망처럼 되살아난다."[3] 이 문장을 통해 프랑스의 작가 파스칼 키냐르Pascal Quignard는 언젠가 다시 살아나게 되어있는 삶의 의욕이 우리 마음 깊숙한 곳에 존재함을 시사한다.

위로는 모든 존재가 가지고 있는 바로 이 **행복하고자 하는 욕망**을 깨운다. 이는 현재로서 일말의 확신조차 없다 할지라도 삶을, 가능성 있는 삶을, 아름다운 삶을 다시금 믿고 싶은 욕망과 같다.

우리는 타인이 건네는 사려 깊은 말이나 관심에 위로받기도 하고, 스스로 노력해서 위로받을 때도 있다. 그러나 (어쩌면 더 자주) 의도치 않게 우리에게 감동을 주는 것들로부터 위로를 받기도 한다.

파란 하늘, 아침의 빛, 타인의 시선이나 행동에서 느껴지는 따스함으로 위로받거나 격려받을 수 있다. 노래나 시의 아름다움과 거기에 담긴 슬픔, 인생과 사랑에 대한 믿음을 통해 위로받을 수도 있다. 그리고 모든 이가 고통을 경험하며, 절망 속에서 인간은 모두 평등하다는 점을 기억하며 위로받을 수도 있다.

바로 이 절망으로 인해 사람들은 서로 닮아있기에, 인생이 논리적이었다면 우리는 절망을 통해 무의식적으로 서로 가까워질 수 있었을 터이다. 하지만 현실은 그렇지 않아서 타인과 가까워지기 위해서는 노력이 필요하다. 이 부분은 나중에 함께 살펴보고, 지금은 뜻하지 않게 받은 위로에 집중해보자.

관심을 기울여 보면 삶이 우리에게 매 순간 나름의 치료제를 전해주고 있다는 사실을 알 수 있다. 생명은 그 자체로 우리를 치유할 수 있다. 숲속을 거닐다 보면 부지불식간에 약효를 지닌 식물 곁을 끊임없이 지나치듯이, 일상 속에서도 계속해서 위로의 원천과 마주치게 된다.

우리에게 그다지 관심 없는 세상에게 받는 위로라니, 모순처럼 보인다. 우주는 우리의 불행, 우리의 이야기, 우리의 존재에 무관심하다. 그럼에도 우주는 그 존재 자체만으로 우리를 달랠 수 있다. 그러니 우주의 무관심은 일반적인 무관심과 달리 우리의 고통이 언젠가 끝난다는 사실을 차분하고 부드럽게 상기시켜 주는 것이라고 상상해 볼 수 있다. 독일의 여성 정치인이자 혁명가 로자 룩셈부르크Rosa Luxemburg는 자유롭던 시절을 떠올리며 투옥 중에 다음과 같은 편지를 썼다.[4]

포근한 봄날 아무런 목적 없이 동네를 거닐며 […] 멍하니 [원문 그대로] 삶을 호흡할 때 […], 집안에서 부활절을 맞이하여 매트리스를 터는 소리가 흘러나오고, 어디선가 암탉이 목청껏 꼬꼬댁거리는 소리와 하교하는 어린아이들이 아옹다옹하는 소리 […], 바쁜 전차가 인사하듯 공중에 울리는 작은 기적 소리가 들릴 때 […], 내 마음은 아주 미세한 부분부터 모든 것으로 인해 환희를 느낍니다. […] 이 걸걸한 목소리와 바보 같은 대화조차 어찌나 좋은지! 그리고 내 앞의 이 신사가 5시에 어디론가 떠난다는 사실에 기뻐서 하마터면 이렇게 소리칠 뻔했죠. "안부를 전해주세요, 누구인지 모르겠지만요. 당신 마음대로 하세요!" […] 행복으로 빛나는 얼굴을 한 내 모습은 분명 조금 이상해 보일지도 모릅니다. 뭐 어때요! 봄날의 햇살 아래 이렇게 거리를 거니는 것보다 더 큰 행복이 있을까요?

흘러가는 삶을 그저 바라보는 것만으로 위로가 될 수 있다. 하지만 강요받지 않고 **본인에게서** 직접 우러나왔을 때만 가능하다. 그렇지 않으면 이 명백한 사실이 오히려 모욕으로 느껴진다. "뭐? 내 고통이 그따위 것들로 위로된다고?"

우리가 갇힌 슬픔이라는 감옥의 열쇠는 손닿을 거리에 있지만, 그것을 잡기 위해 손을 뻗는 것은 각자의 몫이다. 위로는 스스로를 괴로움으로부터 자유롭게 하는 해방 작업이다. 삶은 우리가 요청하기만 한다면 언제든 도울 준비가 되어 있다. 다만 우리를 가둔 정신적 감옥에서 일단 스스로 나와야 한다.

삶이 우리의 고통을 신경 쓰지 않는다는 사실은 우리에게 다행스러운 일이다. 고통에 아랑곳하지 않고 제 갈 길을 가니 말이다! 그리고 그 길 위에 지저귀는 새와 빛나는 태양, 푸르른 하늘, 신비로운 침묵 속에 지나가는 멋진 구름들이 있다니. 삶은 우리 슬픔에 관심이 없다. 하지만 이러한 결핍의 순간에 삶은 오히려 더 위로를 주곤 한다. 어색하고 뻔한 말, 너무 힘껏 격려하려다 되려 무의미해진 말보다 무심하고도 친절한 삶의 위로가 더욱 효과적일 수도 있다. 그러나 위로는 완전한 회복이 아니다. 위로는 (거의) 아무것도 회복할 수 없더라도 계속 살아야 할 이유이다.

치유하는 삶

불행을 겪는 중에는 아름답거나 부드러운 것, 꽃 한 송이, 따뜻한 공기, 친

우리를 위로하는 것: 관계의 회복

절한 말 같은 일상의 소소한 즐거움이나 안정으로부터 좀처럼 위로받지 못한다. 불행을 견디려 마음을 닫으면서 행복의 문도 함께 닫았기 때문이다. 행복은 주의를 환기하고 고통을 덜어주며, 심지어는 진리에 눈뜨게 하여 우리를 구해낼 수도 있다. 그 진리란 바로 인생에는 언제나 고통과 기쁨이 혼재되어 있다는 사실이다.

이는 여전히 존재하는 모든 것으로부터 더 이상 존재하지 않는 모든 것에 대하여 위로받는다는 의미이다. 그리고 우리에게 없다고 생각한 무언가가 실은 이미 눈앞에, 손 뻗으면 닿을 거리에 있지 않은가 자문하는 것이다. '치유하는 삶'이란 개념이 우리에게 가르치는, 혹은 가르쳐 줄 수 있는 것은 수용과 겸허의 필요성이다. 고통스러워도 마음 아픈 상태 그대로 세상과 연결되고자 하는 노력. 우리를 유별나고 차별화되게 만드는 슬픔을 놓아주고 거기에서 떨어져 나와 다시 평범하고 사소하며 존재감 없이, 특별하지 않아지기로 결정하는 것이다.

고통을 겪는 방식에 교만의 죄악이 스며들 수 있다. 왜냐하면 비탄은 (물론 의도치 않게) 우리와 우리가 겪는 고통을 세상의 중심에 두도록 만들기 때문이다. "고통은 […] 그 외의 모든 것에 마음을 닫아버린다."[5] 삶의 위로를 받아들이기란 결코 쉬운 일이 아니다. 이는 완전한 치유를 포기할 뿐 아니라 (다시 말하지만, 위로는 깨어지고 지나간 것을 복원하지 않는다) 자신을 일부 내려놓고, 망각하고, 눈에 보이지 않게 하고, 흐릿해지는 것을 의미하기 때문이다.

흘러가는 시간의 위로

어느 봄날의 일요일 아침, 아주 이른 시각에 한 어머니(혹은 아버지)가 가족들을 위해 빵집에서 크루아상을 사오는 길이다. 다 큰 대학생 자녀들이 집을 떠난 지 꽤 되었는데, 오늘은 가족 행사가 있어 다들 어제 도착해 예전처럼 집에서 잠을 잤다. 즐거운 순간인데도 슬픔이 치미는 것을 느낀다. 시간이 이렇게 빨리 흐르다니! 20년 전 아이들과 손을 잡고 거닐던 장소를 지나친다. 짐을 들어 달라더니 어설프게 숨어 크루아상 조각을 조금씩 갉아먹던 아이들의 모습이 떠오른다. 아무것도 모르는 체하다가 집에 도착하면 늘 같은 장면이 펼쳐졌다. "아니!?!? 크루아상 끄트머리가 없잖아!? 빵집에 도로 가져가야겠다!"

그날 아침, 예전과 같은 길을 걸었지만 모든 것이 달라져 있었다. 아무 일 없고, 모두 잘 지내고, 잘 살고 있다. 그저 시간이 지나갔을 뿐이다. 슬픔이 드리운다. 약하지만 집요한 것이, 마치 하늘에서 내리는 가랑비 같다. 이 슬픔을 어찌해야 할까? 사라지게 두어야 할까? 스스로 위로하면 될까? 어쨌든 과장하지는 말자. 아무 문제도 없다는 사실을 잊지 말자!

그렇다면 이 슬픔만큼 가벼운 위로는 어떻게 찾을 수 있을까? 간단하다. 미소 짓고, 받아들이면 된다. 사라진 것은 우리가 이미 살아온 시간이며, 그것으로 참 좋았다. 그렇게 그녀는 잠시 걸음을 멈추어 태양을, 집을, 길 끝에 있는 교회의 종을 바라본다. 거기 있는 모든 것에, 모든 것이 아름답고 평화롭기에 기뻐한다. 누구나 경험할 법한 평범한 시련과 몇몇 사건만을 겪으며 지금까지 살아왔음을 기뻐한다. 지나간 추억의 아름다움과 현재의 감미로움을 만끽한다. 또 멋진 순간들이 올 것이다. 혹여

우리를 위로하는 것: 관계의 회복

이제 더는 그런 순간이 없다 할지라도 인생은 충분히 살 만한 가치가 있지 않았는가?

위로를 주는 것들

(사소하지만 위안이 되는 것들의 목록)

해변에서 개 한 마리가 환희에 차 뛰어다니다가 주인에게 돌아가 사랑을 가득 담아 주위를 맴돌고 다시 달려가 끊임없이 흥미로운 대상을 찾는 모습 바라보기.

개가 느끼는 행복은 놀랍도록 단순하여 인간이란 존재는 결코 닿을 수 없다. 그럼에도 이따금씩 그 행복으로 인해 모든 것을 온전히 신뢰하고 온전히 위로받은 듯이 쏜살같이 달려가고픈 욕망을 느끼기도 한다.

❖

망쳤다고 생각했으나 모든 것이 해결되었던 경험들 기억하기.

> 스포츠 팬들에게만 해당되는 이야기: 응원하는 팀이 이기거나 잘할 때 유치하고 순진한 행복에 빠지기. 사소하지만 위로가 된다. 삶의 괴로움과 결핍은 그대로일지라도, 매우 하잘것없는 무언가로 인해 마음은 가벼워진다.

❖

백혈병 치료를 받던 중 심리 상담사에게 "죽으면 더 이상 아프지 않을 거

내가 여기 있어요

예요"라 말한 아이를 떠올린다. 자리에 앉아 울고, 그 아이에 대해, 아이의 상태에 대해 생각하며 그 순간 마음에서 쏟아낼 수 있는 모든 사랑을 전해주기.

❖

바보 같지만, 죽고 나면 치통이 사라질 거라 생각하기. 이 몇 줄을 적는 동안 이가 아파 조르주 브라상Georges Brassens의 노래를 떠올린다.

〈유언Le Testament〉: 원한을 남기지 않고 죽었네, 이제 이가 아플 일 없겠지. 나는 공동 묘혈에 누웠네, 시간이란 공동 묘혈이지…

❖

다시는 치통이 없을 장소가 있다는 상상만으로 위로가 된다. 물론 그 전에 죽음을 지나가야 한다. 그러나 죽음 이후에는 무언가 알아야 할 것이 있다면 알게 될 것이고, 알 것이 없더라도 그리 심각하지 않을 테다. 당시 머릿속에 떠오른 이 생각이 나의 치통을 위로했다. 사람의 두뇌란 정말 사랑스럽지 아니한가….

❖

구름 사이로 갑자기 드러난 파란 하늘에 놀라기.
행복하게 지낸다는 친구의 편지 받기.
누군가에게 선을 베풀기.
모두와 평화롭게 지내기.

우리를 위로하는 것: 관계의 회복

세상과 평화롭게 지내기.
사랑받고, 존중받고, 인정받는다 느끼기.
누군가에게 선을 베풀기.

감옥에서 친구들에게 기쁨과 생명력으로 가득한 편지를 썼던 로자 룩셈부르크를 생각하기. 그녀는 사소한 일로 불평하는 친구들을 꾸짖곤 했다. "그대의 편지 얘기를 합시다. 나약한 어투가 정말 마음에 들지 않았어요. 아직 세상에 태어나지도 않은 (복중의) 아이에 대해 그렇게 푸념하다니요!… 어휴, 게르트루트, 그래봤자 아무 소용없어요. […] 일을 해야 하고, 그러니 할 수 있는 것을 하고, 나머지는 가볍고 기분 좋게 받아들이세요. 까칠하게 군다고 해서 삶이 나아지는 것은 아니랍니다."[6] 나는 이 부분을 처음 읽었을 때 감동한 동시에 '이야, 역시 차원이 다르시군. 자그마한 몸 안에 이렇게 놀랍도록 강인한 영혼이 깃들어있다니!'라 생각했다(로자의 키는 150cm에 불과했다). 이어 몇 페이지 더 넘겨보고는 다음의 문장에서 감격과 이기적인 안도감을 느꼈다.

> "어제 잠들기 전, 무수한 고통으로 이루어낸 아름다운 균형
> 한가운데서 나는 밤보다 훨씬 어두운 절망에 사로잡혔다."[7]

그녀는 타고난 것이 아니라 노력한 것이었다.
그녀를 본받도록 노력하기.

내가 여기 있어요

고통을 지연시키고 우리를 행동과 삶으로 돌려놓는 일을 완수하거나 그 일에 몰두하기.

아름다운 기억을 떠올리기.

현재와 비교하거나 판단하지 않으며,

그저 한순간 기분이 좋아지기 위해 향수에 젖기.

❖

슬플지라도, 웃기. 이때 웃음으로써 얻을 무언가를 기대하지 말고 그저 미소 짓기. 충분히 오랫동안, 가벼이, 소박하게. 겉으로 보일 필요는 없다. 가볍게, 경련은 일으키지 말고, 과장 없이 미소 짓는 연습을 하며 그 효과를 지켜보기.

❖

슬픔 속에서 행복을 느꼈던 모든 순간을 떠올려 보기. 이 글을 쓰는 동안 내가 무척 사랑했던 장인어른의 장례식이 생각났다. 조카와 사촌들과 함께 들었던 관의 무게 때문에 휘청거리며, 사람들 앞에서 울지 않기 위해 그 관의 엄청난 무거움과, 내 육체의 연약함, 그 무엇보다 장인어른의 마지막 여정에 물리적으로 최대한 오래 동행한다는 필사적인 행복에 몰입했던 기억이 난다.

❖

네와 **아니오** 그리고 그 극단적이고 구원적인 단순함을 연습하기.

"**네**, 근심과 고통이 있습니다. **아니오**, 저는 아직 죽지 않았고 모든 것이

75

망하지도 않았습니다."

❖

미소 짓고, 호흡하고, 하늘을 바라보기.
세 가지를 동시에 해보기. 가능한 한 오래도록.
이것을 중단한 채 슬픔의 근원으로 돌아가고자 하는 욕구를 지켜보고,
그래도 어떻게 되는지 볼 수 있게 조금만 더 그대로 있기.

❖

괴로울 때 가만히 있지 않고 무엇이든 하기.

❖

바다에 이는 파도가 방파제에 부서지고 다시 되돌아오는 물결의 움직임
을 관찰하기. 물결의 규칙적인 움직임은 마치 모든 것을 깨뜨리고 파괴하
고 슬프게 하지 않으려 스스로 진정시키고자 애쓰는 파도의 노력 같다.

❖

슬플 땐 초라하고, 단순하고, 무욕하나 애정이 가득한 말들을 전부 받아
들이기.
"내가 여기 있어."
"너를 생각하고 있단다."
"내게 기대도 좋아."

언젠가 다른 이가 괴로워하는 날, 똑같이 이야기해주기.

조심스럽고 수줍으며 내향적인 성향을 극복하고, 말을 건네면서 우는 것을 두려워하지 않기.

❖

걱정에 너무 일찍 눈을 뜬 아침이면 창문 너머로 떠오르는 태양을 바라보고, 노래하기 시작하는 새와 깨어나는 도시의 소리 들어보기. 당장 해결되는 것은 없지만 그 순간을 살아냄으로써 조금은 위로받을 수 있다.

타인과의 관계 회복: 위로자

위로할 대상은 언제나 자기 고통 속에 고립되어 있다. 위로는 그를 인간 사회와 다시 연결한다. 위로는 그를 동류의 사람들 곁으로 데려와 다시 연합시키는 일이다.

　고통은 사람을 고립시키고, 관계는 위로한다. 사랑, 애정, 우정 등 어떤 관계에서나 마찬가지이다. 미소나 대화, 친절한 눈빛만으로도 모든 고통에 결부되어 있는 외로움의 감정을 가볍게 일시적으로 완화시켜 위로를 전할 수 있다.

　사랑받고 존중받고 지지받는다는 느낌은 언제나 위로가 된다. 그 사랑과 지지를 온전히 받을 기운이 없어 현재로서는 하고 싶은 만큼, 해야 하는 만큼 응답할 수 없다 할지라도 위로받았다는 사실에는 변함이 없다. 그렇기에 위로하는 이는 감사나 대답을 기대해선 안 된다. 애정을 표현하고 도울 준비를 하는 것으로 충분하다.

위로하기 위해 태어난 사람

위로는 사람이 날 때부터 **갖추고** 태어나는 재능에 속한다. 이 재능은 공감(타인의 고통을 느끼는 생물학적 능력)에서 연민(슬픔을 줄이도록 돕고자 하는 욕구와 공감의 연합)으로 이어지는 정신 기능 연쇄의 정점이다. 어떤 의미에서 위로는 행동으로 표현된 연민이라 할 수 있다. 이 타고난 재능은 사회화와 교육을 통해 강화되어 존재적 가치가 되며, 삶의 경험과 주고받은 위로의 체험을 바탕으로 성장하고 발달한다.

우리는 위로할 줄 아는 종족이다. 나는 이미 죽음 등 타인의 고통에 대한 인식, 그리고 인간의 조건과 연관된 위로의 존재론적 필요에 대해 언급한 바 있다. 그런데 우리에게는 동류를 위로할 능력에 대한 통찰도 존재한다. 울고 있는 이를 보면 우리 안에, 몸속에서부터, 그의 어깨에 손을 얹거나 안아주고픈 욕구가 솟아나고, 입으로는 위로의 말을 하고픈 욕구가 생겨난다. 이것을 허용하려면 수줍음과 억제와 잘못에 대한 두려움의 브레이크에서 발을 떼기만 하면 된다.

진화심리학의 관점에서 볼 때 동류를 위로하는 능력은 모든 동물 종의 적응에 유리하게 작용한다. 무리로부터 격려와 위로를 받은 개체는 슬픔에 병적으로 오랫동안 머무르지 않는다. 고통으로 죽어가도록 자신을 내버려 두지 않고, 관계와 활동을 회복하여 다시금 무리에 '유용한' 존재가 되며 더 이상 감정을 전염시켜 다른 개체의 사기를 꺾지 않는다.

타인의 고통에 대한 지나친 무관심은 도덕적으로 고통스럽고 슬플 뿐만 아니라, 사회적 측면에서는 집단을 조금씩 파괴하기도 한다. 행복과

내가 여기 있어요

마찬가지로 위로는 사치가 아니라 필수이다. 우리 삶에 정기적으로 되풀이되는 행복이 없다면 시련과 역경에 맞설 에너지가 없을 것이고, 위로가 없다면 시련 앞에 점점 더 외롭고 근심스러우며 나약하게 느껴질 것이다.

화해하고 위로하는 영장류

위로는 인간뿐만 아니라 다른 영장류도 갖추고 있는 능력이다. 침팬지를 연구한 동물 행동학자들은 무리 내에서 충돌이 일어난 뒤 다툼의 당사자들 간 입을 맞추는 등 화해의 몸짓을 관찰할 수 있었다. 그뿐만 아니라 다른 침팬지들이 그들을 향해 포옹 같은 위로의 태도를 보이기도 했다. 이러한 행위는 대부분의 경우 패배한 침팬지에게 향했으나 승리한 침팬지의 스트레스를 완화하고 진정시키기 위해 같은 행동을 취하기도 했다.[8] 반면 마카크원숭이처럼 사회화가 덜 된 종의 경우 싸움이 일어나자 당사자 외에는 모두 그 현장에서 멀찍이 달아났다(깨물리지 않기 위함이리라).[9] 집단과 개인의 자기 통제 능력에 대한 상호 신뢰가 견고한 공동체에서는 풍부하고 치밀한 상호 작용을 통해 사회화될수록 화해와 위로가 이루어질 가능성이 커진다.

위로라는 인간의 타고난 재능은 유아들의 공감 능력에서도 찾아볼 수 있다. 어린아이들은 울고 있는 아기를 보면 모르는 아이라 할지라도 본인의 엄마를 데려오거나 장난감을 주는 등 자신이 위로받고 싶은 대로 위로하고자 노력한다.[10] 유년기는 삶과 역경의 경험이 가장 적고 가장 연약한 시기인 탓에 위로의 필요성이 무척 크다.

위로를 받으면 아이는 어려움에 처했을 때 어른을 신뢰해도 괜찮다는 경험을 하고 이를 바탕으로 더 나아가 가까운 이들도 신뢰할 수 있게 된다. 또한 삶에 도전하고 실패했을 때 상처받는 게 정상이고, 그렇지만 격려받을 수 있기에 두려워하지 않아도 된다는 사실을 분명하고도 섬세하게 배운다. 이것이 어린 시절 경험한 성공적인 위로의 아름다운 유산 중 하나이다. 고통을 무조건 실패로 받아들이지 않고, 실패를 약점이나 외로움으로 받아들이지 않을 수 있게 된다.

위로가 우리를 아이처럼 만들고 유년기를 떠오르게 하는 이유는 아마도 이러한 유아적 뿌리가 있기 때문일 것이다. 모든 성인은 자기도 모르는 새 너무 빠르게 자라난 어린아이와 같다. 이 아이는 어느 날 문득 자신이 '아주머니' 혹은 '아저씨'로 불리는 것을 깨닫고, 자신의 주름과, 백발과, 쇠약해지는 몸을 보면서 마지막까지 놀라움을 금치 못한다. 위로를 받아들이기 위해서는 어른의 습관과 방식, 권력의 옷, 힘의 가면과 확신에서 벗어나 아이처럼 무력하고 나약해지는 것을 수용해야 한다. 아이의 특징은 바로 혼자서는 고통과 괴로움을 마주할 수 없다고 느꼈을 때 도움을 요청하고 위로자를 신뢰하기를 주저하지 않는다는 점이다. 불안하고 때로 불쾌하기까지 할지라도, 위로받기 위해서는 무력감과 신뢰를 인정해야 한다.

위로의 욕구는 단순한 공감, 이해, 진정시키고 기분 좋게 해주고자 하는 욕구에 국한되지 않는다. 물론 그 모든 것에 해당되지만 그 외의 요소들도 포함한다. 위로하는 입장에 있든 위로받는 입장에 있든, 위로를 통해 세상에 혼자 있다는 느낌을 경감할 수 있으므로 위로는 박애적 행위이다.

위로하는 사람은 언젠가 자신이 고통받을 차례가 오리란 것을 예감하기 때문이다.

위로하는 이와 위로받는 이의 세계는 그리 동떨어져 있지 않다. 살면서 겪는 시련에 따라 사람들은 두 역할을 번갈아 맡는다. 타인의 괴로움에 영향을 받고 동요하는 이유 중 하나는 어찌 보면 그것이 내 일이었을 수 있음을 알기 때문이다. 이미 겪었는지, 혹은 내일 일어날지 모를 일이다.

위로는 또한 상호 의존의 영역에 속한다. 나 혼자서는 온전히 해내지 못하는 일을 최소한 그 순간만큼은 타인이 해주도록 허용하는 것이다. 고통은 우리를 약하게 하고, 위로는 우리를 인간답게 한다. 위로는, 사람으로 산다는 것은 모두가 타인을 필요로 하는 공동체에 소속되었다는 의미임을 상기시킨다.

자연스러운 몸의 움직임

2021년 5월, 수천 명의 난민이 아프리카 모로코 북부의 스페인 영토 세우타에 진입하여 유럽 국경으로 넘어오고자 시도한다. 이 과정에서 위로가 얼마나 본능적이고 보편적인 행위인지 보여주는 감동적인 장면이 SNS상에 퍼졌다. 영상에서는 사하라 이남 아프리카에서 온 것으로 보이는 앙상하게 마른 남성이 잔뜩 지쳐 먼지에 뒤덮인 채 바위에 걸터앉는다. 그의 앞에 젊은 스페인 적십자 자원봉사자가 쭈그려 앉아 마실 것을 건네고 넋이 나간 그의 등을 토닥이며 격려하고 있었다. 이 다정한 몸짓에 청년의 어깨에 머리를 기대어 흘린 그의 눈물에는 피로와 여러 감정이 뒤섞여 있었으리라. 청년은 잠시 주저하다가, 마치 어머니가 자녀에게 하듯 그의 머리를 쓰다듬었다. 그러자 그는 반사적이고도 조심스럽게 그녀를 껴안았다. 그렇게 남성은 그의 머리와 등을 쓰다듬어 주는 청년에게 기댄 채 한동안 그대로 있었다. 이전까지 서로 전혀 알지 못했던 두 사람이, 무의식적이고 본능적이며 놀라운 위로의 행위를 발견하고 주고받은 것이다. 감동과 충격의 눈물에 그 장면을 본 모든 사람의 마음속에 감탄과 연민이 일어났다.

관계에서 오는 위로

현실이 변하지 않는데 어떻게 위로가 작용할 수 있을까? 위로는 위로하는 이와 위로받는 이가 함께 만드는 것이고, 자연스럽게 유대가 이루어지기 때문이다. 그리고 그 유대는 치료나 보살핌에서 '치료제(위로의 경우, 객관화하고 회복시키는 말)'가 그러하듯 항상 효과적으로 '작용'하지는 못하더라도 우리를 이롭게 하는 것이기 때문이다. 우리는 위로라는 우회적인 방법으로 사랑과 애정, 우의와 친밀함을 드러낸다.

사람은 관계로부터 위로받기에, 관계에 마음을 연다는 것은 위로해주는 상대방에게 마음을 열었음을 의미한다. 위로의 행위는 언제나 단순하고, 그 말은 평범하다. 단순하고 평범하지 않은 것은 다름 아닌 위로를 받아들이는 우리의 방식이다. 그렇다면 누구의 위로가 받아들이기 쉬울까?

당연히 가까운 사람들의 위로일 것이다. 그들은 우리를 사랑하고, 그저 존재하는 것만으로도 우리에게 좋은 영향을 주기 때문이다.

그리고 전문가들의 위로도 받아들이기 쉽다. 치료사든 정신의학자든, 혹은 목사나 이맘, 랍비와 같은 종교 지도자가 되었든, 전문가는 다른 사람들을 많이 위로해 보았기 때문이다. 종교 지도자들의 경우 애도와 같은 커다란 고통도 빈번히 다루는 탓에, 델핀 오르빌뢰르Delphine Horvilleur(프랑스의 여성 랍비이자 작가 - 옮긴이주)는 자신의 역할을 다음과 같이 정의한다. "비탄에 잠긴 이의 곁에서 그가 알지 못하는 바를 가르치는 것이 아니라, 그들이 당신에게 해주었던 이야기를 이제는 본인이 들을 수 있도록 해석해 주는 것이다."[11] 이렇듯 도움을 주는 전문가들은 애도하는 이의 말을 경청하여, 고인에 대한 평온한 이미지를 부드럽고 희망적으로 재현할 수 있다.

친구의 위로 또한 쉬이 받아들일 수 있다. "나이가 들수록 오로지 우리를 자유롭게 하는 이들과만 함께 할 수 있음을 절감합니다. 가벼이 표현해도 분명히 느낄 수 있는 애정으로 사랑하는 이들 말입니다. 사랑하는 이의 속박까지 견디기에 현재의 삶은 충분히 힘겹고 쓰라리며 소모적입니다[…]. 이렇게 나는 그대의 친구이며 그대의 행복과 자유, 모험을 사랑합니다. 언제나 믿을 수 있는 동반자가 되고 싶군요."[12] 알베르 카뮈Albert Camus가 르네 샤르René Char에게 위로를 얻고자 썼던 편지의 일부이다. 카뮈는 글을 쓸 요량으로 노르망디에서 여름을 보냈지만 끝내 아무것도 쓰지 못했다("이번 여름 하려던 것을 하나도 하지 못했습니다. 이 고갈과 갑작스럽고 지속적인 무감각이 저를 무척 힘들게 합니다").

두 작가는 아름다운 우정을 키우며 1946년부터 카뮈가 죽기 얼마 전인 1959년까지 오랫동안 서신을 주고받았다. 이들의 서신을 통해 어떻게 멀리 떨어진 상태에서도 (그들이 정기적으로 만나기는 했지만) 위로가 이루어지는지 볼 수 있다. "우리가 나눈 우정과 그대에 대해 종종 생각합

우리를 위로하는 것: 관계의 회복

니다. 시간이 적대심을 낮추어 내 손은 더 이상 우울하지 않습니다. 어린 시절과 마키(Maquis, 제2차 세계 대전 중 독일에 저항한 프랑스의 무장 투쟁 단체 - 편집자주) 때를 떠올리면 나의 길 잃은 영혼이 다시 뜨거워지기에 충분합니다."[13] 이들은 "속히 쾌차하여 결실을 맺으시오"라는 응원의 말로 서로를 지지했다.[14] 작가 친구에게 글로써 '결실을 맺으라'는 것보다 더 멋진 기원이 있을까? 그들은 서로의 책을 칭찬했는데, 『페스트La Peste』를 출간한 카뮈에게 샤르는 이렇게 썼다. "참으로 **위대한 책**을 썼군요. 아이들은 또다시 성장하고 몽상가들은 숨통이 트일 것입니다."[15]

'가벼이 표현해도 분명히 느낄 수 있는 애정'은 위로뿐만 아니라, 가벼이 듣고 강하게 실감할 수 있어야 할 우정에도 적용된다. 친구들 중에는 위로를 잘하는 이도 있고 그렇지 않은 이도 있다. 친구가 오직 위로를 위한 존재는 아니지만, 친구만큼 위로에 적합한 사람도 없다. 우리의 고통에 함몰되지 않을 만큼 적당한 거리를 유지하면서도 우리를 홀로 내버려 두지 않을 수 있기 때문이다.

고통받고 있는 사람들, 우리가 겪는 것을 이미 경험한 이들이 받아들인 위로가 우리에게 전해질 때도 있다. 비슷한 시련을 겪어서가 아니라 시련을 마주한 그들의 태도와 생각에서 위로를 받는다. 동일한 아픔을 겪은 이들에게 우리가 기대하는 바는 견디고 회복하는 법이 아니라, 공유된 침묵과 한숨, 미소, 시선을 통해 고통의 연대를 말하는 절제된 동질감이기 때문이다.

마지막으로, 우리와 비슷한 모든 이들은 항상 아낌없이 위로를 베푼다. 진실되고 자발적인 위로에는 은총이 더해질 것이다.

수술실 복도에서(어느 환자의 이야기)

수술을 진행하기 위해 나를 수술실로 데려간다. 내 인생에서 이 토록 중요한 순간에 나는 내 몸에 대해 아무런 권한도 없이, 수술을 통해 살아나리란 소망으로 끌려다니는 병든 몸일 뿐이다. 희망적인 말도, 비관적인 말도 하지 않은 채 그저 생각을 멈춘다. 지금 그럴 때가 아니라고, 모든 생각에서 벗어나려 한다. 몰아치는 생각을 감당할 자신이 없기 때문이다. 그래서 감각에 집중하여 보고, 듣고, 느끼는 것으로 만족한다. 무력하고 외롭다. 마치 신생아처럼 모든 것에 예민하고, 민감한, 무방비 상태. 그때 미소, 격려의 말, 친절하고 용기를 주는 농담, 침대를 밀거나 의료 기록을 내 몸 위에 올려놓을 때 느껴지는 부드러움 등 의료진의 인간적이고 연대적인 모든 형태의 친절이 나를 감동시키고 안위한다.

후에 동일한 상황을 경험한 친구가 내게 똑같은 이야기를 해 주었다. 수술실 복도에서 침대에 누워 대기하고 있을 때 바로 옆 침상에 있던 또 한 명의 여성과 서로 마주 보며 말없이 미소를 지었다고 한다. 병마를 앞에 두고 나눈 이 시선과 연대감이 그녀를 격려하고 기쁘게 했다. 가끔은 혼자가 아니라는 느낌만으로도 견디기 충분하다. 외로움이라는 감정은 언제나 두려움과 고통을 증폭시키기에.

거리를 두고 하는 위로

위로를 받아들이는 또 하나의 방법은 바로 선택적 고독의 거리에 있는 것

우리를 위로하는 것: 관계의 회복

이다. 내향적인 이들은 고통을 겪다가 지나치게 위로받으면 오히려 이에 압도당하기도 한다. 한발 물러나 거리를 둔 채 숨을 돌리고, 머릿속에서 생각을 정리하고 고요하게 있고 싶어 한다. 이는 위로받지 못하고 버림받아 겪게 되는 고독과 전혀 다르다. 선택적 고독이란, 우리를 기꺼이 위로하고자 하는 사람들이 존재한다는 사실에 감동받고 기쁘지만, 그들의 말을 받아들일 준비가 되어 있지 않아 잠시나마 물러나는 것을 뜻한다.

선택적 고독은 관계 속에서, 그리고 어딘가에 누군가가 존재한다는 느낌만으로 위로받을 여지가 있다. 사람들과 함께 있으나 무리 한가운데가 아닌 약간 떨어진 곳에서, 소속감과는 별개로 상황을 소화시키고 이해하기 위해 홀로 있다가 스스로 다가가 대화할 타이밍을 결정하는 것이다.

이렇게 거리를 둔 위로가 때로는 가까이서 하는 위로보다 더 강력하다. 슬픔과 우리가 받고 있는 사랑에 대한 확신의 폭발적인 혼합물을 통해 위로를 상상하고 가꾸기 때문이다. 이 가상의 위로는 현실보다도 완벽할 수밖에 없다.

귀스타브 티봉은 이 놀라운 현상을 명확히 정의한다. "존재할 때 그대는 한계의 제한을 받고, 그저 그대 자신에 불과하며, 온 우주가 나로 하여금 그대에게 집중하지 못하도록 한다. 부재할 때 그대는 마치 신처럼 어디에나 있다. 그 무엇도 그대를 억누르지 못하며 모든 것이 그대를 연상시킨다. 나는 이것을 통해 (신의) 무소부재를 이해할 수 있었다."[16] 홀로 있기를 선택했을 때 우리를 향한 사랑의 편재(遍在)도 마찬가지이다. 우리가 사랑하고 우리를 사랑하는 이들이 멀리 있을 때 그들은 오히려 우리 안에 끊임없이 존재한다. 다른 얘기지만, 그렇기에 사랑이 거리를 통해 더욱 깊어지고 새로워지는 경우가 많다. 모든 형태의 독점욕과 유해한 집착을 지워낸 채 말이다. 원거리에서 하는 위로에서는 모든 결점이 지워진다. 거리를 두고 하는 위로의 환상은 호의적이며 결코 실수하지 않기 때문이다.

위로하는 사람

마지막으로, 우리에게 한 말이 아닌데도, 혹은 우리에게 보여주고자 한 삶의 방식이 아님에도 우리에게 영감을 주는 타인의 위로가 있다.

이런 식으로 시인 크리스티앙 보뱅Christian Bobin은 저널리스트이자 독서광인 프랑수아 뷔스넬François Busnel과의 인터뷰에서처럼, 우리에게 끊임없이 위로의 말을 건넨다.[17]

> **프랑수아 뷔스넬**: 아무 일도 일어나지 않는 날에는 어떻게 지내시나요?
>
> **크리스티앙 보뱅**: 그런 날엔 다소 인상을 찌푸리게 됩니다. 꾸깃꾸깃한 종이처럼 말이지요. 그럴 땐 기다립니다. 그저 기다릴 뿐입니다. 초조해하지 않고요. 이것이 제가 아는 유일한 지혜의 비법입니다.
>
> **뷔스넬**: 기다림이 지혜라는 말씀인가요?
>
> **보뱅**: 네, 기다림이요. 닫힌 문들이 다시 열리리란 것을 경험을 통해 알기 때문이지요.

"닫힌 문이 다시 열릴 것이다." 단순하지만, 강한 힘이 있는 말이다. 고통과 은총 가운데 있는 민감한 순간에 이 글을 읽는다면 우리 안에 작은 격

우리를 위로하는 것: 관계의 회복

려의 안개가 피어날 것이다.

또한 우리와 같은 고통을 겪으면서도 최선을 다해 살아내고자 노력하는 이들의 이야기를 통해 위로받을 수도 있다. 불치병과 초상과 장애에 침착하고 현명하게 대처하는 사람을 볼 때 위로받는다. '휴, 나한테 일어나지 않아서 다행이야!' 하고 안심돼서 받는 위로가 아니라 영감을 받아 위로된다('정말 굳건하고 품격 있다. 나도 그럴 수 있을까?').

그렇다. 위로는 모든 고통을 진정시킬 수 있는, 인류와의 관계 회복이다. 당신과 마찬가지로 나 역시 사람, 가족, 국가, 종교 간의 갈등으로 인해 슬퍼지곤 한다. 낙심되고 가슴 아프다. 침통할 때도 있다. 그럴 때 나를 기쁘게 하고 위로하는 이야기가 있다.

한 학회에 참석했다가 명석한 수도사인 기욤Guillaume에게 들은 이야기다.[18] 방글라데시 선교사인 기욤에 의하면, 그가 목회하는 빈민촌에서 만나는 대부분의 이슬람교도는 원리주의에 빠지지 않고 신앙을 마치 문화, 전통, 정체성, 환대와 선의를 지향하는 간결한 삶의 규칙처럼 살아낸다. 가난한 자들을 향한 기욤의 선하고 이타적인 태도에 감명받은 한 이웃이 어느 날 그에게 이렇게 말했다고 한다: "당신 같은 크리스천이야말로 진정한 무슬림입니다!" 형제애 가득하고도 재미있고 진솔한 말이다.

이렇게 나는 선의를 가진 사람들 덕분에 위로받고 인류의 미래에 대한 확신을 되찾았다. 대다수의 사람들은 분명 선하지만, 조용하고 눈에 띄지 않는다. 인간의 뇌가 위기에는 그토록 민감하면서 선에는 둔감하다는 점에 가끔 넌더리가 난다. 그때마다 최후에는 선한 이들이 승리함을 떠올린다. 그 끝이 아득히 멀어 보이는 순간에도.

자신과의 관계 회복: 스스로 위로하기

"구렁에 빠지듯 불행에 자신을 내던지지 말고 스스로 위로하기에 정진해야 한다. 선의로 정진하는 이들은 생각보다 훨씬 빨리 위로받을 것이다."[19]

나는 철학자 알랭Alain의 말을 참 좋아한다. 그리고 '정진한다'는 그의 표현이 좋다. 이제는 잘 쓰이지 않는 말인데, 학교 생각이 나고('공책에 글씨를 바르게 쓰도록 정진하다'), 쉽지만은 않은 서투른 노력이 떠오른다.

머리를 맞은 충격에서 벗어나자마자 넘어지게 두느니 스스로 격려하고, 반추하느니 위로받는 편이 낫다. 어떤 상황에서든 정신이 그런 방향을 향하도록 최선을 다해야 한다. 도움이 오길 기다리는 동안 내면의 위로에 힘쓰면서, 아니 정진하면서, 외부의 위로를 받아들일 준비를 할 수 있다.

자기 위로

무기력하고 울적한 아침이다. 아무 이유 없이 울적한 것은 아니다. 실질적인 근심거리가 있다. 그렇다고 가만히 있으면 한없이 자리 잡고 있을 게 뻔한 이 우울감에 온종일 끌려다닌들 달라질 것이 없다. 왜냐고? 내 뇌는 부정적인 감정과 슬픈 생각을 되풀이하고 반추하는 데에 아주 뛰어나니까. 자칫 고삐를 늦추면 밑바닥까지 갈 것이다. 특히나 아무 일도 없는데 괜히 생겨난 우울감이 아니라 지금처럼 실질적인 근심거리라는 연료가 있을 땐 더욱 그렇다. 사람이자 치료사로서 알건대, 슬픔은 한 번 시작되면 몇 시간에서 몇 날까지 지속될 수 있다.

우리를 위로하는 것: 관계의 회복

그렇기에 나는 단호히 거절하고 나 자신을 위로하기로 결정한다! 근심거리가 있는 것은 맞다. 그러나 하루 종일 걱정을 곱씹고 싶지 않다. 적어도 시도는 해보련다. 걱정이나 우울감이 너무 심하지 않을 때는 능력껏 조금만 노력해도 벗어날 수 있다는 사실을 안다.

방법은 간단하다. 먼저 가볍게 미소 지으며 내 인생에 멋진 일들이 있었고, 여전히 있으며, 내일도 분명 있으리라고 스스로에게 말한다. 그리고 움직인다. 안락의자에서 뒹굴며 반추하는 일은 특히나 피해야 한다. 일어나 흥겨운 에너지가 가득한 재즈 음악을 틀고 큰 소리로 흥얼거리며 춤 동작 한두 개를 흉내 내다가 주변을 약간 정리한다. 오늘은 계단이 있을 때마다 터덜터덜 오르지 않고 깡충깡충 뛰어가리라 결심한다. 그다음 몇 분간 바람을 쐬러 나가는 게 좋겠다고 생각한다. 근심이 있더라도 이렇게 살아있음을 만끽하며 말이다. 죽어서 근심조차 갖지 못하는 것보다 낫지 않은가? 와, 정말 효과가 있네! 일단 오늘 아침만큼은 효과가 있다. 앗, 조심! 이 작은 노력들로는 기쁨에 깊숙이 잠기거나 천상의 행복에 빠져들지 못한다. 그래도 좀 낫다. 나아진 것을 느낀다. 다시 삶으로 돌아왔다. 그거면 됐다. 그 덕에 온전한 의식으로 15분간 명상한다. 아무것도 하지 않고 아무것도 기대하지 않은 채 존재를 느끼고, 관찰하고, 누린다. 불만스럽고 울적한 순간에는 우리 생각과 달리 실망만 있는 것이 아니라 기대도 존재한다. '이 문제만 없었더라면', 혹은 '해결할 수만 있다면'이라 생각하는 것이다. 그러다 금세 '아니야, 해결책은 없어. 결코 없을 거야'라며 탈출의 여지를 날려버린다.

이때 생각과 희망과 낙담이 지나가는 것을 보면서 저절로 사그라들 때까지 둔다. 여기서 개입하는 것은 불에 기름을 붓는 격이다. 그것들이 그곳에 있도록 허락하되, 힘을 싣거나('맞아, 내게 닥친 일은 정말이지 끔찍해') 맞서지 않고('여기서 반드시 빠져나가야 해') 더 이상 관여하지 않기로 결심한다. 나 없이 야단을 떨게 두고 나는 더 중요한 일에 집중한다. 내 안의 생명을 느끼고 나를 둘러싼 세상을 느끼는 것이다. 행복해지기에 현재로서는 그것으로 충분하다. 위로받은 작은 행복은 이른 아침의 우울감에 비할 바 없이 좋다….[20]

자기 위로의 요소는 무엇인가?

● 고통과 슬픔을 있는 그대로 받아들이기: 정신적 상태

슬픔과 고통 또한 시련 앞에 그대로 표현되거나 왜곡되어 나타나는 신체 상태의 일종임을 기억하자. 시련과 아직 찾지 못한 해결책은 일단 옆으로 밀어둔다. 그리고 현실적인 고통을 인정한다. 포기하고 싶은지, 그게 과연 좋은 생각인지 자문한다. 슬픔과 상심 중에도 스스로에게 숨 돌릴 시간을 허락하는 것이 좋다. 이렇듯 낙담의 초기는 유익한 순간이기도 하다. 그런 다음 서서히 빠져나와, 편안하고 소박하게 시도하고 경험할 법한 무언가가 손닿을 거리에 있는지 살펴보기에 정진한다.

● 내적 질서 바로잡기

독일의 극작가 하인리히 폰 클라이스트Heinrich von Kleist는 소설 『미하엘

콜하스Michael Kohlhaas』(1810)에서 다음의 한 문장으로 우리에게 열쇠를 준다. "끔찍한 무질서 가운데 세상을 바라보는 고통의 기저에서, 자신의 마음을 지배하는 질서를 느끼자 은밀한 만족감이 솟아났다."[21] 슬픔이 혼란과 구분되지 않고 이해할 수 없는 무질서한 형태로 올수록 우리의 기분과 감정을 명확히 하고, 보고 겪고 이해하는 것들을 (일시적 지표라 할지라도 어쨌든 지표이기에) 글로 적는 등 말로 나타내야 한다.

　　이것은 심리 치료에서 종종 수행하는 기초 작업 중 하나이다. 환자가 스스로에 대해 숙고하도록 하고, 사건을 열거하고 어떻게 반응했는지 확인하며 과거의 무의식이나 현재의 결정에 속하는 것이 무엇인지 살펴보는 등 본인에게 일어난 일의 질서와 방향을 바로잡도록 돕는다. 나는 대부분의 환자들이 오로지 상담 중에만 이러한 고민을 하면서 내적 질서를 바로잡는 수고를 들인다는 사실에 매번 놀란다. 그 외의 시간에는 삶이 어떻게 흘러가는지 생각하지 않고 그저 슬픔에 반응하거나 즐거운 일로 주의를 돌릴 뿐이었다. 행복할 때는 내적 질서가 잡혀있지 않아도 문제가 되지 않지만, 불행할 때는 치명적이다. 정신을 가다듬는 것은 울적할 때 방을 정리하는 것과 같다. 시야가 더욱 선명해지고 기분이 가벼워지며 답답함이 해소되는 데에 도움이 된다.

● 슬플 때 미소 짓기

마음이 기쁠 때 미소를 짓는다. 그 반대도 가능하다. 미소 지으면 행복감이 (조금) 상승한다. 이것을 학술 용어로 안면 피드백 이론이라고 부른다. 미소 짓기가 기분에 미치는 유쾌한 영향은 착각이 아니라 실제임이 연구로 증명되었다.[22] 그렇다고 해서 불행할 때 우울과 맞서기 위해 **억지**로

웃어야 할까? 물론 아니다. 현명한 방법은 슬픔을 느끼는 중이라도 뭉클하고 감동적이고 눈물겹거나 단순히 아름다운 순간이 올 때 웃기를 **허용**하는 것이다. 다소 우울한 미소라 할지라도 미소를 향해 갈 수 있도록 그대로 두자. 고난에도 불구하고 우리가 여전히 아름답고 좋고 즐거운 것에 열려있음을 보여주면 된다.

연구에 의하면 미소를 허용하는 이들은 어려움을 겪거나,[23] 심지어 배우자와의 사별을 겪은 뒤에도,[24] 더 잘 회복한다. 나는 (스스로에게 행복하라고 명령하거나 의무적으로 미소 지어야 한다는 얘기를 종종 들었기에) **강요**하지 말고, 삶에 문득 즐거움이 찾아왔을 때 웃을 수 있게 **그대로 두라**고 강조한다. 더도 덜도 말라. 외부에서 찾아오는 위로와 마찬가지이다. 수용하도록, 나은 척하도록 강요하지 말고, 그저 받아들이는 작은 노력을 할 여력이 있는지 살펴보자. 미소를 머금은 채로⋯.

● 고통을 덜어내기로 결심했다면, 초심자의 마음으로 간단한 것부터 시작하기

몇 페이지 앞서 나누었던 나의 경험을 보면 나는 미소 짓고, 흥얼거리고, 춤추고, 움직이려 노력한다. 대단한 일은 아니지만, 꽤 자주 도움이 된다. 행동은 고통을 한순간, 일부 보류시킨다. 이렇게 움직임에 자신을 내맡기는 것이 위로가 되는 이유는 우리 자신과 우리의 슬픔보다 더 거대한 것을 향한 문을 열어주고 조금 더 나아갈 수 있게 해 주기 때문이다. 이는 육체를 통해, 그리고 우리를 마비시키고 경직시키는 고통에 억압되었던 몸의 단순한 필요를 통해 세상과 다시금 연결됨을 의미한다. 잿더미 아래 있는 작은 불씨에 숨을 불어넣듯 자기 안의 생명을 소생시키는 것이다.

이때 비밀이자 열쇠는 바로 **초심자의 마음**, 선사(禪師)들이 늘 유지

우리를 위로하는 것: 관계의 회복

하기 위해 힘쓰는 생기 있고 호기심 가득한 태도이다. 모든 새로운 상황에 적용하여 최종적으로는 삶의 모든 순간을 처음 경험하듯 대하자. 기억 상실을 앓는 사람처럼 살거나 과거의 풍성한 경험을 포기하라는 말이 아니라, 매번 새롭게 주의를 기울임으로써 이미 경험하고, 알고, 안다고 믿는 모든 것을 새로이 발견하고, 배우며, 더욱 깊어지라는 의미이다. 간단한 위로를 미리 평가 절하하지 않으며 항상 최선을 다해 받아들이고 느끼는 것이 소중한 이유도 이 때문이다.

슬픔 속에 있을 땐 이 초심자의 마음을 계발하기 쉽지 않다. 우리는 모두 고통에 익숙하고 경험 많은 '고통 전문가'들이기 때문이다. 그래서 고통에 맞서고 넘어서는 기술에도 통달했다고 여기며 이렇게 예상하곤 한다. '소용없어, 안 될 거야.' 그러나 직접 경험하지 않을 때마다 착각할 따름이다. 사실 우리는 수많은 자기 위로적 전략과 태도 중 확실하게 하나를 선택할 수 있는 진정한 전문가라기보다, 편협한 습관과 관성의 포로에 가깝다. 젊은 사람들, 때로는 어린아이들이 고통에 어떻게 반응하는지 주기적으로 진실되고 감명 깊게 살펴볼 줄 알아야 한다. 그들의 무의식에 초심자의 마음이 있기 때문이다.

치명적인 병으로 일찍 생을 마감한 한 친구의 장례식이 기억난다. 관을 묻는 동안 네댓 살 먹은 그녀의 어린 자녀들이 또래 사촌들과 묘역에서 뛰놀았다. 그들을 향한 커다란 연민을 느꼈다. '순진무구한 아이들이 가엽기도 하지, 이해를 못 하니 울지도 않는구나.' 그와 동시에 아이들의 단순한 활력과 아이들이 내뿜는 생명력에 감탄했다. 정말 선택권이 있었다고 말하기는 어렵겠지만, 아이들은 그 시간을 고통이 아닌 놀이의 시간으로 결정했다. 이미 일어난 일에 눈물 흘린들 뭐가 달라지겠는가?

위로가 되는 생각이 저절로 오기를 기대하지 말라. 감정적으로 동조하지 않더라도, 위안을 주는 생각이 오게끔 힘쓰는 것은 마치 어두운 방의 창문을 여는 일과 같다. 굳이 창밖으로 몸을 내밀어 태양과 하늘을 음미하며 기쁨의 탄성을 내지르지 않아도, 빛은 들어와서 우리를 기분 좋게 할 것이다!

내면의 언어를 주의 깊게 관찰하는 인지 치료에서는 위로하는 생각을 '대안적 사고'라 부른다. 부정적인 확신에 대한 대안을 제시하기 때문이다. 조금은 단호한 태도로 우리의 걱정에 답하여 위로를 주는 것이다. "네가 걱정하는 그 일이 일어나지 않는다고 상상해 봐, 다 해결된다면 어떤 기분이 들까? 기분이 나아질 거야, 그렇지? **실제로**는 그렇게 잘 풀리지 않을 거라고? 아니, **실제로**는 넌 아무것도 몰라! 그러니 가설에 불과한 이 걱정은 놓아주고, 고통스러울 땐 그저 보고 깨달을 준비를 하렴."

물론 마음이 침통할 때 두뇌는 이 확장된 관점, 즉 인생에 대한 내적 토의라는 지혜롭고 균형적인 기능에 결코 쉬이 동조하지 않는다! 노력하며 뇌를 훈련해야 한다. 나의 경우 이처럼 민주적인 방식을 통해 일상적으로 마음의 평화를 찾기까지 수년이 걸렸다.

회색에 제동을 걸다

다시 우울한 시기가 돌아왔다. 건강 걱정, 주변 사람 걱정, 돈 걱정. 내가 살아남으리란 것은 안다(증거: 이 글을 쓰고 있다). 그러나 머릿속에 자리한 회색의 목표는 오직 한 가지, 검정보다 더 짙은 검정이 되는 것이다. 나는 기차를 타러 가는 길에 눈에 띄는 온갖 작은 슬픔의 온상에 쉬이 동요된다. 예를 들어 담 너머 묘지의 무덤을 보며 망자가 될 사람들, 그들의 운명, **나**의 운명, **우리 모두**의 운명에 대해 생각한다. '그들의-나의-우리의'로 이어지는 의식의 움직임을 곰곰이 생각한다. '그들-나-우리'의 첫 번째 부분(**그들-나**)은 무의식적이고(징징거리는 자아는 언제나 스스로에게로 회귀한다), 두 번째 부분(**나-우리**)은 의식적이다(개인의 고통을 인류의 고통으로 확대한다). 가는 길에 보이는 집 때문에 슬퍼하기도 했다. 그날따라 집들이 약간 슬퍼 보이고 약간 못나고 약간 오래돼 보였다. 어느 크레이프 가게 앞을 지나는데 널따란 복도가 있지만 먹으러 오는 사람을 본 일이 없었다. 손으로 서투르게 써 붙인 글을 보아하니 결국 문을 닫았다. 벽에 자란 이끼에서 생명력이 아닌 녹슨 시간이 보인다. 고개를 들어 학교와 맞은편 길가에 해를 가린 현대적이고 멋없는 신축 건물을 올려다본다. 아이들은 이제 그림자 속에서 놀게 될 것이다.

슬픔의 촉진제는 무수히 많고, 계속되기 위한 연료를 요구한다. 이를 깨닫고 슬픔에 먹이를 주지 않으려 작은 노력을 기울인다. 위안이 되는 즐거운 생각으로 나를 몰아가는 것이다. 크레이프 가게? 어쩌면 주인이 유산을 상속받아 손님을 기다리는 것보다 더 아름다운 삶을 살고 있을지 몰라. 게다가 손님이 적은 걸 좋아했을 수도 있잖아. 작은 집들? 못생겼긴 하지만 그렇다고 거기 사는 사람이 불행한 건 아니지. 건물도 마찬가지야. 아름다운 외벽 안에서 우울하게 지내는 것보다 흉한 벽 안에 행복하게 사는 편이 낫지.

그 결과 나의 기분은 어떻게 되었느냐? 말하자면… 보통이 되었다! 그래도 끈질긴 우울을 뽑아내고 나니 후련하고, 회색이 짙어지는 속도가 벌써 조금은 느려진 것 같다. 계속해서 앞으로 나아가며 고개를 들어 파란 하늘을 바라본다. 위로가 멀리 있지 않은 것처럼, 바로 저 구름 뒤에 있을 것만 같다.

● 타인의 행복과 행운을 불의하다 여기지 말고,
행복과 행운이 존재한다는 증거로써 바라보기

분명 나름의 노력을 하는데도 모든 것을 수포로 돌아가게 하는 생각이 들 때가 있다. '그래, 저 사람들에게는 행복과 행운이 존재하지. 그런데 나한테는 아니야.' 정말인가? 왜 그럴까? 이것을 확인하려면 최대한 오래 살아서 내일은 어떤 일이 일어나는지, 한 달 뒤엔, 일 년 뒤엔 어떤지 봐야 한다. 잡지에서 우연히 읽었던 작가 프랑수아 누리시에François Nourissier 의 인터뷰가 떠오른다. 파킨슨병을 앓고 있던 노년의 누리시에는 기자에게 이제 자신의 원동력은 '연명하는 단순한 즐거움', 즉 계속해서 살아가는 데 있노라 말했다. 당시 (젊었던) 내게는 그 말이 슬프고 제약적이라 느껴졌으나 이제는 그가 이해되기 시작한다. 체념 같았던 그 말 뒤에 숨은 지혜가 보인다. 능력이 감소함에 따라 기대를 낮추고, 시간의 흐름에 순응하여 미소로 매일 매 순간의 위로를 받아들이는 것이다. 부수적인 일은 점차 사라지고 감미로운 삶의 의욕만 남는다. 나이가 들수록 오히려 삶의 이유가 영아처럼 매우 단순해진다. 다만 어린아이들의 앞날이 더욱 창창할 뿐이다.

우리를 위로하는 것: 관계의 회복

● 내 것이 아닌 고통을 돌아보기

그리스 신화에 나오는 라오다메이아는 남편 프로테실라오스와 단 두 번 사랑을 나누었다. 첫 번째는 프로테실라오스가 트로이 전쟁에 참전하러 떠나기 전에 이루어졌다. 그 후 전사한 프로테실라오스에게 저승을 빠져나와 하루 동안 이승에서 아내를 위로할 시간이 주어졌다. 이들은 그때 두 번째로 사랑을 나눈다. 남편이 저승으로 완전히 돌아가자 라오다메이아는 자살하고 만다. "남자로부터 그녀는 이별만을 경험했다."[25]

비극적인 이야기를 읽고 듣는 것으로 위로받을 수 있을까? "너보다 더한 사람도 있어, 봐봐!"라는 처방이나 명령이 아니라면 그럴 수 있다. 불평을 잠재우려는 목적이 아니라면 가능하다. 더 고통스러운 광경으로 입을 다물게 만드는 것은 위로가 아니다. 게다가 명령은 저항을 일으킬 수 있다. 받아들일 준비가 되지 않은 상황에서는 아무리 좋고, 눈을 열어 주는 것이라 할지라도 마음에 반발이 일 수 있다. 우리가 겪는 고통보다 더 나쁜 일이 많다는 사실을 받아들이기란 쉽지 않다. 더군다나 타인의 불행이 정말 우리를 '위로'하긴 할까? 마음이 괴로운 이들끼리 모이면 진정이 될까? 타인이 겪은 불행에 관한 이야기에서 우리를 감동시키는 것은 오히려 고통의 보편성에 대한 이해, 그리고 예술가가 표현한 이 보편성의 아름다움이다. 다음의 세 구절에 사람의 마음과 근심을 오롯이 담아낸 기욤 아폴리네르Guillaume Apollinaire의 시처럼 말이다.[26]

"심장아, 너는 왜 뛰고 있느냐
서글픈 파수꾼처럼
나는 밤과 죽음을 지켜보고 있는데"

내가 여기 있어요

말로써 그들의 고통을 진정시킨다

죽음을 피할 수 없는 인간의 삶은 도처에 재난이
가득하고 그 운명에 비통해하지 않는 이가
거의 없다. 그래서 이들이야말로 위로의 말을
가장 빈번히 필요로 한다. 적절하고 다정한 위로는
보잘것없는 호의가 아니다. 우리가 돕고 싶은,
사랑하는 이가 괴로워할 때 직접 행동하여
상황을 개선할 수 없을지라도 말로 고통을
덜어줄 수는 있다.
다만 미숙한 의사처럼, 갓 생겨난 생생한 상처를
달래기는커녕 오히려 악화시키지 않도록
유려하게 해야겠다.

에라스무스, 『편지 쓰기에 관하여De conscribendis epistolis』**27**

4 장

타인을 위로하기

"행복해지는 것이 목표다. 서서히 이룰 수 있겠지. 매일매일 노력해야
한다. 행복해지면 할 일이 많은데, 바로 타인을 위로하는 것이다."[1]
프랑스 소설가 쥘 르나르Jules Renard가 『일기Journal』에 쓴 고결한 글
이다. 아버지가 자살한 그 해에 르나르는 행복과 위로의 긴밀한 관계성
을 생각하지 않을 수 없었을 것이다. 타인을 위로할 수 있게 하는 행복
의 에너지, 그리고 위로를 베푸는 이와 받는 이 모두가 느끼는 행복을
떠올리지 않았을까.

내가 여기 있어요

어떻게 위로할 것인가?

우리는 그때그때 가능한 방법으로 당장 고통받는 이를 위로하고자 한다. 그러나 제대로 위로하려면 전략이 필요하다. 앞서 언급한 에라스무스 같은 고전 작가들에 의하면 위로는 규칙이 많지만 그중 어느 하나도 결과를 보장하지 않는 심오한 기술이다. 그렇다면 위로가 직관과 즉흥의 영역에 속한다고 해도, 더 잘 위로하기 위한 지식이나 노하우가 있지 않을까?

우선 위로의 세 가지 큰 기둥을 되짚어보자.

- **존재**: "내가 여기 있어, 너와 함께야, 여기 머무를게, 나를 필요로 하는 한 너를 떠나지 않을 거야."
- **애정 어린 지원**: "너를 사랑해, 내게 기대도 돼, 너의 고통을 덜어주고 싶어."
- **실질적 지원**: "내가 최선을 다해 도울게."

첫 번째는 존재를 동반한 밝게 타오르는 침묵으로, 두 번째는 간결한 말로써 이루어진다. 세 번째는 (위로받는 이에게 인정과 감사의 부담을 지우지 않아야 하기에) 사려 깊고 신중한 행동으로 실행된다.

그리고 그 외의 것들이 있다….

위로하기 좋은 순간

정신과 의사로 일하면서 나는 적절한 순간에 적절한 말을 하는 **카이로스** (καιρός, 기회 또는 특별한 시간을 의미하는 그리스어로, 기회의 신을 뜻하기도 한다 – 편집자주)의 기술을 습득했다. 상담을 시작하기가 무섭게 어떤 말이나 행동을 해야 도움이 될지 바로 느껴지는 경우가 있었다. 하지만 상대방이 도움을 받아들일 의지와 필요와 여력이 있어야 한다는 사실을 점차 깨달았다. 너무 일러도 안 된다. 본인만의 특수한 상황에 대한 이야기는 듣지 않고 치료를 거부했다는 인상을 줄 수 있으니. 너무 늦어도 안 된다. 고통이 강력해져서 모든 형태의 기대와 희망과 수용력을 말살할 수 있기 때문이다.

상담 치료에서 위로와 도움의 말은 너무 피상적이어도 안 되고 너무 엄숙해도 안 된다. 적절한 순간에 오로지 그 사람만을 위해 정밀하게 세공된 말이어야 한다. (사람들은 언제나 동일한 고통을 겪기에) 결국 본질적으로 같은 말을 한다 해도, 배려와 자기 존중과 용서와 행동을 독려한다 할지라도, 매번 상대에 따라 말의 형식을 다듬고 단어와 이미지를 선정해야 한다. 참신하다고 감동적인 것이 아니다. 당사자가 수용할 수 있는 순간에 완벽한 적절성과 진정성이 동원되어야 한다.

치료 외의 시간에 가까운 이들과 친구에게서 받는 일상의 위로도 분명 이와 유사한 규칙을 따를 것이다. 그리고 치료사가 자연스러운 친밀함과 감정의 교류를 지향하며 기술적인 접근을 벗어나 솔직한 위로를 전한다면, 이는 드문 경우이기에 보다 감동적이고 힘 있으리라.

따라서 위로의 기술의 황금률 중 하나는 서두르지 않고, 너무 성급하게 위로의 말을 건네지 않는 것이다. 제아무리 긴 대화 끝에 좋은 결과를 낳았을 위로의 말이라도, 조급하게 위로하고자 지나치게 빨리 전하면 오히려 충격을 주고 튕겨 나와 무의미해질 수 있다. 이렇게 되면 위로받는 이는 성급히 위로하는 사람[consolator praecox]이 본인 마음의 짐을 덜려는 의도를 가진 건 아닌지 의심하게 된다. 때로 위로는 노골적이지 않을 때 더 효과적이다. 오만하고 경솔하며 무위하게 "내가 당신의 고통을 위로하겠노라" 외치며 다가가서는 안 된다.

슬픔에 잠긴 지인과 친구들을 위한 위로의 글을 무수히 썼던 세네카 Seneca는 이렇게 생각했다. "그대의 아픔이 아직 생생하기에, 나의 위로가 그것을 악화시키고 극심한 고통을 줄 수 있기에 정면 돌파해선 안 된다는 사실을 알고 있었소. 때 이른 치료가 몸에 가장 해로운 것과 같은 이치라오. 그래서 나는 그대의 고통이 저절로 약해지길 기다렸다네. 시간이 흘러 치료를 견딜 만큼 차분히 준비되었을 때 스스로 진찰과 처치를 받아들이도록 말이지."[2]

왜 이렇게까지 신중하려고 야단인가? 위로받을 이를 존중하기 때문이다. 상대방은 다발성 외상 환자처럼 괴로운 상태에 있다. 취약한 사람을 흔들어 놓아서는 안 된다! 적절한 타이밍에 부드럽게 전하지 않은 위로는 난입하고 통제하며 상대방을 다치게 할 수 있다. 고통을 야기하고 마음을 닫게 해서 듣지도, 변하지도 못하게 만든다.

위로의 자연법칙: "인내와 시간의 길이"

위로는 고통을 준 상황이 아니라 고통을 겪는 사람이 거치는 회복의 과정이다. 대개 인간에게는 자연스럽게 정신적 치유를 향해 가는 경향이 내재되어 있는데, 이것을 활성화하는 작업이 바로 위로이다. 위로를 향한 잠재된 갈망을 소생시키기만 하면 된다. 과거부터 사람들은 이 사실을 이미 알고 있었기에, 잊혀진 18세기 시인이자 우화 작가인 뒤트랑블레 Dutramblay는 이렇게 썼다.

"계산된 위로를 해야 한다.

느린 걸음으로 자연을 모방해야 한다."**3**

위로하는 이와 위로받는 이 모두에게 인내심이 요구된다. 특히 위로하는 쪽의 인내심이 더 필요하다. 위로하는 이가 제안하는 바를 받아들이는 건 위로받는 이의 몫이기 때문이다. 인내는 느림의 지혜이자 기다림의 능력으로, 더디고 신중한 과정인 위로에 필수적이다. 이는 격려의 행위나 말에서 흘러나오는 위안이 아니라, '애도의 작업'이나 출산 '작업'이라 칭하는 산파의 용어(프랑스어 'travail'에는 작업, 노동이라는 뜻 외에도 (산모의) 진통, 산고라는 뜻이 있다. - 편집자주)처럼 '위로의 작업'이 의미하는 여정 전체를 의미한다. 노력으로 그 절차를 촉진시키려 하는 것은 자연스러운 현상이다. 그러나 이 노력이 올바른 속도로 진행되어야 한다. 심각한 시련의 경우 결코 단번에 위로를 완수할 수 없으며, 실현 가능하고 수용 가능한 행복을 향한 긴 여정이 수반된다.

　　많은 경우 위로는 고통받는 사람과 시간의 관계를 다루는 작업이다. 철학자 뱅상 들르크루아Vincent Delecroix는 '고장 난 고통의 시간'이라는 근사한 표현을 사용하여, 금속이 열에 의해 일그러지듯 과거와 현재와 미래가 고통으로 인해 왜곡되었음을 상기시킨다.**4** 모든 고통은 그 괴로움이 지속되리라는, 어쩌면 영원하리라는 즉각적인 두려움(과 때로는 확신)을 야기한다. 따라서 위로는 우리 영혼을 사로잡은 경직되고 뒤틀린 시간 속에서 고통의 쇠사슬을 풀고자 한다.

　　무수히 받은 위로가 어떻게 세상에 대한 관점을 평생에 걸쳐 조금씩 변화시키는지 보게 될 것이다. 위로에 이어 찾아오는 슬픔과, 슬픔에 이어

내가 여기 있어요

찾아오는 위로를 통해 우리는 시간의 흐름과 함께 비(非)영속성을 이해할 수 있다. 에마뉘엘 카레르Emmanuel Carrère는 소설 『요가Yoga』에서 이 비영속성을 재치 있게 묘사했다. "잘 지낼 땐 언제든지 잘못되리라 상정한다. 이 부분은 내가 옳다. 반면 잘 못 지낼 땐 언젠가 괜찮아지리라 믿기 어렵다. 이 부분에선 내가 틀렸다."[5] 정말 맞는 말이다! 그럼에도 그 사실을 알고 인정하는 데에서 나아가 정말 믿고 동의하기까지는 수년이 걸리기도 한다. 슬픔이 연달아 오면 우리는 행복의 취약성이라는 확신에 눈을 뜬다. 그리고 위로가 연이어 오면 한없이 소생하는 행복의 회귀라는 또 다른 확신에 눈을 뜨게 된다.

풀이 자라게 두다

한 친구의 아들이 정신 착란 증세를 보여 입원시켜야 했던 적이 있었다. 친구는 불안과 죄책감 때문에 아들을 정신 병원과 질환에서 하루빨리 끌어내려 했고, 그 불안과 죄책감으로 인한 본인의 상처도 지우고 싶어 했다. 심지어 의료진의 반대에도 불구하고 아들의 퇴원을 감행했으나 이는 결코 좋은 선택이 아니었다. 처음에 나는 그를 이성적으로 설득하려 노력하다가 어느 순간 우회적으로 접근해야겠다는 생각이 들었다. 우선 그가 본인의 고통과 죄책감을 인지하고 인정하도록 격려했다. 위로는 그다음이었다. 괴로운 것이 정상이며 나 또한 그러했으리라 말해주고, 그가 알지 못했던 정신 의학 분야의 정보를 주었다. 시간을 갖고 경청하여 불안의 수위를 낮춤으로써 희망을 가지기를 독려한 것이다. 인내심을 가지게 해 줄 단순한 말들을 통해 결국엔

이 고통스러운 현실을 받아들이도록 했다. 얼마 후 그가 전화를 걸어 말했다. "그거 알아? 자네와 얘기하고 나면 진정이 되었다네. 자네는 아무것도 할 수 없고 도울 수 없다는 무력감에 큰 위로가 되어준 말을 했어. '풀을 위에서 잡아당긴다고 빨리 자라게 할 수는 없다'고. 그 말 덕분에 겁에 질려 지나치게 개입하려 하지 말고 다만 시간이 어느 정도 흐르도록 두어야 함을 깨닫게 되었어."

단순한 위로의 말

위로에 너무 복잡한 전략을 세울 필요는 없다. 많은 경우 존재, 의도, 단순한 행동과 말에서 위로가 시작되곤 한다. 프랑스의 소설가 귀스타브 플로베르Gustave Flaubert는 말로 위로하려 마음먹자마자 어색해질 수밖에 없다고 확신했다. "사람의 언어는 금이 간 냄비와 같아서 별을 감동시키고자 두드리지만 결국 곰이나 춤추게 하는 가락을 내고 만다."**6**

고통은 귀를 닫아 듣지 못하게 만든다. 그렇기에 괴로운 사람은 간단한 말밖에 못 듣는다. 아픔은 무익하고 불필요한 것을 견디지 못한다. 스트레스를 받을 때 소화나 성 본능처럼 대립과 회피에 사용되지 않는 모든 신체의 기능은 정지된다. 만성적으로 스트레스를 겪으면 신체 기능의 장애가 발생하기도 하는 이유가 여기에 있다. 마찬가지로 괴로울 때 우리는 도움이나 위로가 되지 않는 모든 것을 밀어낸다. 위로의 필연성과 슬픔이 욕구의 본질적 단순함으로 돌아가게 한다. 브라상은 〈오베르뉴인을 위한 노래Chanson pour l'Auvergnat〉에서 인생에 있어 결정적이고 근사한, 모든 작은 위로의 행동을 기린다.

내가 여기 있어요

"이 노래는 당신을 위한 것이오,

오베르뉴에서 온 그대, 내 삶이 추웠던 그때,

기탄없이 내게 장작 네 개비를 주었지.

[…]

내 삶이 굶주리던 그때,

기탄없이 내게 빵 네 조각을 주었던

오베르뉴 부인이여,

[…]

경찰이 나를 붙잡을 때,

기탄없이 슬픈 미소를 지어준 이방인이여…"

브라상이 말하는 슬프지만 위안을 주는 미소는 분명 말보다 나은, **몸의 말** 같은 말과 몸 중간쯤의 신호이다. 병원에서 인턴 과정을 거치는 심리학과 학생들을 가르칠 때면, 환자들을 미소로 맞이하며 그 누구도 이곳에 우연히 오지 않았다고 설명해주기를 부탁한다. 괴로움과 삶의 어려움 때문에 우리를 찾아온 이들의 고통과 불안을 다루려면 대화에 앞서 따뜻한 환대로 위로하면서 시작해야 한다.

몸과 위로

거리낌 없이 타인을 품에 안아 위로하는 사람들이 있다. 많은 경우 그들의 방식이 옳다. 주로 가까운 사이에 행해지며, 친하지 않더라도 애정이 있는 사이라면 가능하다. 위로자의 내적인 소신과 적절한 타이밍의 문제이다.

의과 대학을 다니고 본과와 인턴 생활을 하는 동안 의사, 간호사, 조교, 인턴, 실습생 등 팀 전체가 무리 지어 흰 가운을 바스락거리며 방마다 들어가고 나오기를 반복하는 회진을 돌곤 했다. 어떤 의사들은 환자의 침상에 걸터앉아 무릎에 손을 짚어주는 등 접촉을 통한 위안을 주고자 시간을 들이기도 했다. 다른 의사들은 침대 발치에 선 채 진찰할 때만 환자에게 접촉할 뿐, 위로하거나 그들의 슬픔과 불안 곁에 있음을 보여주기 위해 다가가는 일이 결코 없었다.

물론 지금과 다른 시대의 이야기라 그간 많은 변화가 있었지만, 위로는 아직까지도 의료진들에게 충분히 연구되지 못한 접근법이며,[7] 의술이 힘을 발휘하지 못하는 치명적이고 만성적인 불치병인 경우에만[8] 의료진들의 관심을 받는다. 치료 자체가 불가능한 상황에서 무얼 더 해줄 수 있을까? 위로는 고통을 줄이고 어떤 질병에서든 눈에 띄지 않는 역할을 맡는다. 그런 점에서 의료진의 눈에는 위로의 힘이 미미하고 제한적인 듯 보일 수 있겠지만, 모든 상황에도 불구하고 환자의 마음속에 살고자 하는 욕구를 지켜주는 것도 대개 위로다.

프랑스의 신경학자 레몽 가르생Raymond Garcind은 종종 "의학의 기초는 사랑"이라 말했다고 한다. 그는 노벨 생리 의학상을 수상한 샤를 니콜Charles Nicolle이 환자의 낙담에 한탄하던 동료에게 "최소한 그 환자의 손이라도 잡아주었나?"라고 질문했다는 이야기를 즐겨 인용했다.[9]

나의 경우 정신과 의사로서 인사하며 악수할 때를 제외하곤 환자들과 접촉할 일이 거의 없었다. 드물게 누군가 내 앞에서 눈물을 쏟아낼 때 내 말이 더 이상 충분하지 못하다고 여겨지면 그 옆으로 옮겨 앉아 어깨에 손을 올린 적은 있었다. 그런 내 모습이 다소 우스꽝스럽고 역할에서

110
내가 여기 있어요

벗어난 듯 느껴지면 나를 보호하기 위해 다시 말을 이어갔다. 돌이켜 보니 입을 다물고 있는 편이 훨씬 나았으리라.

또 어떤 때에는 어려움을 호소한 환자와 상담을 마친 뒤 문까지 배웅하면서 손을 맞잡고 지지와 응원과 연대를 담은 말을 하기도 했다. "힘든 거 알아요. 하지만 할 수 있어요. 다음에 만날 때까지 몸 잘 챙기세요…." 단순하다 못해 빈약한 충고였다. 하지만 몇 년이 흐른 뒤 환자들은 보잘 것없고 평범한 그 순간, 그 말들이 다른 치료법만큼이나 도움이 되었노라 말했다. 조금 불쾌하게 들릴 수도 있었지만, 그보다는 깨달음을 얻었다. 오로지 지식과 경험의 효력에만 의존하지 말고 가끔은 가슴이 말하도록 두어야 한다는 점이다.

몸과 위로 사이에는 당연히 눈물이 자주 등장한다. 정신과 의사의 책상 서랍에는 항상 티슈가 준비되어 있다. 눈시울이 붉어지는 환자에게 한 장을 내밀면 금세 울음을 터뜨리곤 한다. 환자는 의사 앞에서 울고 나면 마치 비정상적이고 무례하며 박약한 행동을 했다는 양 사과한다. 그러면 우리 의사들은 울 권한을 주고자 "어렵고 괴로운 일을 말하고 계시잖아요. 그러니 눈물이 나는 게 당연합니다. 참지 마세요"라 말한다.

그리고 너무 빨리 대화를 재개하거나 위로의 말을 건네지 않고 기다린다. 미소 짓고 고개를 끄덕이다가 환자가 다시 말을 이어가려 할 때 이렇게 말한다. "시간이 있으니 잠시 함께 침묵해 봅시다. 지금 나오려 하는 눈물을 전부 쏟아내세요." 위로는 꼭 눈물을 멈추게 하는 것이 아니라 반대로 눈물이 흐르도록 하는 것을 두려워하지 않는 것이다. 우는 이 곁에, 아주 가까이 있어주면서….

타인을 위로하기

성 아우구스티누스Augustine of Hippo의 『고백록Confessiones』을 보면 어머니의 죽음으로 인한 상심을 이야기한 아름다운 대목이 있다. "참고 있던 눈물을 터뜨려 마음껏 흐르게 하였습니다. 눈물로 만들어 낸 침상 위에 마음을 뉜 후에야 비로소 평온해졌습니다. 누군가 대단한 능력으로 나의 눈물을 해석한 것이 아니라, 당신이 그저 내게 귀 기울였기 때문입니다."[10] 이것은 성 아우구스티누스가 신에게 하는 말이며, '누군가'를 비난함으로써 당시 힘과 위엄으로 초청하는 『위로Consolations』를 썼던 스토아 학파 철학자들과 대비를 이루었다. 그는 눈물을 해석하지 않고 수용하는 것이 마음을 진정시킨다는 본질 또한 이야기했다.

줄어든 스웨터

어느 날 피곤에 절은 한 어머니가 세탁기에 스웨터를 넣고 돌리는 실수를 저질렀다. 가장 아끼던 옷이 볼품없이 줄어들어 버렸다. 딸이 세탁기에서 옷을 꺼내다가 어리둥절하여 스웨터를 잡아당겨 본다. 어머니에게 이 상황을 알리면서 조금 웃었고, 다른 식구들도 함께 웃었다. 자녀 중 한 명만이 어머니의 눈에 고이는 눈물을 알아차린다. 다른 이들에게는 그저 이제 버려도 되는 스웨터일 뿐, 조금 성가시긴 해도 심각하지 않은 일이다. 그중 공감력이 뛰어난 자녀가 일어나 어머니를 안아드리자 그녀는 눈물을 흘리며 미소지었다. 다른 자녀들은 어머니의 눈물에 놀라고, 무엇도 알아차리고 이해하지 못했음에 당황한다. 어머니는 위로해 준 자녀에게 고마움을 표한다. 서두르다가 부주의로 아끼던 옷을 잃었다는 속상함을 위로받고, 아쉬움을 털기 위해 필요한 것은 단지 그뿐이었다. 누구도 보지 못한, 혹은 보려고 수고하지 않은, 그래서 위로하려 하지 않은 작은 고통에 지나지 않았다. 그랬더라도 대단한 비극은 아니었겠으나, 그날의 위로는 어머니의 관점을 바꿔 준 은총이었다. 최소한 그날 하루만큼은, 아니면 오래도록, 어쩌면 영원히.

위로를 시도하다

돕고 위로하고 격려하는 책을 쓴 작가들이나 다른 의료인들과 마찬가지로 나 역시 감사를 표하거나 도움을 요청하는 내용의 편지를 자주 받는다. 그때마다 답장해야 할 도의적 책임을 느끼는데, 답장 받을 주소를 빼먹은 허술한 이들의 편지만큼 내 애를 태우는 것이 없다. 쉬이 불안해하고 감정 이입하는 나의 뇌가 발동하여 걱정하며 끔찍한 시나리오를 쓰기 시작한다. 나를 신뢰하며 편지를 보낸 누군가가 매일매일 우편함을 살펴보다가 답장이 없는 것을 보고 낙심하여 슬픔에 빠지는 상상을 한다. 이미 고통을 겪고 있는 이에게 괴로움을 더할까 두렵다.

즐거운 감사의 편지여도 괴롭기는 마찬가지다. 나의 무응답이 그이의 행복을 퇴색시켜 낙담케 하고 환멸을 느끼게 만들 것이, 그리하여 삶이 씁쓸하고 실망스러운 사람의 진영으로 넘어가게 할까 봐 겁이 난다. 그러니 내게 편지를 쓸 땐 부디 주소를 잊지 마시길!

짧게 말해, 나는 언제나 답장을 쓰려 노력한다. 그것이 내가 치료사, 작가, 사람으로서 삼중으로 가진 의무라 생각한다. 시간이 없어 간략히 답할 때도 있고, 먼 거리에서도 나의 말이 도움과 위로가 되기를 바라는 진심을 담아 길게 답할 때도 있다.

내가 쓴 답장 중 일부를 아래에 소개한다.

루게릭병을 앓는 독자에게 보내는 편지*

그녀의 편지를 보고 곧 죽음을 앞두었다는 사실을 알았다. 그래서 환자들에게 잘 쓰지 않는 '온 마음을 다해 안아준다'라는 표현을 썼다. 그녀가 겪은 비극 때문에 더욱 가깝게 느끼기도 했고, 옳든 그르든 내가 표현한 애정이 조금이라도 도움이 될 수도 있다고 생각했다.

친애하는 안느에게

저를 믿고 편지해 주셔서 감사합니다.

루게릭병을 앓는 환자와 그 가족들을 만나 보았기에 당신이 어떤 일을 겪고 있는지 짐작이 갑니다. 제가 건네는 위로의 말이 무력하면서도 중요하다는 사실을 의사로서 잘 알고 있으며, 당신이 잘 돌봄받고 있다는 점도 알고 있습니다.

세상을 떠나는 순간을 직접 결정하고픈 당신의 소망을 온전히 이해합니다. 저라도 그렇게 생각했을 테지요. 그렇지만 희미하고, 불완전하고, 미완성일지라도 매일 당신에게 주어지는 아름

• 당신이 이 글을 읽는 현재 그녀는 이미 세상을 떠났다. 잠시 책 읽기를 멈추고 그녀에게 생각과 기도를 보낸다면 그녀에게 닿을지 모른다 (내 바람이다). 여러 번 만나 보아 알건대 그녀는 좋은 사람이었다.

답고 기쁜 작은 순간들을 느껴보시길 바라봅니다.

서서히 다가오는 죽음을 마주한 당신에게 (죽음은 우리에게도 오고 있지만, 겉보기엔 더 멀리 있는 듯 보이지요) 제가 확신을 갖고 드릴 수 있는 말씀은 이뿐입니다. 현재가 베푸는 행복을 최선을 다해 만끽하고, 과거의 행복을 반추하며 그 경험을 기뻐하는 것 외에 할 수 있는 일이 없습니다. 전진해오는 죽음의 그림자에 비하면 어제와 오늘, 인생을 비춘 빛을 볼 수 있는 이 자유는 작디작습니다. 그러나 이 자유는 당신에게 남은 것 중 가장 아름다우며, 풍미가 가득합니다.

애도할 때도 마찬가지입니다. 사랑하는 이를 잃어 괴로운 동시에, 그와 함께한 행복한 기억으로 인해 마음 깊은 곳에 행복을 느낍니다. 몸의 죽음을 애도하고 있는 당신의 경우에는 더욱 복잡하고 괴롭고 불안할 것입니다. 그러나 제가 당신의 글에서 엿보았던 힘과 통찰력이 당신을 돕기를 전심으로 기원합니다.

짧고 부족한 말이나마 당신 안에 이미 존재하는 신념과 능력에 힘을 보탤 수 있기를 바랍니다.

당신을 생각하며, 애정을 담아 기도합니다.

온 마음을 다해 안아드립니다.

크리스토프 앙드레

상을 당한 독자에게 보내는 편지

죽은 남편의 물건들을 정리할 결심이 서지 않아 내게 조언을 구했다.

타인을 위로하기

친애하는 여사님

제게 보내주신 편지와 신뢰에 감사드립니다.

고인의 물건을 보관할지 말지에 대한 질문은 심리학에서 상당히 고전적인 주제랍니다. 우리 모두 언젠가 마주할 화두이지요. 저 또한 최근 어머니가 돌아가시고 비슷한 경험을 했습니다. 이러한 상황에서 보편적이라 여겨질 '올바른' 태도란 없으며 전적으로 각자의 성격, 고인과의 관계, 심지어는 집에 여유 공간이 얼마큼 있는지와 같은 단순한 요소 등에 달려있다고 생각합니다.

그렇다고 왕도가 없다는 말만 하면 성의가 없어 보이니 제 생각을 말씀드리도록 하지요. 보편적 진리나 전문가의 단언이 아님을 유념하고 들어주십시오. 이 문제에 관해 복음과 같은 말은 존재하지 않습니다! 다만, 제가 지켜본 결과 대부분의 사람들은 절충안을 찾아내더군요. 고인에 대한 기억과 관련되고 행복한 추억을 떠오르게 하는 한정된 수의 물건을 잘 보이는 곳에 진열하거나 '추억 상자'에 정리한 것입니다.

집 안 한구석에 사진과 물건을 모아놓고 작은 제단 같은 공간을 마련한 유가족도 있습니다. 고인과 함께한 즐거운 순간을 떠올리고 그가 주고 간 것들에 감사하며 이따금씩 그 앞에서 묵념하는 모습을 보았습니다.

물건을 쌓아 두기만 하는 것보다 이렇게 마음으로 망자에 대한 기억을 음미하는 편이 더 의미가 있지 않나 생각합니다.

내가 여기 있어요

그러나 최선책은 여사님이 직관적으로 선호하고, 고통을 조금
이나마 덜어줄, 그러니까 당신 본인을 위로할 방식일 테니 마음
에 귀를 기울여보세요. 그러면 답이 보일 것입니다.

마음으로 당신과 함께 합니다.

항상 건강하세요.

진심을 다해.

크리스토프 앙드레

자녀를 잃은, 젊은 친구에게 보낸 문자 메시지

지인을 통해 비극적인 소식을 들었다. 그녀가 절망에 빠져있으리라 생각
했다. 슬픔에 함몰되었으리라. 이 순간 어떤 위로의 말을 건넬 수 있을까?
적절하지 못한 말을 하거나, 방해하고, 아프게 할까 봐 겁난다. 그래도 아
주 작은 신호나마 전하고 싶다. 그래서 문자 메시지를 보내기로 한다. 그
녀의 고통에 난입하며 주제넘게 나서고 싶지는 않기에 몇 마디 말에 그
친다. 우리는 서로 좋아하지만, 가까운 친구 사이까지는 못 된다. 잘난 체
하는 지겨운 장광설로 귀찮게 하고 싶지도 않다. 그래서 최대한 간결하고
단순하게 본질만 전달한다.

너를 생각하고 있어. 애정을 듬뿍 담아.

인사말도 (그녀가 알고 있으니), 맺음말도 (무슨 소용이 있는가?) 없이. 미미하게
나마 위안이 될지 아니면 고통의 무게를 더할는지 알 수 없었다. 고맙다

타인을 위로하기

는 그녀의 답장을 받고야 안심했다. 정말 다행이다. 나를 위해서가 아니라 그녀를 위해서. 답장이 온 것으로 보아 아직 생명력과 에너지가 남아 있는 듯하니….

실수와 간단한 규칙

"상을 당한 이에게 꼭 하는 이야기가 있습니다. 당신이 사랑하던 그 누구를 잃었든, 상실의 고통 외에도 대비해야 하는 이상한 현상이 있다는 것이죠. 바로 말의 무의미함과 그것을 발화하는 이의 미숙함입니다."[11] 경험에서 우러나온 델핀 오르빌뢰르 랍비의 지적은 정확하다. 위로하는 이가 적절한 말을 찾기 어려운 만큼이나, 혹은 그 이상으로, 위로받는 이는 부적절한 말을 들어야 하는 것이 어렵다.

그럼에도 불구하고 위로가 필요하다

만성 퇴행성 질병을 앓는 환자가 있다. 병세는 치료에도 불구하고 해마다 조금씩 천천히, 그러나 부인할 수 없이 깊어간다. 스스로의 기대와 걱정에 휩쓸릴 때면 미래는 죽음뿐이라는 명백한 사실을 참고 견딜 수가 없다. 사람은 모두 죽게 마련이지만 그의 차례가 동년배의 사람들, 지인, 동료, 친구들보다 훨씬 먼저 올 예정이다…. 그리고 고통과 장애가 먼저 찾아올 터이다. 그는 이것을 '쇠퇴'라 표현한다. 그가 이런 얘기를 하고 그 단어를 사용하면 나는 그를 질책하고, 그러면 그가 웃는다. 내가 웬만해서

내가 여기 있어요

는 환자들을 꾸짖지 않는 것을 알기 때문이다. 그는 이렇게 입씨름할 수 있는 우리의 관계를 좋아한다.

그의 고통도, 가까워지는 죽음의 확실성도 너무나 가혹하다. 이 주제에 관해 나와 많은 이야기를 나누는 것으로 부족해 그는 이따금 다른 이에게도 털어놓고 싶어 한다. 그런데 어떤 말을 들을지, 사람들이 뭐라 답할지 이미 알고 있어서 짜증이 난단다. "아니야, 꼭 그렇게 되진 않을 거야. 네 걱정만큼 빨리 진행되진 않을 거야. 지금 얼마나 건강한지 봐. 계속 그 생각만 하지 않도록 노력해봐…."

그는 보통 때라면 이런 유의 말에 발끈한다. 하지만 어떤 날에는 슬프고 약해지기도 해서, 유치하더라도 이런 위로의 말을 듣고 싶어질 때가 있다.

그것이 사랑의 말이기 때문이다. 그들의 말을 믿지 않는대도, 거짓되고 그릇된 논리에 근거한 말로 그의 병환에 대한 무지를 드러낸다 할지라도, 도움이 된다고 느낀다. 단, 사랑하는 사람이 진심을 담아 북받쳐 이야기해야 효과가 있다. 그는 깊숙한 감정에 밀려 심중에서 우러나온 위로와 피상적이고 형식적인 위로를 구분할 수 있다. 후자는 더욱 불안하기도 한데, 우리에게 일어난 일에 동요하면 사람들은 그 상황과 걱정에서 벗어나고자 너무 조급해져 위로를 잘 못 하기 때문이다. 그는 그저 예의상 혹은 호의로 하는 말이 아니라 위로가 사랑, '사랑'에서 나오기를 기대한다.

자신에게 닥칠 일을 알고, 인생의 기차에서 가장 먼저 내리리란

타인을 위로하기

사실을 알고 있음에도 사랑에서 비롯한 위로의 말이 그를 편안하게 한다. 아주 미미한 위로라도 그 순간에는 거대하게 느껴진다. 작은 굄돌이 그가 비탈길에서 미끄러지는 것을 막아준다. 병환이 깊어 죽어가는, 그리고 그 사실을 아는 이들을 항시 노리고 있는 공포스럽고 아찔한 절망의 비탈에서 말이다.

문제에서 벗어나기 위한 형식적인 절차인 양 부자연스럽고 도식적이며 겉치레에 가까운 위로가 병보다 더 해로운 경우도 있다. 여기서 이 주제를 다루지는 않겠지만, 요령이 없는, 그리하여 위로하지 못하는 이들에 대해 한마디 하려 한다. 철학자 앙드레 콩트-스퐁빌의 저서에는 이렇게 쓰여 있다. "나는 위로할 줄 모르는 사람이었다. 함께 살았던 여인들은 그래서 나를 비난하기도 했고, 나도 그들을 이해한다. 고통이 줄지 않는데 함께 살아 무엇하겠는가?"[12]

위로를 잘 못 하는 이유는 대개 무관심해서가 아니라 본인의 감정에 당황했기 때문이다. 주로 평소 감정을 억누르고 차단하는 것이 익숙한 사람들이 그렇다. 하지만 위로의 기술은 공감의 기술이기 때문에 타인의 감정이 메아리치는 것을 받아들여야 한다. 나의 경우 가까운 이들의 한탄을 들을 때 마비되곤 했다. 그들을 실질적으로 돕지 못한다고 느껴지면 스트레스를 받고, 어쩔 줄을 몰라 쩔쩔맸다. 사랑하는 사람이 우리가 해결해 줄 수 없는 문제로 인해 괴로워할 때 어떻게 해야 할까? 나는 그들의 고통에 압도되고, 무력감에 몸이 굳고, 미래로 인해 번민했다. 반면 의사로서 치료할 때 유지하는 환자와의 거리는 내게 통찰력과 에너지를 주고, 공감 능력을 발휘할 수 있게 했다. 그때부터 노력한 끝에 몇 가지 간단한 규칙

내가 여기 있어요

을 이해(하고 적용)하게 됐다.

1. 가까운 이가 시련을 겪을 때 해결책을 찾아줄 의무는 없다. 도무지 손쓸 수 없는 경우도 있으므로, 그럴 땐 기꺼이 위로에 임하면 된다.

2. 처음엔 경청하고, 상대방이 자신에게 어떤 일이 일어났는지 이해하고 정리하며 본인의 감정과 근심을 표현할 수 있도록 돕는 것으로 충분하다. 가능하다면 간단한 질문을 던져보자. "그 얘기를 하니 기분이 어때? 어떤 생각이 들어?" 이때 상대의 말을 고치거나 바로잡아 주려 하지 말라.

3. 우선 분명한 말로 애정을 표현하고, 신중한 표현으로 삶과 미래에 대한 믿음을 말하라.

4. 일반화하거나 타인이나 자신에 대해 말하지 말고, 오롯이 그 순간 내 앞에 있는 상대와 그의 고통에 대해서만 이야기하라.

5. 위로의 반응은 뒤늦게 온다는 점을 잊지 말자. 당장에는 효과가 없는 듯해도 보이지 않는 과정을 거쳐 결국엔 긍정적으로 작용할 것이다.

6. 어떻게든 돕기 위해 그 자리에 언제나 있어줄 것임을 기억하라. 당신은 지금 여기서 할 수 있는 일, 해야 하는 일을 모두 했다. 나머지는 당신의 몫이 아니다….

나도 한때 위로에 재능이 없는 열등생이었으므로, 위로하려는 마음은 굴뚝같지만 실수하는 이들에게 무르다고 할 만큼 큰 이해와 애정을 품고 있다.

타인을 위로하기

실수에 대한 애정

간 MRI를 찍은 친구의 이야기다. 몇 년 전 암을 앓았던 그의 추적 검사에서 간에 의심스러운 부분이 관찰된다는 소견이 나왔다. 검사를 받은 것은 금요일 저녁이었다. 방사선 촬영 기사가 그에게 CD를 건네주며 진단서는 차주에나 받을 수 있다고 설명하고는, "안녕히 가세요, 힘내세요"라 인사하는 실수를 범하고 말았다. 물론 이 '힘내세요'란 말은 내 친구를 불안에 떨게 만들었다. "화면에서 걱정할 만한 무언가를 본 게 아닐까? 아무리 경험이 많아도 촬영 기사는 좋은 일이든 나쁜 일이든 내게 말할 권리가 없을 텐데. 그런데도 '힘내'란 말이 새어 나온 거지. 결코 좋은 신호일 리 없어…." 이 생각이 집에 돌아오는 내내 친구의 머릿속을 맴돌았다. 이 이야기를 하자 아내도 걱정하며 의료진의 실언에 흥분하고 화를 냈다. 결론부터 말하자면, 간에는 아무런 문제가 없었고 암이 퍼지지도 않았다. 그 이야기를 듣자 방사선 촬영 기사가 심리적인 실수로 무심코 친구의 불안에 불을 지폈다는 사실을 깨달았다. 그래서 원래 근심 가득해 보이는 환자들에게 인사차 그런 말을 하곤 한다고 알려주었다. 며칠 동안 결과를 기다려야 했던 내 친구 역시 불안해 보였으리라. 한편으로는 그 방사선 촬영 기사가 이해되기도 했다. 나는 의료인들이 안녕하세요, 감사합니다, 안녕히 가세요 등 상황에 의해 습득된 체계적이고 중립적인 말만 해야 하는 세상보다는 서투르게나마 타인을 격려하고자 애쓰는 세상이 더 좋다.

내가 여기 있어요

위로의 귀재

위로에 서투른 사람이 있는 반면 탁월한 재능을 가진 이들도 있다. 훌륭한 위로자는 여성인 경우가 많았다. 프랑스의 소설가였던 조르주 상드George Sand는 내가 읽어 본 중 가장 아름다운 위로의 편지를 썼다.[13]

조르주 상드

친구 귀스타브 플로베르Gustave Flaubert에게 보낸 아래의 서신에는 성공적인 위로의 기술이 모두 담겨있다. 친구의 고통에 대한 연민, 번민의 원인에 대한 이해, 애정 어린 조언과 따뜻한 질책, 자신의 제안을 수용할지에 대한 통찰력…. 상드는 훌륭하고 관대한 여성이었다. 플로베르에게 이 편지를 썼던 시점에 그녀는 위독한 상태였음을 유념하자. 그로부터 2년 뒤 상드는 세상을 떠났다.

> 1874년 12월 8일, 노앙에서
> 가엾은 나의 친구여,
> 그대가 불행해질수록 그대를 더욱 사랑합니다. 어쩌면 그리도 삶으로 인해 괴로워하고 슬퍼하나요! 그대의 불평은 모두 인생과 관련되어 있네요. 삶은 그 어느 때에도, 그 누구에게도, 더 친절했던 적이 없답니다. 인생을 어느 정도 의식하고, 어느 정도 이해하고, 따라서 어느 정도 고생하며, 삶이 진행될수록 더욱 고통을 겪게 됩니다. 우리는 태양빛이 거의 뚫고 들어오지 못하는 구름 아래의 그림자처럼 지나가고, 태양을 끊임없이 갈망하지

타인을 위로하기

만 별수 없습니다. 구름을 제거하는 것은 우리 몫이에요.

그대는 문학을 너무도 사랑하는군요. 문학이 그대를 죽일지라도 그대는 인간의 어리석음을 죽이지 못할 것입니다. 내가 친애해 마지않고 모성의 눈으로 바라보는 가엾은 어리석음이여, 어리석음은 어린 시절이며 모든 유년기는 신성합니다. 그대는 유년기를 향해 얼마나 증오를 품고 싸움을 거는지요!

그대는 지식과 지성이 넘치는 탓에 예술 이상의 무언가가 있다는 사실을 잊습니다. 요컨대 지혜와 같은 것들이요. 절정에 달한 예술은 표현에 지나지 않습니다. 지혜는 아름다움, 진리, 선, 열정을 포괄합니다. 지혜로 말미암아 우리가 가진 것을 능가하는 보다 더 고귀한 무언가를 볼 수 있으며, 묵상하고 감탄하면서 조금씩 그것을 닮아갈 수 있습니다.

그럼에도 나는 그대에게 어떻게 내가 행복을 맞이하고 붙잡는지, 다시 말해 인생이 어떠하든 그대로 수용하는 방법을 이해시킬 수조차 없을 것입니다. 그대를 변화시키고 구해낼 수 있는 이가 있다면 바로 위고 신부님(빅토르 위고를 말함. - 편집자주)일 것입니다. 위대한 철학자인 동시에 내겐 없는 예술가의 면모를 가졌으니 그대에게 꼭 필요한 사람이지요. 신부님과 자주 만나세요. 그분이 그대를 안정시키리라 확신합니다. 제게는 이제 그대가 이해할 만큼의 폭풍이 남아있지 않답니다. 그러나 그분은 위력(foudre)＊을 지키는 동시에 세월과 함께 온화함과 너그러움도 갖추었습니다.

그분과 자주 교류하며 무거운 고통을 털어놓으세요. 그대의 괴

로움으로 인한 우울이 깊어지고 있음이 느껴집니다. 죽은 이들
에 대해 너무 많이 생각하고 그들이 너무 이르게 평안에 이르렀
다 믿는군요. 결코 그렇지 않답니다. 망자들도 우리와 마찬가지
로 찾고 있습니다. 찾기 위해 애쓰고 있습니다.

우리는 잘 지내요. 그대에게 인사를 전합니다. 건강은 좋아지지
를 않지만, 회복되든 아니든, 숨이 남아있는 한 손녀들을 키우고,
그리고 그대를 사랑하기 위해 더 나아갈 수 있기를 소원합니다.

상드는 저명하고도 고집 센 후배가 위로의 말을 받아들이고 세계관을 점
검할 능력과 의지가 있는지에 대해 조금의 환상도 품지 않았다. 그럼에도
그를 격려하려 애쓰면서 위로가 은근하게 작용하길 기대했다. 실제로 플
로베르는 행복과 긍정적 감정을 조롱하고 개인적인 삶마저도 문학에 바
쳤던 것이 (우리들 독자의 입장에서는 기쁘지만) 실수였음을 말년에 인정했다.

프랑수아 드 말레르브François de Malherbe

프랑스의 시인 말레르브는 또 한 명의 고명하고 재능 있는 위로자이
며, 그가 1599년 딸을 잃은 친구 뒤 페리에Du Périer에게 보낸 시 「위로
Consolation」는 유명하다. 한때 프랑스의 모든 학생이 이 긴 시와 그 논법을

● '벼락(foudre)'이란 단어는 남성 명사로 쓰였을 때 (로마 신화에 나오는 주피터[제우스]처럼)
양식화된 여러 개의 뾰족한 섬광의 다발로 이루어진 신성한 능력의 속성을 일컫는다.

알고 있었다.**14** 우리는 모두 죽는다, 늙는다는 것이 반드시 행운은 아니다, 나 또한 두 명의 자녀를 잃었다…. 하여 여러분께 말레르브의 걸작을, 몇몇 구절이나마 소개해 드리려 한다.

말레르브는 친구가 내내 슬픔에 잠겨있다는 위험을 감지하고,

> "그러니, 뒤 페리에, 그대의 고통이
> 부정(父情)이 그대의 마음에 들려주는
> 슬픈 이야기로 인해 영원히 커지겠는가?
>
> 공통된 운명으로 인해
> 무덤에 들어간 딸의 불행은
> 그대가 잃어버린 이성을 되찾을 수 없는 미궁인가?"

고통의 타당성을 인정한 뒤,

> "그 아이의 어린 시절이 얼마나 아름다웠는지 알기에
> 그것을 가벼이 여김으로써
> 그대의 고통을 위로하려는 무례한 친구는 되지 않겠네.
> 그러나 그녀는 가장 아름다운 것들이
> 최악의 운명을 지닌 세계에서 왔으며
> 아침나절만을 살아가는
> 장미꽃 같은 삶을 살았지

내가 여기 있어요

[…]
자연이 하나 되게 한 것을 무덤이 갈라놓을 때
동요하지 않는 이는 비정한 영혼을 가졌거나
영혼이 없는 이라네."

고인의 사랑 때문에 아파하지 않아야 함을 상기시킨다.

"하지만 위로받을 수 없게 만들고
기억 속에 우울을 가두는 것은,
타인을 잘 사랑했다는 영광을 얻기 위해
스스로를 증오하는 것이 아닌가?"

그는 자신도 동일한 애도를 경험하였으며, 거기에서 벗어났음을 설명하고,

"나도 두 번이나 같은 벼락을 맞아
꼼짝도 못 했다네.
그때마다 이성으로 잘 해결하여
이제 기억도 나지 않아."

이제 그만 반추하도록 격려한다.

"내게 그토록 소중한 것이
이제 무덤의 소유가 되었음은 원통하나,

127
타인을 위로하기

어찌할 도리가 없는 재난을 들여다보았자
의미가 없소."

그 누구도 안전하지 않음을 상기시키고 받아들이도록 권유한다.

"죽음은 무엇과도 비견할 수 없이 가혹하여
아무리 간청해도
잔인하게 귀를 틀어막은 채
우리가 소리 지르도록 내버려 둔다네.

짚으로 덮은 오두막의 가엾은 이는
죽음의 법칙을 빗겨나지 못하고
루브르 성벽을 지키는 근위병도
우리 왕을 지키지 못하네.

죽음에 대해 불평하고 평정을 잃어봤자
아무런 소용없으니
신의 뜻을 따르는 것이
우리를 평안케 하는 유일한 지혜라."

말레르브와 동시대를 살았던 이들에 의하면 그는 거칠고 까다로운 사람
이었다. 오늘날 그의 글을 읽으면 이론상으로는 완벽하지만 슬픔에 잠겨
있을 때에는 거의 혹은 전혀 효과가 없어 보인다. 그의 목적은 감정적 위

내가 여기 있어요

안이 아니라, 고대 스토아학파의 위로처럼 불가항력을 대하는 삶의 철학을 상기시켜 주는 것이다. 이러한 유의 연설에서 최상의 교훈을 얻는 사람은 아직 혹은 현재 애도를 경험하지 않은 이들이며, 이런 종류의 위로는 고통이 잠식할 때 필요한 치료제라기보다는 병에 걸리기 전에 접종하는 백신처럼 예방적인 차원에서 더 효과가 있다.

플루타르코스Plutarch

그러나 이런 과거 작가들의 고통을 해석할 때 항상 신중을 기해야 한다. 그들은 절제와 품위를 강조하는 격식 차린 겉모습으로 위로의 연설을 시작한다. 로마 시대의 그리스 철학자 플루타르코스가 로마에서 멀리 떠나 출타 중에 딸이 죽었다는 소식을 접하고 아내 티모세나Timoxena에게 보낸 유명한 편지도 마찬가지다.[15]

> "사랑하는 부인, 내가 부탁하는 것은 한 가지, 괴로움 중에도 그대와 내가 평정심을 유지하는 것이오. 우리가 잃은 것이 무엇인지, 상실의 크기를 헤아려 알고 있소. 그렇지만 그대가 지나친 고통에 빠진 모습을 본다면 우리에게 닥친 불행보다 당신으로 인해 더욱 괴로울 것이오."

그러다가 조금씩 감정을 드러내는 것이 보인다.

> "하지만 우리 집에서 직접 아이들을 보살피며 함께 양육한 그대가 잘 알듯이, 나는 '나무도 돌도 아니오.' 아들 넷에 이어 그토

록 바라던 딸을 얻고 그대가 얼마나 기뻤는지, 딸에게 그대의 이름을 물려줄 수 있는 것이 내게 얼마나 큰 기쁨이었는지 알고 있소. 게다가 그토록 어린 나이의 아이를 향한 애정은 더욱 특별하잖소. 아이들이 주는 기쁨은 순수하며 모든 분노와 책망으로부터 자유롭지."

순간 그는 또렷하고 눈물겹게 딸을 떠올린다.

"우리 딸은 천성적으로 놀라우리만큼 상냥하고 유순하였소. 우리의 사랑에 응하는 방식과 기쁨을 주고자 하는 마음이 우리를 황홀하게 하고 그녀의 선함을 느끼게 해주었소. 그 아이는 유모에게 다른 아이뿐 아니라 자신이 아끼던 물건이나 장난감에도 젖을 주라고 하기도 했지. 마치 자신을 기쁘게 하는 것들을 선의로 초대하여 가진 것 중 가장 좋은 것을 주고 가장 멋진 것을 나누고 싶어 하는 듯 보였소."

그다음 다시 스토아주의적인 격려가 나온다.

"사랑하는 부인, 우리를 황홀하게 하던 아이의 성정과 다른 많은 것들을 떠올릴 때마다 왜 이리도 낙심하고 동요해야 하는지 모르겠소. 오히려 고통과 함께 기억마저 우리에게서 지워질까 두렵소."

이 편지를 읽은 루이페르디낭 셀린Louis-Ferdinand Céline은 본인의 소설 『밤 끝으로의 여행Voyage au bout de la nuit』에서 주인공이자 작가의 분신인 바르 다뮈를 통해 고통 속에서 품위를 지키는 모습에 감탄하고, 냉정해 보이는 겉모습에, 이어 애끓는 마음의 표현에 놀란다. "어쨌거나 그 사람들의 일일 뿐이야. 남의 마음을 짐작할 땐 언제나 실수하는 듯하군. 어쩌면 그들도 정말 슬펐을지 몰라. 그 시대의 슬픔을 느낀 게 아닐까?"[16]

쥘리에트 레카미에Juliette Récamier와
프랑수아르네 드 샤토브리앙François-René de Chateaubriand

자기 위로의 경우 19세기 프랑스의 외무장관이었던 샤토브리앙의 저서 『사후 회고록Mémoires d'outre-tombe』 마지막 몇 줄에 나와 있다. 이 프랑스 문학의 기념비적 작품은 그 원고를 보았을 때 샤토브리앙이 반복이나 삭제 없이 단숨에 써 내려간 것을 알 수 있다.

> "1841년 11월 16일, 마지막 단어들을 적는 지금 이 순간, 파리 외방 전교회의 정원이 보이는 서향 창문이 열려있다. 시간은 새벽 6시, 희미하고 커다란 달이 보인다. 달은 동쪽에서 비추는 첫 번째 금빛 햇살이 닿기도 전에 앵발리드의 지붕 위로 기운다. 옛 세계가 끝나고 새로운 세계가 시작된다 할 수 있다. 떠오르는 태양이 보이지 않는 여명의 그림자를 본다. 이제 나는 묏자리에 앉을 일만 남았다. 십자가를 손에 들고 영원을 향해 담대하게 내려가리."[17]

샤토브리앙은 이 글을 쓴 날로부터 7년 후에야 죽었으나 당시에 이미 삶이 자신의 앞이 아니라 뒤에 있음을 알았고, 모든 인간이 그러하듯 끝이 다가올수록 두렵고 슬펐다. 그는 (바람대로 사후에 출간될) 걸작의 마지막에 고풍스럽고 극적이며 장엄한 출발을 배치하는 방식으로 스스로를 위로했다.

그는 전 세계를 떠돌아다니며 산 뒤 전신 마비로 생을 마감하였다. 빅토르 위고가 『내가 본 것들Choses vues』에 기록한 바에 의하면 샤토브리앙은 앞을 보지 못하게 된 오랜 친구 쥘리에트 레카미에 부인의 침상에 부축을 받아 매일 찾아왔다고 한다. 그들은 지나간 아름다운 세월을 떠올리며 서로를 위로했으리라. 그 순간을 묘사한 위고의 말을 들어보자.

"1847년 초 샤토브리앙 씨는 전신이 마비되었고 레카미에 부인은 눈이 멀었다. 매일 세 시가 되면 샤토브리앙 씨를 레카미에 부인의 침대 곁으로 데려다주었다. 감동적이고도 슬픈 장면이었다. 시력을 잃은 여인이 감각을 잃은 남성을 찾고 그들의 손이 만났다. 신의 은총이 있기를! 여전히 서로 사랑하지만 생은 끝이 난다."[18]

내가 여기 있어요

어릴 적 겪는 일

어린 시절에 일어난 일인데, 얼굴과 몸은 성인이었다네.
희미하게 기억하는 툴루즈의 유치원에 있었던 것 같아.
벽장 안에 여럿이 웅크린 채 미동도 없이 아무 소리도 내지
않으려 애쓰고 있었지. 숨바꼭질이나 술래잡기를 할 때처럼
들킬까 봐 숨조차 제대로 쉬지 못했어.
술래가 다름 아닌 죽음이었기에 모두 진지했다네.
벽장이 거대해지면서 죽음이 들어섰는데,
눈에 보이지 않았으나 죽음이 도래한 것을 모두 알 수 있었지.
맹인처럼 더듬다가 내 바로 옆에 손을 짚더니 갑자기
저편에서 누군가를 찾아서는 조용히 그를 데려가 버렸다네.
다른 이들은 울고, 나는 그들을 위로하려 했지.
안쓰럽기도 했지만 죽음이 소리를 듣고 다시 돌아올까 겁이 났거든.
그러나 그들은 나를 밀어내고 계속해서 울고 싶어 했어.
울음을 그치게 하고자 어떻게 하면 위로할 수 있을지 궁리했다네.
왜 위로를 거부하고 계속 울면서 마음 졸이려 하는 것일까?
나를 잠에서 깨운 것은 바로 그것이었지.
위로를 거절당한 놀라움과 분노, 그리고 징징대느라
우리 모두를 위험에 처하게 만드는 고집이 이해되지 않아서…

이 책을 집필하며 지인들에게
위로의 경험에 대해 질문했을 때
한 친구가 들려준 죽음에 대한 꿈 이야기

5
장

위로를 받아들이고 인정하기

우리는 살면서 많은 위로를 받는다. 위로가 없었다면 우리는 아마도 지금 여기 있지 못했거나, 아무리 잘해봤자 안 좋은 상황에 놓여있었을 것이다. 위로받은 적이 없다는 생각이 든다면, 더 잘 생각해 보길 바란다.

위로는 스트레스보다 덜 요란하고 단념보다 알아채기 힘들어서 기억에 덜 남는다. 그러나 우리가 위로받고, 도움받았던 기억을 모두 되살리고 미세한 위로까지 포함한다면 분명 생각보다 훨씬 빈번하게 위로받았다는 사실을 깨달을 것이다. 고통을 조금이나마 덜어주었던 타인의 말이나 하늘의 구름, 힘껏 들이쉰 숨을 기억해야 한다. 이런 기억을 떠올리는 것을 통해 삶과 자신과 인류에 대한 신뢰가 더욱 커질 수 있다.

하지만 고통 앞에선 슬픔과 고독의 순간이 더 기억하기 쉽고, 불평이 감사보다 쉽다. 참으로 유감이다….

내가 여기 있어요

위로를 받아들이기

증여와 답례

위로는 재능과 같다. 그리고 재능을 받아들이기가 항상 쉽지만은 않다.
크리스티앙 보뱅은 이를 명쾌히 설명한다. "간단합니다. 제가 가진 건 모
두 주어진 거예요. [···] 그렇다면 왜 때로는 그늘이 있고, 무거움이 있고,
우울이 있을까요? 그야 제게 받아들이는 재능이 없기 때문이지요."[1] 받
아들이는 재능은 위로하는 이에게 열등감이나 빚을 진 느낌을 받지 않는
능력으로 나타난다.

인류학자들은 인간 사회 내의 교류가 주로 호혜성의 원리에 의해 이
루어진다고 본다. **증여**가 **답례**로 이어지는,[2] 즉 내게 주어진 모든 것은 다
른 형태로 되돌려주어야 한다. 우리가 괴로울 때는 종종 그 '답례'가 어렵
게 느껴진다. 돌려주어야 하는 것이 위로해 준 이를 만족시킬 만한 노력
이든, 감사든 간에. 때로는 위로의 교환 방법인 대화에 참여할 의욕과 능
력마저 고통으로 인해 사그라들기도 한다. 모든 교류는 개방을 전제로 한
다. "위로를 받으려면 타인이 다가오게 두고, 깨어진 마음이라도 활짝 열
어야 한다."[3]

거부

위로는 이식 수술과 같다. 따라서 언제나 거부 반응의 가능성이 존재한
다. 위로받기를 인정하는 것은 '위로'라는 요소를 받아들여 지금 우리 안
에 존재하는 '슬픔'이라는 반대 성향과 혼합하는 것이다. 또한 죽고 싶어
도 삶에 대한 격려를 받고, 구석에 움츠리고 싶어도 움직일 동기를 받아

위로를 받아들이고 인정하기

들이며, 절망에도 불구하고 자신감을 가지도록 격려받기를 인정하는 것이다. 위로는 이렇듯 우리 안에 자리한 고통스러운 질서를 혼란시키기도 한다. 누군가를 위로하려는데 그이는 그저 우리를 밀어내고 우리가 하는 말이 자신의 상황에 해당되지 않음을 증명하는 데에만 힘을 내는 듯한, 그런 경험이 다들 있지 않은가? 위로의 말을 가지고 왔다가 퇴짜를 맞기도 한다.

위로를 거절하다

과거의 나는 위로받기를 거절했었다. 할아버지가 돌아가셨을 때 멀찍이서 울기 위해 묘지 저편으로 간 나를 친절히 위로해주려 다가온, 어릴 적부터 알고 지낸 이웃을 밀어냈던 기억이 난다. 이렇게 거절한 데에는 여러 이유가 있었다. 내 고통을 드러내기가 망설여졌고(우리 가족은 눈물 흘리고 탄식하는 분위기가 아니었다), 감정을 공유하는 것에 대한 거부감도 (이 역시도 가족 문화 때문인데, 우리 가족은 긍정적이든 부정적이든 감정을 억누르고 숨기는 게 익숙했다) 있었으며, 위로받기 시작하면 무너질까 두려웠다. 위로받는 것은 자신을 내맡기는 것이고 이는 곧 스스로를 위험에 빠뜨리는 것이었다. 나는 감정적 상처를 부정하고, 위로받는 것을 꺼리는 분위기 속에서 자랐다. 위로받기는 정신의학자가 되어 얻고자 했던 재능 또는 능력 중 하나였는지도 모르겠다. 정말 효과가 있어서, 이제 나는 위로를 더 잘 받아들인다. 친한 사람들 앞에서 눈물을 보일 때 (지나치게) 위축되거나 위험하다고 느끼지 않을 수 있다. 감정이나 괴로움에 휩쓸려 약점을 직접적으로 드러내기는 여전히 싫긴 하지만, 이야기하는 것은 가능해졌다. 감정을 통제하는 것을 이상적이라 여기며 살아온 대부분의 내 또래들도 비슷한 경험을 한다. 다행인 것은, 다음 세대는 이 모든 것을 더욱 분명히 알고 있다는 사실이다. 그들은 자신의 연약함과 위로를 더 잘 받아들이고, 따라서 더 강한 사람들이 될 것이다.

소화

때로는 슬픔에 잠긴 이들에게 위로를 배불리 먹여주고 싶다. 그러나 슬픔에 잠긴 이들은 위로를 원하지 않을 때가 있다. 우리는 슬픔에 빠져 있을 때 주위 사람들을 걱정시키고, 그들은 때로 자신이 주는 사랑을 우리가 반드시 받아들여야만 한다고 여기게 된다. 번민에 잠긴 사람은 (이전에 인용한 에라스무스의 격언처럼) '마음을 갉아 먹지' 말아야 할 뿐 아니라, 타인이 베푸는 사랑을 받아들여야 함을 인정해야 한다.

우리가 겪는 비극이 클수록 억지로 위로받을 위험도 커진다. 모든 사람이 위로를 전하고 싶어 한다. 포화 상태가 되면 어느 순간, 그저 조용히 지내고 싶다는 생각만 든다. 위로에서 달아나 아무도 우리 고통에 대해 모르고 관심 없는 장소에 숨고 싶어진다.

위로가 음식물 같은 과정을 겪는 것이다. 받아들이고, 삼키고, 소화하고, 흡수한 뒤 삶의 에너지로 변화시켜야 한다. 그리고 음식과 마찬가지로 우리가 받아들일 수 있는 위로의 총량은 한정적이다. 위로하고자 할 때 절제하고 가볍고 간결하게 해야 하는 또 하나의 이유이다. 끝없는 위로의 행렬을 견뎌야 하는, 비탄에 잠긴 이들에게 부담을 더하지 않는 말

위로를 받아들이고 인정하기

한마디, 미소 한 번, 행동 하나로 충분하다.

위로와 애착의 상관관계

심리학에서 애착을 얘기할 때면, 아이가 부모나 양육자와의 관계에서 유대와 분리를 배운 방식이 성인이 된 뒤 관계와 어려움을 대하는 태도를 결정짓는다고 본다. 아이에게서 볼 수 있는 애착의 종류에는 다음의 세 가지가 있다.

- '안정' 애착을 형성한 아이는 애착 대상이 믿을 만하고, 사랑을 주며, 신뢰할 수 있기에 두려움 없이 세상을 탐색해도 된다는 사실을 배운다. 무슨 일이 생기면 도움을 받을 수 있으므로, 시련이 닥쳐도 도움이 올 테니 지나치게 두려워할 필요가 없다고 느낀다.
- '혼란형 불안정' 애착의 경우 아이는 애착 대상을 신뢰하지만, 그들이 사라질 것을 불안해하므로 주변을 탐색하다 자신이 안전하다고 여기는 영역으로부터 멀리 떨어질까 두려워한다. 시련을 겁내며, 지속적이고 긴밀한 도움 없이는 견딜 수 없다고 생각한다.
- '회피형 불안정' 애착의 경우 아이는 애착 대상에 대한 믿음조차 거의 없기에 그 누구도 신뢰하지 않는다. 주변을 탐색하기 두려워하고, 시련을 겪을 때 그 누구도 도울 수 없다고 믿는다.

내가 여기 있어요

이에 따라 성인이 되었을 때 위로를 주고, 받아들이는 방식에 있어 애착 유형별로 상당히 다른 태도를 보인다.

- '안정적인' 성인에게 시련은 관계로부터 도움과 위로를 주고받는 순간이다. 자신의 감정에서 우러나온 적절한 말로 기꺼이 위로한다. 그리고 위로를 받아들이며 감사히 여긴다. 위로에 **적응한** 이들이다.
- '불안정 혼란형' 성인은 위로를 (과할 정도로) 절실히 필요로 하며, 주변인들에게 계속해서 위로를 (때로는 너무) 많이 요구한다. 타인의 고통을 지나치게 염려하고 과도하게 위로하며 모든 곳에서 상처를 발견하는 경향이 있다. 위로에 **만족이 없는** 이들이다.
- '불안정 회피형' 성인은 어떤 형태의 위로도 받아들이기 어려워하며, 실제 마음속으로는 위로에 민감할지라도 그것을 공개적으로 표현하고 드러내기는 더욱 어려워한다. 위로를 지나치게 파고드는 교류라 느끼기 때문이다. 위로하기가 익숙지 않을뿐더러, 한번 위로하면 영원히 그래야 할 의무가 지워지는 양 위로를 미래에 대한 맹세와 약속에 구속하는 사슬처럼 느낀다. 이들은 위로**할 수 없는** (그러나 고칠 수 있는) 사람들이다.

나에게 친절 베풀기

위로를 받는 일은 자신에게 친절을 베푸는 일이다. 자기 친절[Self-

위로를 받아들이고 인정하기

benevolence]이란 스스로와 우호적인 관계를 맺는 것으로, 자기만족과는 다르다. 자기비판과 반성의 가능성을 배제하지 않으면서 차분하고 건설적인 방법으로 이뤄진다. 친구를 지적할 때 비난하고자 함이 아니라 스스로 생각하도록 돕기 위함이듯, 아프게 하기 위해서가 아니라 발전하기 위해 자신에게 비판을 가하는 것이다.

이를 버겁게 느끼는 사람들도 있다. 그들은 항상 삶과 그 안에 도사린 위험이라는 적과의 전쟁을 치르고 있으므로, 언제나 자신과 자신의 약점에 힘껏 저항한다. 친절은 나약함의 근원이며, 나약함은 치명적이라 생각하는 탓에 자신의 고통과 불안정성을 적극적으로 부인한다. 이들은 자신을 그대로 내맡기느니 스스로 본인을 '쥐고 흔들어야' 한다고 믿으며, 위로는 나약한 이들에게나 필요하다고 믿는다.

번아웃과 마라톤

그녀가 울 것 같다. 1분도 채 지나지 않아 눈물을 터뜨릴 것이 너무도 분명하다. 책상 귀퉁이에 티슈가 있는지 곁눈질로 확인한다. 웃는 얼굴로 상담을 받으러 와 가볍고 담담한 어조로 자신이 겪는 어려움에 대해 말하고자 애썼지만, 안타깝게도 고통받고 있는 것이 명백해 보였다. 예의 차리려는 노력('내 불행으로 불편을 끼쳐선 안 돼')을 그만하라고, 오랫동안 고수해온 은폐와 자기 통제를 포기하라고 말해 주고 싶었다. 하지만 자신의 고통과 슬픔을 부정하고 저항하는 이 터무니없는 논리의 끝까지 가보는 편이 낫다는 것을 잘 알고 있다. 일단 울고 나면 대화하기가 훨씬 수월해지겠지. 참 이상하게도 사람들은 정신과 의사를 만나러 와서도 계속 괜찮은 척을 하고, 고통을 억지로 통제하려 한다. 그러지 않아도 되는 장소가 있다면 바로 이곳인데.

됐다, 울음이 차오르며 숨이 막혀 그녀가 말을 멈추었다. 눈에 눈물이 차오르고, 입술이 떨리고, 울기 시작한다. 그리고 그녀의 첫 번째 반응은 당황하고 양해를 구하는 것이다. 나는 고통스러운 이야기를 할 땐 우는 게 당연하다고 부드럽게 말해 준다. 평소 감추던 이야기라면 더더욱 그렇다고. 코를 풀게 둔다. 이 모습을 보고 있으려니 나까지 마음이 아파 위로의 포옹이라도 해주고 싶지만, 직업상 그러지 않는 편이 낫다. 그저 친절히 대하고 미소 지어 주며 숨을 돌릴 수 있도록 기다려 주는 것으로 만족한다.

그녀는 지난해 겪은 우울증에 관해 이야기한다. 일에 지나칠 정도로 과도하게 자신을 쏟아부었고, 스스로를 전혀 돌보지 않았다고. 수년간 권력과 성공에 취해 미친 사람처럼 일하느라 삶의 균형을 등한시하다가 기진하여 곤두박질쳤다. 지쳐서 오는 우울증, 즉 번아웃 증후군을 겪은 것이다. 신경 안정제 덕분에 이제 나아졌지만, 명상이 재발 방지에 도움이 될지 궁금해했다. 물론 도움이 될 것이다. 그리고 자기 자신에게 조금 더 친절을 베푸는 것도 도움이 되리라.

눈물을 쏟기 전에 그녀는 번아웃 이후 '활기를 되찾으려' 장거리 달리기를 시작하고 맹렬하게 마라톤 훈련을 했던 이야기를 해주었다. 놀람을 숨길 수 없었다. 일의 압박에 더해 마라톤까지 하러 갔다니? 과연 좋은 생각이었을까? 휴가나 이완, 아무것

위로를 받아들이고 인정하기

도 안 하기처럼 좀 더 회복에 집중하는 활동을 생각하는 편이
좋았을 텐데. '활기를 되찾기'보다 회복, 정양, 즐거움을 고려했
어야 하지 않나?

그러나 그녀는 그렇게 생각하지 않았다. 줄곧 스스로를 압박하
며 힘들 때면 당황하고 더 무리했다. 기진할 때면 죄책감과 실
패감을 느끼며 자책했다. 그러다가 나아지면 다시 이전처럼 지
냈다.

갈 길이 멀다….**4**

자신과 타인에게 베푼 친절을 통해 고통은 그저 결함이 아니라, 우리 인
간성의 발현이라고 받아들일 수 있게 된다. 모든 인간은 공개적으로든 비
공개적으로든 고통을 겪는다. 그리고 우리가 베풀고, 서로 주고받고, 받
아들이는 친절은 상처에 붙이는 반창고와 같다. 상황을 바꾸어 주지는 않
지만, 감정적 상처의 회복을 돕고 삶의 활동으로 돌아갈 수 있도록 돕는
다. 요컨대 자기 자신에게 베푸는 친절은 그 자체로 위로의 행위이며, 타
인의 위로가 필요할 때 그것을 더 잘 받아들일 수 있게 해준다.

겸손하게 마음 열기

사람들이 왜 위로보다 치료를 더 쉽게 받아들이는지에 대해 의사로서 종
종 자문해 보았다. 치료는 즉각적으로 진정시키지만 위로는 그렇지 않아
서일까? 아니면 치료는 단발적이며 약속과 참여를 요구하지 않는 반면,
위로는 최소한 듣고 받아들이는 노력을 요하기 때문일까? 위로를 받아들
이는 것은 일시적이라도 자신의 약점을 인정하는 것이기에 치료에 더 쉽

게 응하는 이들도 있을지 모르겠다. 우리는 패배자를 위로한다. 상처받은 승리자는 오로지 치료만을 필요로 하기 때문이다.

위로를 받아들이는 것은 약함을 인정하고 도움이 필요함을 인정하는 것이다. 이는 분명 겸손과 관련이 있다. 자기도취에 빠진 이들은 위로받기를 싫어할뿐더러 위로를 요청하지도 않는다. 어떤 이들은 위로가 아닌 관심과 경탄만을 바란다. 고통으로 특별해지고 싶어 하기에, 위로를 통해 평범하고 일반적인 보통의 사람이 되기를 (혹은 그렇게 되리라 우려한다) 원하지 않는다.

교만과 위로에 대하여

어느 가족 모임에서 한 여성이 울고 있다. 먼 곳에 사는, 쾌활하지만 다소 못 미더운 아들이 모임에 참석하기로 하고는 또 기차를 놓쳤기 때문이다. 지난밤 술을 마신 것이 분명하다. 사촌 한 명이 위로하겠다며 본인도 아들 때문에 똑같은 고민을 하곤 했었다고 말했다. 하지만 그녀의 울음은 분노로 번졌고, 그 말에 전혀 위로받지 못했으며 타인의 불행에는 관심 없다고 말한다. 사촌이 위로 전략에서 간과한 두 가지가 있다. 타이밍과(너무 일렀다) 자기도취(누구나 겪는 고통이라고 일반화했으니). 울고 있던 이는 분명 위로보다도 먼저 불평불만을 털어놓고 자기도취에 빠지길 원했을 것이다. '내 상황만 보면 슬퍼지지만, 타인과 비교해 보면 위로가 된다'라는 격언이 이번에는 통하지 않았다.

실제로 어떤 이들은 위로나 조언이 아닌 관심만을 원한다. 타인을 위로하고자 할 때 위로가 필요한지 동정이 필요한지 혼동하지 않는 것이 중요하다. 간혹 위로가 아니라 동정을 통해 위신과 명성을 얻는 사람도 있다.

반복적으로 불평하는 이들이 피해자 신분에 더욱 집착하며 자신의 과장된 불운과 극기심을 경탄 받고자 하는 모습을 종종 볼 수 있다. 이제 거의 쓰지 않는 프랑스 고어 중에 'dolent(청승맞다)'라는 단어가 있다. 청승맞은 사람은 '스스로 불행하다 느끼고 궁상떠는' 사람이다. '스스로 불행하다 느끼고 위로받고자 하는 사람'을 가리키는 단어가 없다는 점이 놀랍다. 어쨌든, 청승맞은 이를 위로할 때에는 신중을 기하도록 하자.

위로받을 수 없는 사람들

다소 슬픈 위로의 인간 희극에서 눈에 띄는 인물들이 존재한다. (항상 더 많은 위로를 요구하는) 만족할 줄 모르는 사람들, (위로받지 못하고 잊힌) 비참한 사람들, 그리고 (위로를 거부하는) 위로받을 수 없는 사람들.

덕망인가 완고함인가?

위로받을 수 없는 이의 태도에는 무언가 매혹적인 부분이 있다. "나는 침울한 자요, 홀아비요, 위로받지 못한 자라."[5] 시인 제라르 드 네르발Gérard de Nerval의 유명한 구절이다. 위로받을 수 없는 이의 비극적인 아름다움과 품위를 어찌 알아보지 않을 수 있겠는가? 적어도 멀리서 볼 때는.

하지만 가까이에서는? 극단적인 모든 것이 그렇듯 치명적인 무언가가 있으며, 타협 없는 맹목성으로 해석될 수 있다. 사실상 위로를 받아들이는 것이 때로는 용기 없이 고통과 슬픔에 굴복하는 굴욕처럼 느껴지기에, 위로받을 수 없는 이들에게 위로란 현실과의 타협이자 삶의 불의와 불완전함과의 거래로 보인다. 그렇기에 그들은 위로를 거부한다.

자녀를 잃은 어머니의 깨어진 마음

위로 불가능성은 분명 슬픔의 정도에 영향을 받으므로, 애도를 경험한 이들은 위로를 받았음에도 불구하고 그 마음 안에 위로받을 수 없는 부분이 거의 항상 남아있다. 거대한 고통, 트라우마, 돌이킬 수 없는 상실을 겪은 이후의 삶이 결코 이전과 같아질 수 없으리란 확신처럼 말이다. 이러한 낙담은 초상을 치른 이들에게 생생하게 남곤 하며, 자녀를 잃었을 경우 응당 가장 심하다. 자녀를 잃은 부모가 모든 위로를 거절하는 모습을 인류의 역사에서 자주 볼 수 있다. 성경에서도 마찬가지로 고통으로 울부짖는 아버지들이 나오는데 야곱이 요셉을 잃고 "모든 자녀가 위로하되 그가 그 위로를 거절하며" 울었다고 나와 있다.[6] 그러나 훨씬 더 많이 등장하는 것은 어머니의 모습으로, 그들의 상처는 결코 치유될 수 없어 보이는 경우가 많다. "자녀들의 죽음으로 인해 애곡하며 위로받기를 거절한" 라헬의 경우처럼 말이다.[7]

아들을 태어난 해에 잃은 로르 아들레르는 이렇게 말했다. "내가 위로받을 수 없다는 사실은 내가 선택한 것이 아니다. [···] 처음에는 모든 사람들이 말하듯, 시간이 '다 해결해' 주리라 기대한다. [···] 실제로는 해가 지날수록 더욱 위로받을 수 없게 된다." 그녀는 어떻게 고통이 감춰진 채 지속되다가 사소한 (구급차의 사이렌 소리같은) 일 혹은 정말 아무것도 아닌 일로 인해 되살아나는지 명확하게 묘사한다.

위로를 받아들이고 인정하기

"단전에서부터 목까지 주체할 수 없이 차올라 억제할 수 없는 울음에 사로잡히는 순간들이 있다. 너무도 강렬하여 숨이 막힐 지경이다. […] 일 년에 몇 번, 나 혼자 있고 보통 조용할 때 겪는 일이다. 평소에는 내 슬픔이 어디에 있는지 모르고 지낸다."[8]

자녀를 잃은 또 한 명의 어머니, 안-도핀 쥴리앙은 자신의 위로 불가능성에 대해 이렇게 말했다. "시련을 겪은 뒤로 삶은 고통 이후의 삶이 아니라, 고통과 함께하는 삶이다."[9]

위로 불가능성은 겉으로 드러나 보이거나 눈에 띄는 특징 없이, 그저 말로 표현할 수 없는 비탄의 은근한 지속성으로만 확인되기도 한다. 아우슈비츠에서 가족 다섯 명을 잃은 철학자 엘리자베스 드 퐁트네Élisabeth de Fontenay의 글을 언젠가 읽은 적이 있다. "나는 회복되지 않았다. 점점 덜 생각하게 됐을 뿐이다."[10] 우리는 이처럼 현재나 과거에 경험한 세상의 폭력에 대해 위로받을 수 없는 상태로 남게 될 수도 있다.

처절하게 거절하는 위로

그러나 위로 불가능성은 고통을 (애도자의 경우) 신의나 (우울하고 낭만적인 영혼의 경우) 각성이라 여기고 그대로 머무르려는 각고의 노력일 수도 있다. 후자의 경우 스웨덴의 작가 스티그 다게르만Stig Dagerman이 이 주제에 관하여 짧지만 어둡고 절망적이며 유해하기까지 한, 『위로의 욕구는 충족시킬 수 없다Vårt behov av tröst är omättligt』라는 주옥같은 책을 남긴 바 있다.[11]

그의 만성적인 고통과 우울한 성향의 근원은 필시 아주 어린 시절 어머니로부터 버림받은 데에 있었다. 아버지와 조부모님의 양육을 받아 후에 자신의 가족을 꾸렸고 작가로서 성공했음에도 그는 평생 동안 자기

내가 여기 있어요

파괴적 폭력 성향에 사로잡혀 지냈다. 깊은 고통에 모든 형태의 위로를 극단적으로 거절했다.

"내 집이 폐허가 되고 나 자신이 망각의 눈에 파묻히는 모습을 씁쓸한 기쁨으로 지켜보고 싶다. 우울은 마트료시카 같아서 마지막 인형 안에는 칼, 면도날, 독약, 깊은 물, 그리고 거대한 구덩이로의 추락이 들어있다."

다게르만은 모든 위로를 저속하기까지 한 타협으로 여긴 듯하다. "사냥꾼이 사냥감을 몰듯 나는 위로를 추격한다. 숲에서 사냥감을 발견하듯 어디서건 위로를 보면 방아쇠를 당긴다", "하지만 요청한 적 없이 내게 와서 내 방을 가증스런 속삭임으로 가득 채우는 위로도 있다."

그가 생각하기에 이상적인 위로는 오직 자유였다. "[…] 내가 진짜라고 여기는 위로는 하나밖에 없다. 나를 자유로운 사람으로, 불가침의 개인으로, 한도 내에서 주권적인 존재로 인정하는 위로뿐이다." 그러나 이것은 이론적 자유에 불과했다. 완벽하고 절대적이며 독단적인 자유는 실현 불가능하기 때문이다. 다게르만은 우울증에 잠식되고, 모든 위로를 극단적으로 거절하여 고립되고 약해진 끝에 31세의 나이로 자살한다.

어떤 사람들은 허무주의 논리에 현혹되어 본인의 상처를 열어둔 채 살고 싶어 하는 것 같다. "**무언가**는 언제나 결함이 있다. 오로지 **무**(無)만이 온전하다."**12** 마찬가지로 **누군가**는 언제나 결함이 있고, 오직 **무인**(無人)만이 완벽하다. 그러므로 "그 누구도 결코 나를 위로하지 못할 거야"라는 외침은 교만과 절망이 뒤섞인 말이다. 윤리학자 에밀 시오랑Emil Cioran이 친구 가브리엘 리이체아누Gabriel Liiceanu에게 보낸 편지에는 이렇게 쓰여 있다. "심각한 불면증을 앓는 이는 더 이상 보편적 인류에 속하지 않는다는 과도한 허영심을 키운다."**13** 이것이 그가 겪고 있던 지독한 불면

증으로부터 스스로를 위로하는 방식이었을까? 어찌 됐든, 각자 할 수 있는 만큼 최선을 다하는 것이니 그러한 태도를 속단하지 말자. 다만 우리가 그것을 따라가거나 그들이 정도를 벗어나게 두지 않도록 주의하자. 내가 로맹 가리Romain Gary의 말을 좋아하는 이유이다. "무(無)는 사람의 마음이 존재하지 않을 때에만 그 마음에 파고든다."**14** 부드러운 마음을 유지하자.

가장 아름다운 사랑의 행위

"더럽고 팔다리가 없는 오래된 인형 하나밖에 없는 어린 소녀의 이야기이다. 누군가 '네 인형 참 못났구나!' 하자 아이는 인형을 들고 한껏 쓰다듬은 뒤 내밀며 말한다. '이제 예쁘죠!'"**15** 귀스타브 티봉의 짤막한 이야기에는 소녀의 애정으로 변신한 인형이 등장한다. 우리 어른의 괴로움도 타인의 애정으로 변화될 수 있을까?

"우리는 큰일을 해낼 수 없습니다. 그저 작은 일을 큰 사랑으로 해낼 뿐이에요."**16** 테레사 수녀의 말은 위로에도 적용된다. 위로하는 사람은 그가 줄 것이 위로밖에 없으며, 그 무엇도 바꾸지 못할 테고, 아무것도 돌려받지 못하리란 사실을 안다. 반면 위로받는 사람은 그 순간 빈곤하고 무력하여 아무것도, 혹은 아주 조금밖에 돌려주지 못한다. 그렇지만 이처럼 **거의 아무것도 없는** 와중에도 위로의 흔적은 영원히 남을 수 있다.

사람을 일으켜 세우는 것도, 무너뜨리는 것도 사랑이다. 우리가 받는 사랑, 우리에게 부족한 사랑, 우리가 구하는 사랑, 우리가 주는 사랑. 본질

내가 여기 있어요

적으로 모든 인생은 대부분 이렇게 이해될 수 있다. 사랑의 존재와 부재, 부족과 과잉.

폴 발레리Paul Valéry가 사랑했던 작가 카트린 포지Catherine Pozzi의 기도문에서처럼, 우리는 흔히 사랑을 낭만적인 방식으로만 보느라 실수를 범하기도 한다. "내게 사랑이 아니면 죽음을 주십시오."**17** 정열적인 사랑이 깨달음을 줄 때도 있지만, 그보다 많은 경우 혼돈과 슬픔의 근원이 된다. 반면 우리를 위로하는 사랑의 진실은 젠체하지 않고 으스대지 않는, 보잘것없고 일상적인 사랑에 기꺼이 속하는 경우가 더 많다.

"내가 사람의 방언과 천사의 말을 할지라도, 자비와 사랑이 없다면 소리 나는 구리와, 울리는 꽹과리에 불과하다." 성 바울은 사랑장으로 유명한 고린도전서에서 한 사람만을 위한 낭만적인 사랑이 아니라, 모든 이웃을 향한 친절한 사랑인 기독교적 **자비**를 말한다.

2,000여 년이 지나, 긍정심리학계의 권위자 바버라 프레드릭슨Barbara Fredrickson은 거의 동일한 이야기를 전한다.**18** 그에 의하면 사랑은 수많은 유익을 지녔으며 필수적인 '최상의 감정'이다. 하지만 성 바울과 마찬가지로 프레드릭슨은 전통적으로 이야기하는 사랑의 감정보다 크고 광범위하며, 깊고 편재하는 정서를 말한다. 이 사랑은 (열정부터 애정에 이르기까지) 다양한 형태를 취하며 거의 모든 영장류가 느끼는 감정으로, 소유가 아닌 헌신에 가까워 본인보다 타인의 행복을 더 빌어준다.

이렇듯 가까운 이의 애정 담긴 말, 직장 동료의 응원, 이웃의 친절 등 위로하는 사랑은 천 개의 얼굴을 가진다. 이 단순하고도 상냥한 감정은 안정적인 형태와 영속적인 표현만으로 나타날 필요는 없으며, 평생 동안 **무한히** 재활성화하고 일신할 수 있는 일시적 현상으로도 드러난다. 따라

위로를 받아들이고 인정하기

서 이 사랑의 개념은 우리가 기존에 생각하던 사랑보다 훨씬 광범위하고 개방적일 뿐 아니라 더욱 유연하고 유동적이다. 두 사람 사이의 사랑이 지속적으로 유지되는 이유는 다름 아닌 이러한 정서적 울림의 순간이 주기적으로 갱신되는 덕분이다. 감정은 영원하지 않고 사랑 또한 마찬가지다. 그러나 사랑의 순간이 반복될수록 관계는 성장하고, 풍성해지고, 견고해지며, 유쾌한 경험이 된다.

그런 의미에서 위로는 가장 아름다운 사랑의 행위이다. 이는 연민의 영역에 속하기에 우리는 고통받는 이에게서 멀어지는 것이 아니라 다가가고, 애정을 갖고 다가간다. 이것이 공감과의 차이점이다. 연민은 공감에 사랑을 더한 것이다. **사랑**이란 단어가 불편하다면 **애정**이라 표현할 수도 있다. **애정**이란 용어도 정말 멋진 말이다!

위로하는 이에게든 위로받는 이에게든, 사랑은 위로의 양분이 된다. 위로하는 이에게 사랑은 한숨 짓지 않고, 결과나 반응에 대한 기대 없이 선을 행할 힘을 준다. 잘못 위로하여 공격과 질타를 받을지라도 인정할 수 있도록 해준다. 위로받는 이에게 사랑은 분노하지 않고 조언을 받아들일 힘을 준다. 괴로움으로 이어지는 확신("내 고통은 내가 안다. 무엇이 내게 좋은지, 무엇이 필요한지, 다른 이들이 내게 무슨 말을 하고 어떻게 해야 하는지 다 내가 알아…")을 중단하는 것을 의미한다.

내 의사로서의 권고에 "네, 그런데"로 대답을 시작했던, 그것이 불가능함을 최선을 다해 설명하고 권고를 따르기까지 몇 년의 시간이 걸렸던 모든 환자와 모든 이들을 기억한다. 우리는 어떻게 그렇게 자신에 대해 확신하며, 나를 돕고 위로할 수 있는 이는 오직 나뿐이라고 믿어 의심치 않을까? 왜 고통은 우리를 유순하게 하지 않고 완고하게 만들까? 위로 중에 받은 조언이 불편해도, 전부 다 거절하지 말고 최소한 걸러내도록 노력해보자. 성가신 조언의 입자들은 배제하고, 사랑의 입자는 남겨두자!

있는 그대로
세상을 바라보기

헨리 데이비드 소로Henry-David Thoreau는 1860년 1월, 『소로의 일기The Journal of Henry David Thoreau』에 다음과 같이 썼다. "우리는 물리적으로든, 지적으로든, 도덕적으로든, 받을 준비가 된 것만을 받아들인다. […] 불완전하게나마 이미 알고 있는 것만을 듣고 이해할 따름이다."[19] 그리고 본인의 세계관에 근거하여 위로를 받아들일 뿐이다. 삶이 우리에게 상처를 줄 수 있다는 사실을 인정할 준비가 되었는가? 우리가 위로와 어떤 관계를 맺었는지를 통해 세상을 어떻게 바라보는지 어느 정도 알 수 있다.

플랫폼 위의 여성

TGV(프랑스의 고속 열차 – 편집자주)를 타고 여행하던 중 목격한 장면이다. 역에 정차하였을 때 철도공사 직원 여러 명이 휠체어를 탄 여성을 둘러싼 채 기차 탑승을 돕기 위해 기계를 들고 서 있는 것을 보았다. 작업이 빠르게 진행되어 여성은 단 몇 분 만에 장애인석에 자리 잡았다. 나는 그 조처의 효율성에 감탄하며 그녀를 위해 기쁜 마음이 들었다. 다른 사람들과 동등하게 여행

위로를 받아들이고 인정하기

할 수 있다니 정말 좋은 일이다. 그러다가 그 여성도 기쁠지, 혹은 그 반대일지 궁금해졌다. 이 모든 구조가 과연 그녀의 장애를 조금이나마 위로했을까? '불행히도 불수의 몸을 가졌으나 나를 돕고자 애쓰는 사회에 살아서 다행이다'라고? 아니면 본인이 다른 사람과 같지 않다는 사실을 상기시켜 오히려 슬프게 했을까? '이렇게 많은 사람을 동원하지 않고도 내 두 다리로 직접 기차에 올라타면 얼마나 좋을까?' 하면서 말이다. 슬픔과 위로 사이의 경계란, 인생의 많은 순간들과 마찬가지로 관점의 문제일 때가 있다. 어떤 형태의 도움이든 그렇다. 도움을 받을 수 있어서 기뻐해야 하는가, 도움이 필요하기에 슬퍼해야 하는가? 이렇듯 모든 위로는 슬픔이 될 수 있다.

우리는 괴로울 때에도 위로받을 수 있는 상태를 유지하는 데 전념해야 하는데, 여기에는 고통과 슬픔으로 인해 많은 노력이 든다. 너무 완고해지지 않기, 고통을 피해간 이들을 지나치게 원망하지 않기, 비판적인 태도 없이 위로를 듣기, 주어진 애정과 응원을 취하고 그것으로 힘을 낼 수 있도록 신뢰하되 조언을 반드시 따라야 한다는 압박은 느끼지 않기, 서투름 뒤에 숨은 다정함을 알아보기….

위로를 받아들이기로 결정하는 것 또한 매우 어려운 일이기 때문에 그 당시에는 알아차리지 못할지라도 주저하게 된다. 위로받음은 상실한 것이 끝내 되돌아오지 않을지 모른다는 사실을 인정하는 것이기 때문이다. 우리가 결코 선택한 적 없으나 앞으로 적응해 살아야만 하는 또 다른 세계가 태동하고 있다는 사실을 인정하는 것이다.

따라서 위로에 임하는 것은 역경과의 전쟁이 아니라 현실, 운명, 인류와의 평화와 회복을 의미한다(절대적 규칙: 우리에게 일어난 일로 그 누구도 원망하지 않기). 격려와 위로를 받기 위해 한쪽 발은 언제나 현실을 딛고 있어야 한다. 만약 우리가 현실을 바꾸고 다시 통제권을 쥘 수 있다고 생각하거나, 계속해서 역경과 전쟁 중이라면(때로 결론적으로는 그게 옳은 선택일지라도), 위로를 받아들이지 않을 것이다.

위로받기 위해서는 자기 자신에게서 분리되어 고통 외의 것을 향해 나아가야 한다. 결핍과 불행만 바라보는 것이 아니라 눈을 열어 세상 전체를 있는 그대로 보아야 한다. 세상의 추함과 괴로움뿐 아니라 아름다움과 선 또한 보기로 결정하는 것이다. 이렇게 위로를 받아들이는 방식에 따라 완전한 실존적 관점과 지혜를 얻을 수 있다.

위로를 받아들이고 인정하기

이것이 나의 위로니

이것이 나의 위로. 다시 수차례 더 깊이 절망에
빠질 테지만, 해방의 기적에 대한 기억이 아찔한
목표를 향해 날아가는 날개처럼 나를 들어 올린다.
위로 이상의 위로, 철학 이상의 위로,
즉 삶의 이유를 향하여.

스티그 다게르만, 자살 2년 전인 1954년[20]

6장

위로의 길

성경의 시편 23편에 이런 구절이 나온다. "내 영혼을 바른 방향으로 인도하네."[1] 우리가 이따금 경험하는 바를 정확히 묘사하고 있다. 인생에서 길을 잃은 듯할 때, 한 명의 사람, 하나의 글귀, 한 번의 경험이 우리 영혼을 바른 방향으로 인도해준다. 그 무엇도 해결되지 않았으나 어떻게 해야 할지 더 분명해지고 가야 할 길을 명확히 보게 된다. 그때부터 나아가는 것은 우리 몫이다.

위로는 이렇듯 우리 영혼을 바른 방향으로 인도하고자 노력한다. 억지로 끌고 갈 수는 없지만 죽음이 아니라 생명에, 슬픔이 아니라 행복에, 부조리가 아니라 의미에, 소란이 아니라 조화에 시선을 돌릴 수 있도록 힘쓴다.

현실에서 바른 방향은 하나만 있는 것이 아니라 무한히 많다. 위로는 모든 곳에 존재한다. 자연의 힘, 행동의 움직임, 예술의 효용, 명상의 간결함, 운명과 삶의 의미에 대해 나누는 대화, 세상 저편에서 우리를 위로하는 신앙과 사람의 신비….

우리에게 열린 위로의 길은 무수히 많다. 그 길을 선택하는 것은 우리 몫이다. 누구도 그 길을 대신 가줄 수 없다.

내가 여기 있어요

위대한 위로자, 자연

대숙청이 진행되고 있던 1937년 8월의 소련, 공산주의 활동가인 예브게니아 귄즈부르크Yevgenia Ginzburg는 이미 패배한 정치 재판에서 재판관들의 선고를 기다리고 있었다. 한탄하는 대신 그녀는 고개를 들어 법정 밖을 내다보았다. "창문 너머에 크고 짙은 나무들이 서있다. 나뭇잎들이 비밀스럽고 싱그럽게 속삭이는 소리에 감격스레 귀 기울인다. 이 소리는 처음 들어보는 듯하다. 바스락거리는 나뭇잎 소리가 어찌나 나를 감동시키는지!"[2] 그녀는 불의에도 불구하고 위로받았다.

나치스 독일의 강제 수용소 생존자인 빅터 프랭클Viktor Frankl은 회고록에 인간성과 존엄성을 지키기 위해 어떻게 노력했는지 적었다. "어느 저녁, 우리는 막사 바닥에 쓰러지듯 누워 있었다. 주간 노동으로 인해 죽을 듯이 피곤했고 손에는 수프 그릇이 들려있었다. 갑자기 친구 한 명이 뛰어들어와 연병장으로 나가자고 간청하는 게 아닌가. 우리 몸이 아무리 지치고, 밖이 아무리 추워도, 환상적인 노을을 놓칠 수 없다고."[3] 그는 공포에도 불구하고 위로받았다.

"[…] 함몰된 두개골, 마비된 복부, 나사 박힌 척추와 일그러진 얼굴."작가이자 여행가 실뱅 테송Sylvain Tesson은 사고를 당해 병실에 있다. "창 밖의 나무가 내게 감동적인 기쁨을 불어넣어 주었다."[4] 그는 고통에도 불구하고 위로받았다.

바이오필리아와 자연의 위로

온갖 종류의 시련을 겪은 이야기를 담은 책을 펼쳐보기만 해도 자연이 크나큰 위로의 원천이라는 점을 알 수 있다. 자연은 단순히 너무나 고통스러운 현실의 도피처가 되어줄 뿐만 아니라, 더욱 근본적이고 심오한 지성과 태곳적 반응을 불러일으킨다.

고통과 시련을 겪을 때 자연을 찾는 것은 그저 기분 전환이 아니라 하나의 위로를 구하는 것이다. 역행하는 듯 보이나 위로를 주는, 다시금 현실에 뿌리내리기 위한 후퇴이다. 말 없는, 따라서 불필요한 아픔도 없는 동물로, 심지어는 식물로까지 돌아가는 것이다. 네덜란드의 작가 에티 힐레숨Etty Hillesum은 다음과 같은 글을 썼다. "자라나는 밀이나 내리는 비만큼이나 단순하고 고요해져야 한다. 존재함으로 만족해야 한다."**5** 정신적 세상을 떠남으로써 정신적 **고통**의 세계를 떠나 눈앞의 역경을 생각으로 키우지 않고 그저 마주하는 것으로 만족할 수 있다는 사실을 깨닫는다.

인간의 자연을 향한 사랑의 근원에는 **바이오필리아**Biophilia가 있다. 우리가 있을 곳은 여기이며, 이곳에 우리가 먹고, 입고, 우리를 치유하고, 위로하는 본질이 있다는 난해하고 심오한 감정이다. 죽음 너머의 세상은 어쩌면 환상적이고, 모든 것이 회복되고, 복원되며, 우리의 모든 상처를 영원히 치유해줄 수 있을지도 모르지만, 우리를 위로해 주는 건 지금 여기의 세상이다.

자연의 위로는 자연을 관조할 때 주어지는 안정의 순간에서 오는 일시적 도움을 넘어선다. 로자 룩셈부르크의 글처럼**6** 자연의 위로는 지속적으로 작용하여 계속되는 시련을 버틸 수 있게 해준다.

내가 여기 있어요

1917년 3월 15일 서신.

그리고 확신을 가지고 말하건대 내가 – 수많은 다른 사람들과 마찬가지로 – 수감 생활하며 보내는 시간은 결코 무의미하지 않습니다. 어떤 방식으로든 이 시간은 유의미하게 남겠죠. […] 마지막엔 분명 모든 것이 밝게 드러날 것이고 […], 어쨌거나 나는 이미 삶으로 인해 이토록 기뻐하고 있습니다. […]

등에 검은 점 두 개가 있는, 작고 빨간 무당벌레를 매일 보러 갑니다. 지난주부터 바람과 추위를 피해 붕대로 감싼 나뭇가지에서 보호하고 있답니다. 항상 새로운 모습을 한 구름을 바라봅니다. 매번 더 아름다워져요. 그러고 있으면 마음 깊은 곳에서 내가 이 작은 무당벌레보다 본질적으로 더 중요하지 않다는 생각이 듭니다. 이렇게 미약하고 작다고 느낄 때 나는 이루 말할 수 없이 행복합니다.

1917년 7월 20일 서신.

이 거리에서 내 눈길을 끄는 것은 바로 다양한 색깔입니다. 빨강, 파랑, 초록, 회색. 특히나 녹음을 기다리는 긴 겨울 동안 색깔에 굶주린 내 두 눈이 이 돌들로부터 변화와 자극을 찾아냈습니다. […]

창가로 달려가 홀린 듯이 꼼짝 않고 있었습니다. 단조로운 회색빛 하늘 동쪽에 흘러가는 커다란 구름이 보였어요. 이 세상의 것이 아닌 듯 아름다운 분홍빛의 구름이 무엇에도 매이지 않고 홀로 뜬 모양이 마치 어디인지 모를 저 멀리서 보내온 미소 혹

위로의 길

은 인사 같았지요. 저는 해방된 듯 깊게 호흡했어요. […]

이토록 아름다운 빛깔과 형태가 있다니, 삶은 아름답고 고귀하

지 않나요? […]

듣는 법만 알고 있다면, 간수의 느리고 무거운 발걸음 아래 서

걱거리는 모래알 사이에서도 삶의 노래를 들을 수 있답니다.

사람의 신체와 (긴밀하게 연관된) 정신 건강에 자연이 얼마나 유익한지
를 보여주는 연구 결과가 끊임없이 나오고 있다.[7] 또 자연은 유익할 뿐 아
니라 위로를 주기도 한다. 우리의 관심을 부드럽게 고통 너머로 확장시키
고, 보다 큰 무언가에 속해있다는 소속감을 주며, 고요한 아름다움을 보
여준다…. 간단히 말해 우리가 우울할 때에도 자연이 우리의 슬픔을 진정
시키고[8] 안정감을 주어[9] 도와준다는 사실에는 놀라울 것이 없다.

고통이 우리를 아픔 속에 정지되고 고정된 현재의 시간에 가둔다면
자연은 우리를 그 길고 평온하면서도 유동적이며 변화하는 시간에 다시
금 연결해준다. 숲, 바다, 산, 하늘은 우리가 존재하기 전에도 있었고 이후
에도 있을 것이다. 이 사실로 인해 낙심할 수도 있지만, 위로받을 때가 더
많다. 어째서일까? 자연이 우리와 별개가 아니라고 인식하기 때문이다
(그렇지 않으면 슬픔과 외로움을 느낄 것이다). 우리는 자연에 속하고, 자연은 우
리를 감싸며, 우리는 자연의 거대한 가족에서 뻗어 나온 한 줄기다. 자연
은 무한히 확장된 우리의 자아이다. 우리는 자연을 통해 본인과 인간의
숙명 너머로 관심을 돌린다. "영원한 하늘을 묵상하는 대신 살아있는 인
간의 운명에 집착하고, 세상에서 분리되어 있는 한 나는 죽음을 두려워할
수밖에 없다"라고 알베르 카뮈는 말했다.[10]

꼭대기에서의 평정심

어느 여름날 아침, 친구들의 집에서 새벽을 맞이한다. 집은 아직 잠들어있다. 발코니로 나가보니 날이 밝아오고 있다. 나는 하늘과 산, 아직 잠이 덜 깬 듯 크고 잔잔한 호수와 오롯이 독대한다. 저 멀리 계곡을 가로지르는 도로의 자동차 소리가 여기까지 희미하게 들리기 시작한다. 사람들도 다시 움직이기 시작한다…. 지금 이곳, 이 순간 평온이 숨을 쉰다. 나는 평온을 누리고, 평온과 하나 되고, 평온에 녹아든다. 더는 인간으로서 존재하지 않고 거대한 전체의 고요하고 굳건한 일부로 존재한다. 세상의 옆이 아닌 세상 안에서.

문득 위로받을 이유가 전혀 없다는 느낌이 든다. 왜 지금 고통과 위로의 필요성이 떠올랐을까? 아마도 너무나 생소하고 단순한, 일상의 고뇌에서 무척 동떨어진 초월적인 순간이기 때문이리라. 보편적이고 영원한 삶의 지각이라는, 이 세상에 단 하나뿐인 확실한 위로에 잠겼기 때문이리라. 환상이나 계시일지 자문해보았지만, 당연히 대답은 없다. 그러니 어찌 됐든 모든 순간, 모든 것에 응답하는 강렬한 감각의 확신 속에 있다고 생각하기로 한다. 평온하여 고뇌는 부재하고 위로 또한 필요하지 않다. 현재의 고통은 자리에 없고, 과거의 고통은 지워진 것 같으며, 미래의 고통은 멀다. 세상을 온전히 인지하는 이 순간들이 다가올 미래의 시련에 맞서고 살아낼 능력을 강하게 해주는가? 현재로서는 그렇다고 확신한다. 나는 어떠한가? 마음을 내려놓은 이곳에서는 힘이 필요하지 않으므로 스스로 '강하다'고 느끼지는 않지만 내 위치에서 안정적이고, 유위하다고 느낀다. 강하지 않지만, 내 주위를 맴도는 힘을 붙잡고 그것으로 나를 채운다고 느낀다. 우리를 성장하게 하는 사람이 있는 반면 기운을 빨아먹는 사람이 있듯, 우리를 소진하는 환경이 있고(도시, 혹은 과도하게 범람하는 도시), 반대로 우리를 채우는 환경(주로 자연)이 있다.

동물이 주는 위안

물론 위로는 동물들로부터 올 수도 있다. 그들은 자연과 마찬가지로 우리의 불행에 평온하게 무심하다. 말하자면 불행의 의미나 영향력, 어둡고 근심으로 가득한 우리의 상상 속 시나리오와 같은 쓸데없는 부분에 무관심하다. 동물들은 그저 우리의 슬픔을 보고, 우리를 향한 애정 어린 의도를 가질 뿐이다. "근사하도록 순진하고, 단 한 번의 비난도 없이 걱정스러운 눈으로 우리를 부드럽게 바라보는 동물들에 감사해야 합니다."[11]

　수많은 연구가 반려동물의 긍정적 영향을 증명한다. 특히 2020년에서 2021년 사이 코로나 팬데믹으로 인한 격리 생활에 더불어 부모의 이혼부터 전쟁까지 다양한 곤경에 처한 어린이들에게 그 영향이 가장 크게 드러났다.[12] 그러나 어려움을 겪는 이들이라고 모두 같지는 않으므로, 상황을 개선하고 위로받기 위해 반려동물을 사는 것은 해결책이 될 수 없다. 단순히 개나 고양이를 소유한다고 되는 것이 아니라, 지속적으로 반려동물과 쌓아가는 유대, 즉 관계의 진실성과 함께 보내는 시간이 유효한 것이다.[13] 암 말기에 자연 요법을 진행하던 친구가 있었다. 친구는 개들이 그의 곁에서 졸면서 숨 쉬는 것을 바라보노라면 그들의 존재, 무조건적인 사랑, 지속적이고 평온하며 근심이나 억지스러운 배려 없는 동행으

내가 여기 있어요

로 위로받았다고 말했다. 개들은 우리의 불운, 실패, 파탄에 관심 없이 언제나 온 마음을 다해 우리를 사랑해준다. 우리가 아무리 심각한 병에 걸렸다 해도 동요하지 않으며, 불평이나 울적한 기분을 보여도 낙심하지 않고 마지막까지 함께 할 준비가 되어있다.

야생 동물에게 위로받을 수도 있다. 새나 벌레의 움직임을 고요히 바라보고 있노라면 위안이 된다. 쇠약하고 연로한 말년의 작가 루이르네 데 포레Louis-René des Forêts가 정원의 수많은 작은 생물들을 바라보다 그 근면성에 감격의 눈물을 흘리며 (위로받은 것일까?) 쓴 감동적인 글을 보자. "부지런한 작은 생명체들이 끊임없이 움직이는 모습을 보노라니 그의 눈에 눈물이 차올랐다. 어느새 무기력해진 본인을 향한 연민 때문인지, 그로서는 모든 희망이 사라졌을 때만 생생하게 느껴지는 인생의 축소판 같은 한철살이들의 모습이 감수성을 자극한 탓인지."**14** 우리가 깨어지고 쓰러진 때에도 생명을 관찰하는 일을 통해 약간의 생명력이 되살아날 수 있다.

이렇듯 우리는 새의 비행, 꿀을 모으는 곤충의 활동, 풍뎅이의 데퉁맞은 걸음걸이에서도 위로받을 수 있다. 우리가 바라보는 광경에 흡수되었다가, 살아있음의 힘으로 환원되는 것이다.

나무를 바라보며 위안을 느낀 환자 한 명이 내게 이렇게 말한 적 있다. "나무는 질문하지 않아요. 자라고, 살고, 우리를 포함한 수많은 동물에게 도움을 주고, 자기 역할을 다한 후엔 죽어요. 어디선가 다시 살아날 때도 있지요. 그래서 우리에게도 틀림없이 마찬가지일 거라고 믿습니다. 비록 우리가 이해할 수 없는 영역의 일일지라도…."

행동과 기분 전환

"당신이 겪은 불운에 대한 소식을 듣자마자 슬퍼진 나의 마음을 말씀드리고자 편지를 씁니다. 그리고 지금처럼 기쁨을 맛보는 일이 우리 능력 밖일 때에는 적어도 슬픔만은 피하라고 전하고 싶습니다. 당신 곁에 진실된 이들이 있다면 그들의 말이 당신을 위로할 수 있을 것입니다. 만일 그런 사람이 없다면, 책과 맛있는 음식이 큰 도움이 되고 충분히 다정한 위로가 되어줄 것입니다."[15]

이 편지는 군인이자 학식 있는 호인이었던 생테브르몽Saint-Évremond이 1674년 궁정에서 밀려나 오를레앙으로 '유배' 당한 올론 백작에게 쓴 편지이다. 지금 우리 눈에는 다소 단조로워 보이는 이 위로 계획을 (그를 대신해) 변명하자면, 당시엔 심리학이 존재하지 않았거니와 또 이 친절하고 정다운 계획이 백작의 취향과 역량에는 적합했을지도 모른다. 그의 편지에는 수신인을 행동과 관계와 기분 전환으로 이끄는 소박한 미덕이 있다.

슬픔은 우리를 경직시키고 움직이지 못하게 한다. 우리는 그렇게 설계되었다. 분명 신체적인 고통을 겪을 때 몸 전체, 혹은 아픈 부위를 움직이지 못하게 하기 위한 반사 작용의 유산일 것이다. 정신적 고통 또한 우리를 마비시키고, 그럴 때 슬픔이 둔화, 무기력 등의 신체적 반응으로 드러난다.

탄식의 무질서한 몸짓으로부터 모든 것이 시작되기도 하지만, 슬픔에 잠겨있을 때 가장 강렬한 것은 후퇴와 중지의 유혹으로, 자주 우리를 꼬드겨 고통스러운 감정을 악화시킨다. 그렇기에 움직임과 행동에서 위안을 얻을 수 있다.

행동에서 오는 위로는 실제적이다. 극단적인 슬픔 속에서도, 우리가 쇠락하고 죽으리란 사실을 알고 있을 때도, 심지어 가까운 사람을 잃은 경우에도 행동은 우리의 관심을 외부로 돌려준다. 반면 고통은 우리를 둘러싼 세상을 보지 못하게 하고, 경직시키며, 항상 우리 자신과 고통으로 돌아오게 만든다.

큰 고통을 겪는 순간에 행동은 마치 진통제처럼 (그 무엇도 해결하지 않지만) 고통을 완화시켜준다. 작은 위로일지라도 진정 효과는 실재한다. 행동은 진정시켜주며 안도로 시작된다.

행동의 효과로 처음에는 잠시나마 괴롭고 불행하다는 사실을 잊는다. 그다음 나타나는 무언가는 진정한 위로에 더 가깝다. 안도는 한 번 중단되면 우리를 슬픔의 원위치로 돌려놓으나, 위로는 살짝 전진시키고 알아채기 힘들 만큼만 변화시키곤 한다. 무슨 원리일까? 분명 공통된 행동을 통해 관계가 회복되기 때문이리라. 함께 행동함으로써 타인과 다시금 연결되고, 주체성(본인과 환경에 대해 능동적으로 반응할 능력)을 통해 세상 및 본인과의 관계를 되찾는다. 단순히 말해 불행이나 커다란 고통 혹은 단순한 슬픔에 고정되어 꼼짝 못 하던 삶의 움직임을 다시 연동시키는 방식으로 우리를 위로한다.

어떤 이들은 마약에 빠지듯 행동으로 도피하기도 한다. 상을 당한 뒤 고통을 전부 잊기 위해 일이나 운동에 빠져들어 중독에 이르는 경우가 많다. 물론 위로의 범주에서 올바른 행동의 용법이란 이처럼 (고통을 떨치려 신체와 정신을 지치게 만드는) 망각과 탈진을 추구하는 것이 아니다. 그보다는 우리를 불안하게 만드는 고통과 선회하는 슬픔을 임시적으로 지연시키는 방편에 가깝다. 고통으로 돌아가는 것이 조금씩 덜 괴로워지기를 바라면서 말이다.

걸음이 주는 위로

걷기는 가장 간단하면서도 더없이 위안을 주는 행동 중 하나이다. 걸음을 통해 기초로, 본질로, 현재로 돌아갈 수 있다. 처음에는 진정되기 시작했다가, 그 순간에 한 걸음 한 걸음 몰입하면 진정한 위로가 된다. 걷기는 신체, 자연스러움, 동물성, 즉 가장 기초적이기에 가장 **명백한** 생명력을 회복시킨다. 이 행위는 자연과 마찬가지로 슬픔의 유무와 관계없이 모든 사람에게 유익하면서도[16] 슬픔에 잠긴 이들에게 선사하는 특별한 무언가가 있다.[17] 고통에 고정된 자신에게서 전진하는 자신에게로 관심을 돌리고, 최면을 거는 듯한 걸음의 반복을 통해 움직임에 따르는 불편함을 완화시키며, 우리를 밖으로 이끌고 나가 벽 외의 다른 것을 볼 수밖에 없게 만든다.

끔찍한 사건 이후의 걷기

아우슈비츠 수용소에서 해방된 지 몇 주 후, 프리모 레비Primo Levi는 여전히 상태가 좋지 않았음에도 취기에 카토비체(Katowice, 폴란드의 도시 – 편집자주) 이곳저곳을 성큼성큼 걸었다. 몸속 곳곳에 생명력이 들어차게 하기 위해서였다. "아침의 환상적인 공기를 약으로 삼아 황폐해진 폐의 밑바닥까지 들이마시며 몇 시간 동안 걸었습니다. 두 다리를 온전히 믿을 수는 없었지만, 걸으면서 제 몸의 주권을 되찾을 긴급한 필요성을 느꼈습니다. 거의

내가 여기 있어요

2년간 끊겨 있던 나무와 풀과 갈색 대지, 생명의 싹이 움트는 것
이 느껴지는 땅과의 관계를 되찾아야지요. 물결 따라 전나무의
꽃가루를 운반하는 강력한 바람을 느끼면서요."**18**

위로에서의 기분 전환 이론

고통의 원인과 전혀 무관하다는 이유로 행동에서 오는 단순한 위로를 경
시할 때가 있다. 걷는다고 어떻게 애도의 슬픔이 위로되겠는가? 정원을
가꾸고 일한다고 실연의 아픔과 쓰라린 실패가 위로될까? 그렇지만 행동
으로의 도피와 기분 전환 추구에 대하여 너무 섣불리 비판적이고 회의적
으로 판단하지 않는 편이 낫다. 예로부터 위로의 철학에서는 행동과 기분
전환을 진지하게 여겼다. 오늘날의 기분 전환은 즐기고 주의를 돌리는 것
을 의미한다. 그러나 17세기 이전에 '기분 전환'이란 단어는 라틴어 어원
[divertere]을 따라 '유용(流用)하는 행위', 예를 들어 물품 목록에서 비품
하나를 횡령하는 것을 의미했다. 기분 전환은 인간 존재에 전형적인 회피
행위이다.

　　몽테뉴는 (같은 어원의) '교란'을 이야기했다. 우리를 상심케 하는 대상
에 대해 더 생각하지 않고, 불쾌한 현실로부터 돌아서는 것이다. 그리고
삶이 우리를 건져 주기를, 흘러가는 시간이 상처를 서서히 치료해 주기를
기다린다. 기분 전환은 고통으로부터 관심을 돌려 진정시키는 데에서 시
작하며, 우리를 다시금 세상으로 돌려놓아 점차적인 위로를 준다.

　　기분 전환이 위로가 되려면 별다른 목적 없이 그저 본인만을 위해
실행하는 것이 좋다. 이렇게 그 자체의 목적 외에 다른 목적이 없는 활동
을 '**자기목적적**autotelic'이라 한다. 목적지에 도달하기 위해서가 아니라 걷

는 즐거움(혹은 위로)을 위해 걷는 것이다.

그리고 계속해서 근심하고 슬퍼하거나 다른 생각을 하며 무의식중에 하기보단 **완전한 의식(알아차림)** 중에 하는 것이 좋다. 완전한 의식이란, 관심과 에너지를 온전히 쏟고 모든 판단과 기대를 밀어둔 채 결연히 실행하는 것을 말한다.

이렇듯 행동은 의식의 정도와 우리가 얼마나 몰입하느냐에 따라 고통으로부터 주의를 돌리는 단순한 겉핥기식 행위가 될 수도 있고, 반대로 세상과 다시 연결하는 심오한 작업이 될 수도 있다. 예를 들어 걷기나 음악 듣기는 우리를 다소 진정시켜주지만 거의 변화시키지는 못하는 소일거리에 지나지 않을 수도 있지만, 완전한 의식 중에 진행한다면 더욱 강하고 깊은 활동이 될 수도 있다.

비탄에 잠기거나 우울한 상황에서 행동하기에는 분명 큰 어려움이 있다. 작은 기쁨으로도 보상받지 못한 채 노력만 한다고 느껴질 테니. 그때부터 결과를 알지 못한 채 행동을 반복하고, 매일 노력하기가 힘들어진다. 마치 길을 잃어 어디로 가는지, 어딘가에 도착할 수는 있을지, 그 장소가 위안을 주기는 할지, 모른 채 걷는 것과 같다. 그렇기에 타인을 위로하고 '무언가 하라'는 조언을 해주고자 할 때 지킬 원칙은 그 사람의 곁에서 함께 하도록 노력하며 도와야 한다는 것이다. 함께 걷고, 함께 움직이며, 함께 나아가자. 행동과 동행은 언제나 이어진다.

내가 여기 있어요

위로의 예술

예술은 우리 삶을 아름답게 한다. 그렇다면 고통을 위로할 수도 있을까?

제2차 세계대전 동안 런던의 내셔널 갤러리The National Gallery는 시민의 요청에 따라 웨일스 땅속 깊이 보호하고 있던 작품을 매달 단 한 점씩 전시해, 당시 독일의 폭격으로 고통받던 런던 시민들에게 감탄과 감동을 선사하였다. 비상시 대피할 수 있도록 언제나 두 명의 직원이 걸작을 지켰다. 갤러리 내에서 음악회도 개최되었는데, 당시 박물관장의 말에 따르면 첫 번째 공연에서 베토벤의 〈열정Appassionata〉 연주가 울려 퍼진 순간 "우리의 모든 고통이 결코 헛되지 않았음을 확신했다."**19**

예술(예술적 창조 행위의 개념에서 '순수 미술')이란 타인에게 특정한 감정을 불러일으키고자 인간이 창조한 모든 것을 일컫는다. 이때 '감정'에는 감탄, 놀라움, 고취, 감사, 연민 등의 유쾌하고 마음을 달래주는 감정부터 두려움, 슬픔, 분노 등의 불쾌하고 거북한 감정까지 포함된다. 그리고 가능하다면 세계관을 바꾸어 놓을 감정도 말이다. 이러한 내적 효과들은 본래의 목적과 관계없이 예술이 위로의 역할을 할 수 있다는 사실을 방증한다.

에세이스트 자크 아탈리Jacques Attali의 말마따나 "문학적이든, 음악적이든, 정신적이든, 지적이든, 모든 감정은 무(無)의 현기증 앞에서 위로가 된다."**20** 따라서 언젠가 사라지리라는 우리의 가장 큰 불안에 대한 궁극적 위안은 바로 예술이 될 것이다.

환자 한 명이 우울한 고통의 시기에 모차르트의 소나타를 듣고 반고흐의 그림을 감상하는 것이 어떻게 그를 안정시켰는지 내게 말한 적이 있다. "그들이 더는 살아있지 않음에도 여전히 제게 말을 걸어온다는 사실과 우리가 동일한 인간 사회에 속했다는 점, 그들도 나와 같은 고통을 느꼈다는 사실이 저를 위로했습니다. 그런다고 해결되는 것은 없었고 그들 또한 괴로움을 겪었다는 사실로 인해 더욱 괴로울 수도 있었지요. 하지만 그들의 고뇌, 유사성, 형제애가 슬픔보다는 위로로 다가오는 것을 막을 수 없었습니다." 우리 모두 언젠가 고통받고 죽으리라는 암울한 운명을 타고났으나, 재능 있는 이들이 인류에게 예술을 선사하고자 그 운명에서 벗어났다는 사실이 우리를 도울 수 있을지도 모른다. 철학자 알랭드 보통Alain de Botton이 『영혼의 미술관Art et Thérapie』[21]에서 말하듯 예술의 역할은 우리에게 다시 희망을 주고, 고통을 숭고하게 하며, 세계관을 넓히는 것이다. 그는 사랑관, 두려움관, 고통관, 연민관처럼 각 전시실이나 층이 우리의 심리적 욕구에 해당하는 박물관을 상상했다.

예술 작품과의 조우는 틀림없이 모두 특별하다. 그 효과는 개인의 특성과 더불어 인생의 어떠한 지점을 지나고 있는지에 특히 영향을 받는다. 언젠가 별다른 감흥을 주지 못했던 작품이 몇 년이 지난 후 우리를 전복시킬지 모르는 일이다. 한편, 어떤 창작품들은 너무도 강렬하여 앞서 말한 상상의 박물관이 그리 비현실적이지도 않아 보인다. 게다가 행복과 불행을 경험하는 양상이나 세상에 감동 받는 방식에 있어 사람들은 생각보다 더 많이 비슷하기도 하다.

그렇다면 '위로관'에는 어떤 작품을 전시하면 좋을까? 우리가 겪는 것과 유사한 고통을 보여주는 작품, 그것을 대면하고 극복하는 방법을 제시하는 작품, 또한 고통 외의 것을 꿈꾸게 하는 작품, 사랑과 희망과 우정에 관해 이야기하는 작품, 시간과 공간을 여행하게 하는 작품? 무척 넓은 공간이 필요하겠다!

예술이 위로하는 방법

예술의 위로는 작품이 가진 아름다움이나 특이함, 또는 새로운 시각으로 바라본 평범함을 이용해 우리의 주의를 끝없는 후회의 반추로부터 돌리는 것으로 시작된다.

그다음 예술은 감탄하고, 놀라고, 감격하는 등의 긍정적인 감정을 느끼게 함으로써 고통스러운 감정의 지배력을 약화시킨다. 우울에 시달리던 플로베르는 서신에 이렇게 적은 바 있다. "저는 아름다움이라는 거대한 태양에 온종일 몸을 달구는 문학의 도마뱀일 뿐입니다."[22] 그렇지만 자신의 예술로 위로받을 수 있다고 생각하지는 않았다. 조르주 상드와 주고받은 서신을 보면 그들의 관점은 자주 상충하였고, 상드는 다음과 같이 쓰기도 했다. "그대는 필시 비참해하겠고 나는 위로할 것입니다."[23]

또한 예술은 자기중심적 사고에서 벗어나 우리처럼, 혹은 우리와 다른 방식으로 고통받는 타인과 연결함으로써 위로가 될 수 있다. 이 경우 우리를 위로하는 것은 경탄과 작품의 아름다움만이 아니라 예술이 우리의 고통을 어루만지고, 그로 인해 타인의 고통을 이해하게 되어 받는 **감동**이기도 하다. 예술은 괴로움과 희망을 공유하기도 한다. 일례로 처형당한 그리스도의 몸을 유례없이 사실적으로 묘사한 〈이젠하임Issenheim 제단화〉는 화가 마티아스 그뤼네발트Matthias Grünewald의 유명한 작품으로, 그리스도의 발치로 위로와 회복을 찾아오는 성 안토니우스 수도회 병원의 환자를 위해 그려졌다.[24]

슬픔에 가로막혀 예술 작품이 선사하는 유익을 받아들이기가 쉽지 않을 때도 있다. 그러나 모든 위로도 마찬가지이다. 받아들이기보다는 밀어내기가 쉽고, 마음을 열기보다 '불필요하고 보잘것없다' 말하기가 쉽다. 직접 찾아가는 수고를 들여야 하는 경우가 많아 예술의 위로는 사람이나 자연이 주는 위로보다 접근성이 떨어지기도 한다. 하지만 최소한 책이나 음반, 영화의 형태를 통해서라도 언제 어디서나 접할 수 있다는 이점이 있기도 하다.

야곱과 천사의 씨름

광장 공포증을 앓던 환자와 파리 생 쉴피스 광장 근처에서 만나기로 한 일이 있다. 동네에서도 어려움을 느끼게 될까 걱정했기에 그녀의 집 근처에서 연습할 계획을 세운 것이다. 내가 동행하여 호흡하는 방법, 과도한 불안을 억제하는 방법 등에 대해 조언하기로 했다. 행동 치료에서 '노출 연습'이라 부르는 이 요법은 상담실에 앉아 거리를 둔 채 조언을 주는 데에 그치지 않고 이따금씩 현장에서 시행하면 상당한 효과를 볼 수 있다.

운이 따라주지 않아 우리가 연습을 시작하자마자 심한 폭풍우가 몰아쳐 가까운 생 쉴피스 성당으로 피신했다. 비가 그치기를 기다리는 동안 성당 안을 거닐며 그녀가 겪는 어려움에 관한 이야기를 나눴다. 그러던 중 외젠 들라크루아Eugène Delacroix의 마지막 작품인, 천사와 씨름하는 야곱의 모습을 담은 경이로운 프레스코화를 마주하게 되었다. 나는 이 걸작에 대해 잘 알고 있었기에 그녀에게 작품의 이야기를 해주어야겠다는 생각이 들었다. 강 근처 숲에서 야곱은 행인과 씨름하고 있다. 실은 그 자가 하나님이 보낸 천사인 줄도 모르고 말이다. 야곱의 일행은 이미 강을 건너 멀어져가고 있었기에 그는 혼자였다. 자신이 이

내가 여기 있어요

길지, 혹은 어떤 일이 벌어질지 알지 못한 채 초인적 힘을 가진 낯선 이와 밤이 새도록 집요하게 싸운다. 이 끈질긴 인간과의 씨름이 끝나지 않을 것을 알고 천사는 새벽 미명에 야곱의 환도 뼈를 부러뜨리며 이제부터 그의 이름은 야곱이 아니라 이스라엘이라 선포했다. 천사는 '하나님과 겨루어 이긴 자 (혹은 '하나님은 강하시다')'라는 뜻을 가진 새 이름을 주고 그를 축복한다. 야곱처럼 우리도 삶과의 씨름 이후에 절뚝거리고 괴롭지만, 변화되고 흔적을 지닌 채 나오기도 한다.

이렇게 홀로 있고 심지어 버림받았다 느끼는 순간, 도저히 극복할 수 없어 보이는 시련에 직면하여 확신 없는 싸움을 이어나가야 하는 순간에 대하여 폭풍이 지나가는 동안 이야기를 나누어 갔다. 이런 순간들이 어떻게 우리를 상처입히고 또 발전시키는지도. 훗날 그 환자는 그날 나눈 대화가 얼마나 감동과 위안을 주었는지 말해주었다. 그렇게 치료가 지속되었다….

책이 주는 위로

우리를 위로하는 예술의 형태에는 당연히 독서가 포함된다.

읽는 법을 배우기 전부터 우리는 이미 이야기 듣기를 좋아한다. 이야기를 꾸며내고, 말하고, 경청하는 능력은 인류의 특징이며 지식·사회적 규범·종교 등 문화 계승 측면에서뿐만 아니라 위로의 측면에서도 여러 결과를 가져왔다. 그 예시로, 심각한 호흡기 질환을 앓고 있어 병원에서 집중 치료를 받는 등 스트레스가 높은 환경에 처한 평균 7세 아동(5세~9세)을 대상으로 실시한 연구가 있다. 결과에 따르면 낯설더라도 친절하고 숙련된 성인이 30분가량 책을 읽어주자 신체적 고통이 줄고 정서적으로 안정되는 등 아이가 주관적으로 느끼는 스트레스가 완화되었다. 뿐만 아니라 생물학적인 측면에서도 효과를 확인할 수 있었는데, 스트레스 지표인 코르티솔 수치가 감소되고, 혈액 내 옥시토신(항스트레스 효과가 있는 것으로 알려져 있으며, 애착과 정서적 유대감 및 신뢰에 작용하는 신경 전달 물질) 수치가 증가했다.[25]

비교군 아이들의 경우 이야기를 읽어주지 않고 30분가량 대화만 나누었는데, 역시 상태가 호전되었으나 상대적으로 효과가 확연하지 않았다는 사실은 주목할 만하다. 위로는 오직 친밀한 관계를 통해서만이 아니라 함께 이야기를 읽는 행위로도 전해진다!

물론 성인에게도 마찬가지로 적용된다. 이 주제를 연구하면서 특히 완화 치료나 만성 질환 치료의 측면에서 유사한 접근이 여럿 있어왔음을 확인했다.[26]

"독서를 통해 우리는 깨달음을 얻고, 별다른 노력 없이도 비범한 인생을 무수히 경험한다. 강렬한 감각을 정신적으로 체험하고, 굉장하고 믿을 수 없는 모험을 겪고, 개입하지 않은 채 개입하며, 이를 통해 값을 거의 지불하지 않고도 본인이 가졌던 관념보다 더 아름답고 더 심오한 사고력을 형성하게 된다. 요컨대 우리의 존재와 가능성에 무한한 감정과, 허구의 경험과, 타인의 견해를 더하는 것이다."[27] 폴 발레리의 이 판단은 열정으로 가득하진 않지만, 무척 정확하다.

어려운 시기를 거칠 때는 우리를 타인의 삶의 경험으로 데려다주는 이야기가 특히나 소중하다. 주기적으로 소설을 읽으면 공감 및 사회적 관계 능력이 향상된다는 사실은 여러 연구 결과로 증명되었다. 이야기는 주

내가 여기 있어요

인공과 일체감을 느끼고, 세상과 타인에 대한 그들의 관점을 이해할 수 있도록 도움으로써 고통을 포함한 삶의 경험을 현격히 풍성하게 한다.[28] 독서를 통해 우리와 유사한 타인의 존재적 투쟁을 관찰하고 이해할 수 있으며, 슬픔에 함몰되지 않도록 영감을 얻을 수 있다.

오늘날 언어가 감정을 위시한 뇌 기능에 주는 영향에 관해 수많은 연구가 진행되고 있다. 예를 들어 사진 속 얼굴에 보이는 감정(두려움, 분노, 슬픔 등)을 발화하도록 했을 때, 그렇지 않았을 때보다 흔히 '감정 뇌'라고 부르는 편도체 반응이 감소하고 그 주변, 그리고 전전두엽 피질(감정의 컨트롤 타워)의 활동이 증가한 것을 볼 수 있었다.[29] 거미 공포증이 있는 실험 대상자의 경우, 병에 가둔 커다란 거미에게 다가가면서 본인의 감정을 묘사하도록 하자 신체적 스트레스 반응이 감소하고(낮은 피부 전도도), 병에 더 가까이 (이성으로 통제하거나 다른 생각을 해야 했던 다른 실험 대상자들에 비해) 다가갈 수 있었다. 공포, 분노, 슬픔에 언어를 결합하면 감정의 강도를 낮추고 보다 잘 직면할 수 있다.

이것이 독서 중에 작동하는 위로의 사슬이다. 개인적 느낌과 모호한 감정에 적절한 단어를 결합하고, 시련을 겪는 사람과 동행하며 그들이 어떻게 헤쳐 나가는지 발견하는 것이다. 독서를 통해 무엇이 우리에게 영향을 미치는지 이해하고, 해야 할 일을 계획할 수 있다. 그러다 보면 어느 순간 지혜 혹은 힘을 갖고 삶으로 돌아온다. 이렇게 책이 변화의 장소가 아닌, 이야기로 도피하는 은신처가 될 위험을 피하게 된다. "책은 말한다. 그녀가 이렇게 한다, 그 이유는 이러이러하다. 삶은 말한다. 그녀가 이렇게 한다. 책 속에는 많은 설명이 들어있다. 삶에는 설명이 없다. 책을 더 선호한다 해도 놀랍지 않다."[30]

한 여름날 오후, 두 권의 책

어느 여름날 오후, 신장 대수술 이후 요양 중인 이가 친구에게 선물 받은 중국 시집 두 권을 커튼 뒤의 희미한 불빛에 비추어 읽고 있다. 모르핀 투약에도 불구하고 여전히 아프고, 아주 조금만 움직여도 어마어마한 고통이 따른다. 수술 경과와 생체 검사 결과도 걱정이다. 그러나 이 순간 그는 완벽히 위로받았고, 마치 평화와 안정의 오아시스에 있는 듯하다. 그는 현재의 작은 순간, 특히 아프고 몸져누웠을 때 남는 것에 대한 짧은 시를 연속해서 읽는 것에, 두꺼운 종이로 수수하고도 멋스럽게 제본된 책의 아름다움에, 여름의 이 시각에 느낄 수 있는 깊은 평온에, 방치가 아닌 휴식인 지금의 고독에, 그리고 무엇보다, 페이지를 넘길 때마다 얼굴이 떠오르는 친구들로부터 이 책들을 선물 받았음에 (본인이 책을 구입했을 때보다 백배는 더) 완전하고 깊이 있게 위로받았다. 다음은 시집에 수록된 〈봄에 부르는 작별의 노래 (送春詞)〉라는 시이다.[31]

사람들은 매일 조금씩 늙어 가네
해마다 봄은 돌아오고
술잔에는 정다운 기쁨이 남았네
그런데도 어찌하여
꽃잎이 날아감을 아쉬워하는가?

내가 여기 있어요

시처럼 위로하기

나는 시야말로 위로의 필요성과 고통으로부터 가장 영감과 영향을 받은 문학의 형태라고 생각한다. 앙드레 콩트-스퐁빌은 냉철한 철학가의 시선으로 시를 정의했다. "시는 주어진 담론, 음악, 감각과 진실로부터 감정이 탄생하는 불가분하고 대체로 불가사의한 통합이다. 노래하고 감동시키는 진리이다. 시체(詩體)나 운문과 혼돈해서는 안 된다. 운문이 끝까지 시적이기 어렵고, 산문이 순간순간 시적일 수 있다."[32]

로자 룩셈부르크는 감옥에서 시의 효력에 관해 이야기했다. "단어의 음악과 시의 기이한 마법이 나를 잠잠히 안고 달랩니다. 어떻게 아름다운 시 한 편에 이토록 깊은 영향을 받는지 나조차 알 수 없어요."[33]

시가 간결하거나 멋진 단어, 혹은 신비로운 방식으로 우리의 고통과 희망을 이야기할 때, 시의 형태는 청자로 하여금 더 멀리 나아가 공백과 막연함을 채우고 불분명하게 느낀 것이 무엇이었는지 분명히 표현하게 한다. 시는 언제나 쓰인 것보다 더 많은 이야기를 한다. 모호한 느낌과 명확한 단어 사이의 간극이 가장 크고, 타인 곁의 자기 자리를 발견하는 환희가 가장 강렬하며, 더는 혼자가 아니라는 안도감이 가장 클 때가 바로 시를 읽을 때이다.

많은 작가들에게 있어 시 쓰기란 위로의 한 형태이며, 폴 발레리가 언급하였듯이 그들의 손을 이끄는 것은 (머리가 아닌) 마음일 때가 많다. "마음속을 희미하게 스쳐 지나간 것을 단어로 강하게 붙들어낸 시인들의 위대함."[34]

시적 위로의 말은 책 속에서만이 아니라 일상에서도 피어날 수 있다. 병원에서 죽어가는 어린 딸의 침대 곁에 앉은 어머니가 옆에 있는 간호사에게 걱정스럽고 절망스럽게 묻는다. "아이가 어때 보이세요?" 간호사는 나지막이 속삭인다. "아름다워요…." 시적이고 근사한 대답이다. 솔직하고, 선하고, 지혜롭기에 위로를 준다. 의학적 상태에 대한 불필요한 정보에서 벗어나, 고통을 천천히 본질로 가져온다. 다가오는 죽음이 아니라, 그 어린 소녀, 존재 자체와 아름다움과 그녀의 이야기로.[35]

　　얼마 후 여동생을 잃은 오빠에게 학교 교장은 이렇게 말했다.[36] "네가 겨울을 견디고 봄을 믿을 수 있도록 돕기 위해 우리가 여기 있단다." 비탄 속에서 솟아나 우리를 우울한 일상에서 놀라움으로 경탄케 하는 이 시(적인 말)에 감탄하였다.

시를 통해서 위로에도 해당되는 독특한 현상을 발견할 수 있다. 과도한 위로는 결국 위로가 되지 못하듯, 지나친 시는 오히려 역효과를 불러일으킨다는 점이다. 이 책을 쓰면서 시의 위로가 작동하는 방식을 이해하고자 여러 권의 시집을 통째로 읽다 보니 금세 과장된 문체와 고전의 장중함, 낭만주의의 눈물이 과도하다고 느껴졌다. 너무 한탄만 하는 시는 어느 순간부터 위로보다 **동반 탄식**을 자아낸다("우리의 불행으로 함께 울자"). 그래서 더 절제되고 더 드문 것을 열망하게 되었다. 마찬가지로 가까운 이를 위로할 때 지나친 연민에 빠지거나 고통에 함께, 오래도록, 반복적으로 정체되어서는 안 된다. 곁에서 움츠리는 것에 그치지 말고 최선을 다해 삶과 움직임을 불어넣으며 주변의 세상에 다시 합류하도록 도와야 한다.

위로의 작은 음악

위로의 세계에서 음악은 특별한 위치를 차지한다. 어떤 **말**도 격려도 없지만, 때로는 온화하고 다정한 고통, 부드러운 슬픔의 고통을 통해서조차 안정과 도움을 주기도 한다. 오늘날 우리는 좋아하는 음악을 들으면 대뇌의 광범위한 영역이 활성화되며, 기쁨이나 애정적 애착과 관련된 신경 전달 물질인 도파민과 옥시토신이 분비된다는 사실을 알고 있다.[37]

하지만 기분 좋아지게 하는 음악이 반드시 흥겨울 필요는 없다. 아름답고 슬픈 음악도 도움이 된다. 울적한 기분을 달랠 때 본능적으로 찾는 음악은 흥겹거나 활기차기보단 (이런 음악은 주로 이미 느끼고 있는 긍정적인 기분을 고양할 때 듣는다) 오히려 우울할 때가 더 많다.[38] 이것으로 위로가 이루어지기 위해서는 우선 고통을 인정해야 한다는 사실이 어느 정도 증명된다. 음악은 우리로 하여금 움켜쥔 것을 놓고, 더 수월하게 빠져나오기 위해 슬픔에 조금 더 깊이 침잠하기를 요청한다.

친구를 잃은 뒤 새뮤얼 바버Samuel Barber의 〈현을 위한 아다지오Adagio for Strings〉를 들었던 기억이 난다. 그 음악이 내 마음을 지독한 슬픔으로 후벼 파는 것 같았지만 동시에 이 시기를 지나가기 위해서는 이 비탄의 끝까지 가야 할 것만 같은 기분이 들었다. 마치 과거 의사들이 '슬픈 기분'을 내보내기 위해 사혈을 했듯이, 음악이 내 안에 넘쳐나는 고통을 빠져나가게 했다.

음악의 우주에서 노래는 시와 음악 사이의 중간 다리 역할을 한다. 경쾌하고 흥겨운 가사가 주는 기쁨이든, 슬픈 가사가 들려주는 고통이든, 노래는 시적으로 타인을 위로하는 가장 보편적인 방식이다. 그렇기에 70% 이상의 청년(15세에서 31세 사이)들이 마음을 달래고자 음악에 의지하는 것일 터다.[39]

또 다른 연구에 의하면 슬픈 음악은 강렬한 슬픔을 불러일으키기보다는 우수(그리움)에 젖게 한다.**40** 나 자신과 과거와의 관계를 회복하는 미묘한 감정인 그리움은 또 하나의 자기 위로 메커니즘이다.

엄청난 시련이나 다가오는 죽음 앞에서도 음악의 효능은 작아지지 않는다. 나는 자폐 아동과 알츠하이머 환자, 완화 치료 환자를 위해 연주하는 첼리스트 클레르 오페르트Claire Oppert의 아름다운 이야기를 참 좋아한다. 그녀가 갑상선암 말기 환자였던 조르주 씨의 방에서 연주했던 어느 날 일어난 일이다.**41** 어떤 음악을 듣고 싶으냐는 물음에 그는 "당신이 원하는 그 어떤 곡도 다 좋소, 아름답기만 하다면!"이라고 대답했다. 그녀는 토마소 알비노니Tomaso Albinoni의 〈아다지오Adagio〉와 샤를 구노Charles Gounod의 〈아베 마리아Ave Maria〉를 연주했다. 음악이 방을 가득 채웠다. 약병과 플라스틱 물병, 근심하는 아들이 앉아 있는 인조 가죽 안락의자를 비롯한 모든 것이 순간의 강렬함에 지워진다. 조르주는 음미하고 있다. 눈을 감고 베개에 머리를 뉜 채 울면서 웃는다. 다시 정적이 찾아오자 그가 두 손을 모으고 말했다. "당신으로 인해 제 마음에 기쁨이 찾아왔습니다. 고맙습니다, 고맙습니다, 고맙습니다. 다른 사람들에게도 이 기쁨을 전해주세요."**42** 위로는 아주 적으나마 마음에 기쁨을 주는 일이다. 단 한 곡의 음악을 듣는 시간 동안만이라도 말이다.

지금까지는 듣는 음악만 이야기했지만, 우리가 연주하고 노래하는 음악도 있다. 이는 자연에서 걷기처럼 우리에게 복합적 위안을 준다. 직접 악기를 연주하거나 노래를 부르면 행동의 위로와 음악의 위로를 모두 받을 수 있다. 근심이 있을 때 악기를 연주하면 몸 전체와 정신을 사용하고, 영혼을 진정시키고, 관심을 사로잡고, 음악을 통해 감정을 쏟아냄으로써 완전한 회복이 가능하다. 중요한 것은 완벽한 실력이 아니라 위로를 호흡하고 고통과 음악의 전율을 일치시키는 것이다.

고통을 글로 쓰기

스스로 위로하기 위해서 음악을 들을 뿐 아니라 직접 연주할 수 있듯이, 글을 읽는 데에 그치지 않고 직접 써 보면 또 다른 형태의 위안을 얻을 수 있다.

간혹 우리는 일기 쓰는 행위가 자기도취적이고 대수롭지 않다고 여기기도 한다. 많은 이들이 청소년기에 일기를 쓰다가 이내 그만두었다는 점이 이러한 가치판단을 강화한다. 다소 미성숙하고 다소 자기애적인, 어린 시절의 일시적인 변덕에 지나지 않는다고 생각하는 것이다. 이는 잘못된 생각이다. 내면의 감정을 글로 쓰는 일은 자신이 누구인지 알 수 있는 완벽한 방법 중 하나이다.

시오랑은 『절망의 끝에서Pe culmile disperării』[43]에서 글쓰기가 주는 위로의 힘에 대해 분명히 말한다. "살아남기 힘든 경험이 있다. 그런 경험을 마치고 나면 그 무엇도 의미가 없다고 느끼게 된다. [⋯] 그럼에도 우리가 계속해서 살아간다면, 이는 오직 객관화를 통해 끝없는 긴장을 완화하는 글쓰기의 은총 덕분이다."

앞서 언급했듯 주로 청소년기에 일기를 쓰기 시작하는 이유는 바로 자신을 발견하고 존재하는 불안과 어려움이 가장 큰 시기이기 때문이다.

자신에 대해 글을 쓰는 일은 본인의 속도에 맞추어 고요하고 친절하며 신중하게 위로하는, 먼 곳에 있는 미지의 누군가와 부드럽게 대화하는 것과 같다. 이것은 과학적으로도 증명된 바 있으며, 미국의 심리학자 제임스 페니베이커James Pennebaker가 이끈 선구적 연구[44] 이후로 일기의 유익힘에 관한 수많은 자료가 수집되었다. 삶의 고통스러운 시기를 단어로 표현하는 것은 회복을 돕고 건강을 호전시킨다. 초기에 이루어진 연구 계획은 단순했다. 별다른 심리적 문제가 없는 자원자들에게 인생에서 가장 충격적이었던 경험에 대해 4일간 매일 15분 동안 멈추지 않고 (주제를 피상적이지 않고 진정성 있게 다루게 하기 위해서였다) 적게 했다. 사전에 참가자를 두 그룹으로 나누어 한쪽은 감정을 심화하면서 글을 쓰게 하고, 다른 쪽은 상대화하고 흥분을 가라앉히면서 글을 쓰게 했다.

연구 막바지에 이르자 감정을 '심화'했던 그룹은 '상대화'했던 그룹에 비해 중기적인(보름) 감정적 평온함과 장기적인 객관적 건강 상태의 개선(이듬해 병원에 간 횟수 감소)으로 일기 쓰기의 실익을 확연히 보였다. 즉 고통에서 회복하고 빠져나오려면 먼저 고통에 잠식되지 않은 채 그 밑바닥까지 내려가는 경험이 선행되어야 한다.

이후 진행된 수많은 유사 연구 결과 글쓰기의 위로 메커니즘 중 하나는 고통스러운 경험의 재구성임이 드러났다. 경험의 재구성을 거치지 않으면 꼬인 실처럼 혼란한 마음 상태에 머무르기 쉽다. 사람의 정신은 맑을 때보다 혼탁할 때 더 큰 손상을 입는다. 확실성에 대한 불안은 부정적이나마 우리를 행동으로 이끄는 반면, 불확실성에서 비롯된 불안은 계속 되돌아보게 한다. 그렇기에 불확실한 감정을 일관성 있는 글로 적게 하면 도움이 된다.

나는 머지않은 미래가 걱정이다. 전화 통화와 이메일, 문자 메시지의 사용으로 사람들의 표현 습관이 변화하며 즉각적이고 신속한 상호 작용이 교류와 자기 성찰을 대체함에 따라 글이 점차 사라지고 있으니. 우리 안의 사회적 동물성에는 유익할지 모르는 일이다. 하지만 정신적 동물과 그의 감성 지수에는 딱히 그렇지 못할 것이다. 심지어 편지를 주고받음으로써 얻는 위로에는 더 부정적인 영향을 준다. 앞서 조르주 상드와 로자 룩셈부르크의 유려한 서신을 살펴본 바 있다. 편지가 아닌 이메일이나 문자 메시지였다면 그만큼 강력한 위로를 주지 못했을 것이다. 교류의 디지털화가 우리의 **상호위로** 능력을 약화할까? 몇 년 안에 알 수 있으리라….

돌아가신 어머니를 위한 묘비

세상에서 동떨어진 채 칩거하며 살아가는 무명의 시인이자 작가인 환자를 치료했던 경험이 있다. 그는 어머니를 여읜 후 병적인 애도를 경험하며 힘겹고 어두운 시기를 보냈다. 어머니의 생전 마지막 모습들이 끊임없이 떠오르고, 슬픔과 죄책감에 짓눌렸다. 이렇게 강도와 지속성 면에서 과도한 비탄은 그가 세상과 유지하던 미미한 관계를 산산조각 내고, 스스로에게 잠식되게 하였다. 나는 그에게 다른 치료보다도 묘비 작성을 해 볼 것을 제안하였다. 문학에서 묘비는 사라진 이를 기리는 글을 가리킨다.[45] 무질서하게라도, 멋진 문체나 아름다운 문장을 무시하고라도, 마지막 날들과 임종의 순간뿐 아니라 삶과 행복과 기쁨의 이미지 등 어머니에 관한 모든 기억을 적어보라는 지침을 주었다. 그는 너무나 상심이 큰 나머지 초반에는 이마저도 어려워했지만 나를 믿고 노력해 주었다. 그러자 죽어가는 형상이 아니라 살아있고 완전한, 어머니를 충실하게 반영한 초상(肖像)이 그의 슬픔 속에서 점차 모습을 드러냈다. 삶의 끝이라는 어둡고 슬픈 연막 뒤에서 다시 생생한 어머니의 모습이 마음속에 되

살아나자, 그의 괴로움은 조금씩 위로에 자리를 내어주었고, 부
서질 듯했던 위로가 점점 찬연해졌다. 잊었던 기억이 글을 쓰는
행위를 통해 다시 떠오르는 동시에 문자로 표현되었다. 그는 글
을 쓰며 자주 울었지만, 그 눈물은 부드럽고 온화하며, 고통에
서 벗어난, 위로의 눈물이었다.

슬픈 황홀경과 위로를 주는 몰입

역경 가운데 예술의 아름다움으로 위로받는 모든 순간을 나는 슬픈 황홀
경이라 칭한다. '황홀'은 고통에서 탈출한 듯 완전히 벗어났다는 의미이
기 때문이다. 해결된 것이 없다 해도 슬픈 황홀경을 경험할 때 우리는 위
로받았다고 느낀다. 이렇게 우리는 매일 고통과 죽음을 잊게 하는 인생으
로 인해 황홀하다.

하지만 예술적 감수성과 수용성이 참여와 집중, 심지어 몰입까지 요
한다는 사실을 언급할 필요가 있을까? 심미적 감정의 경험에 관한 최근
연구에 따르면 우리가 다른 일에 정신이 팔려있을 경우 이 감정의 빈도나
강도가 낮다고 한다.[46] 그리고 다른 연구 결과 안정적인 집중은 긍정적인
감정을 활성화하는 반면 산만함은 고통스러운 감정을 강화한다.[47]

여기에서 즐겁게 해주는 효과는 상당하지만 위로 효과는 미미한, 영
상물과 소셜 네트워크를 통한 '기분 전환' 문제가 대두된다. 위로 효과가
적다는 것은 과도한 인터넷 활용이 불안을 가중시키고 자신감을 하락시
킨다는 사실에 근거한다.[48] (인터넷 서핑이나 소셜 네트워크 둘러보기, 잡지의 이미
지와 제목만 훑어보기 등) '주의를 분산시키는 기분 전환'은 분명 고통을 유예
시키지만, '심도 깊은 기분 전환'이 갖는 위로적 가치와는 격차가 크다.

내가 여기 있어요

명상, 지금 이 순간의 위로

행동과 움직임이 위로를 주는 반면, 명상을 하려면 정지해야 한다. 관계에서 위로가 발생하는데, 명상은 혼자 하는 것이다. 세상의 아름다움으로 위로받는다 했건만, 명상할 때는 눈을 감아야 한다. 논리적으로 따져보면 명상은 위로와 결이 맞지 않는다. 그런데 명상과 위로는 완벽한 조화를 이룬다. 이를 어떻게 설명해야 할까?

아마도 첫 번째로, 명상은 겉보기와 달리 눈을 감고 근심거리를 되새기는 것이 아니라(이것은 위로가 될 수 없다), 감정의 끝까지, 밑바닥까지 가는 것이기 때문이리라.

두 번째로, 명상을 통해 세상을 보는 평화롭고 밝은 시선을 배양하고, 그것을 지향하는 정신적 수양을 하기 때문이리라. 두 눈을 감고 가만히 있는 것은 과정에 지나지 않는다. 모든 형태의 슬픔을 직면하기 위해 필수적인 평점심과 변별력이라는 두 무기를 지닌 정신으로 서서히 변화한 뒤에 삶으로 돌아온다.

마지막으로, 어쩌면 현대 사회에서 우리가 수행하는 명상에는 고통의 소멸을 지향하는 동양적 뿌리가 남아있기 때문이리라. 혹은 승화와 구원을 찾는 서양적 뿌리일지도 모른다. 이 모든 것은 틀림없이 위로에 긍정적인 영향을 준다.

여러 종류의 명상 중에서 오늘날 전 세계적으로 가장 많이 시행되는 것은 바로 마음챙김 명상인데, 접근이 쉬울뿐더러 과학적으로 가장 널리 입증되었기 때문이다. 이는 '지금 이 순간'에 몰입하는 것으로 시작한다. 현재의 경험에 집중하며 한 걸음 물러서서 지켜본다. 호흡과 신체를 느껴

189

보고, 소리를 받아들이고, 생각의 흐름과 소란을 관찰한다. 그다음 현재와 현실에 닻을 내린 뒤 마음의 상태와 세상을 향한 시선을 주의 깊게 관망한다.

묵상, 호흡 그리고 자기 위로

어느 날 아침, 한 젊은 여성이 스스로를 다독이려 애쓰고 있다. 불행한 결혼 생활에 어떤 결정을 내려야 할지 고민한다. 헤어질 것인가, 아니면 관계를 유지하고자 노력할 것인가. 어느 쪽이든 두렵고 각 선택지의 어두운 부분만 보인다. 한편에는 이별의 복잡함과 아픔, 다른 한편에는 천천히 숨통을 조이는 사랑 없는 결혼 생활, 걱정, 슬픔, 무력감, 쉬운 것 하나 없는 해결책까지 모든 요소가 그녀로 하여금 출구 없는 고통 가운데 스스로를 가두게 한다. 바깥 날씨는 환상적이고 풍경도 아름답다. 그녀는 명상과 묵상으로 안정을 취하기로 결정한다. 그러나 푸른 하늘의 위로도 충분하지 않다. 마치 봄 하늘에 세차게 쏟아지는 우박처럼 수많은 생각이 급격하게 몰려온다. '그래, 날씨가 좋으면 기분도 좋다. 그래, 아무 소용없이 걱정을 곱씹느니 하늘을 묵상하고 호흡하는 편이 낫지. 그런데 걱정 없이 하늘을 볼 수 있으면 더 좋겠어. 아무것도 해결되지 않겠지만…' 그리고 이어서 생각한다. '사실이 그럴지라도, 그래서 뭐? 이 상황을, 이 고통을 어떻게 해야 해? 호흡하고 묵상하고 미소 지으라고?' 여기서 그녀는 도움이 될 만한 무언가를 발견한다. '일단 그것부터 시작하는 거야. 고통과 슬픔. 슬픔에 반해서 호흡하거나,

내가 여기 있어요

슬픔에도 **불구하고** 호흡하지 말고 슬픔과 **함께** 호흡해보자.' 이 말은 즉 "최선을 다해 노력하라. 당장 할 수 있다면 오늘, 안 되면 내일이라도. 슬픔, 후회, 비교에 에너지를 낭비하지 말고 그것을 감당하고 함께 살도록 노력하라. 모든 것을 직면하고 해결하기에 좋은 상태를 유지하라"는 의미이다.

이것은 호흡의 움직임을 명상에 결합하는 **통렌**(tonglen)**49**에서 영감을 얻은 수행법이다. "나는 푸른 하늘이 주는 평온함을 들이마시고 근심과 슬픔의 과잉을 내쉰다. 완전히 지우려는 것이 아니라, 내 정신을 온통 차지하지 않도록 그저 조금만 줄이고자 한다…" 몸이 풀어지고 내면에서부터 '그래, 할 수 있다'는 느낌이 든다. 그녀에게 깃든 재앙, 파멸, 무위, 실패 같은 부정적인 생각과 말들이 지나가는 것이 더 잘 보인다. 스스로에게 부드럽게 말한다. "괜찮아, 너는 할 수 있어. 우리 서로 대화하고 함께 결정을 내리자. 관계 회복이든 이별이든, 어떤 경우에도 앞서가지 말고, 하나하나 차분히 겪어내면서 어떤 일이든 벌어질 수 있다는 사실을 인정하자. 나는 알아, 너는 최선을 다할 거야…"

은신하기

괴로움에 빠져있을 때 명상이 우리에게 허락하는 피난처는 환상이 아니라 현재에 자리한다. 시련의 폭풍우가 우리를 둘러싸 어디에도 피신할 곳이 없을 때, 그럴 때 그 자리에 머무르는 것부터 시작한다. 다만 적절한 장소에서, 자기 자신의 중심에서 머무르는 것이다. 그 중심에는 고통 또한 남아있다. 그러나 시간을 들여 오랫동안 느끼는 호흡의 감각과 몸의 감각과 들리는 소리를 고통 옆에 초청한다. 나 자신을 분리해 생각을 키우지 않고 그저 관찰한다.

단순히 관심의 일부만 고통에서 끌어오는 것이 아니라 고통을 분해하고, 감정과 생각과 충동을 해결해야 한다. 고통의 덩어리 전체를 짊어지고 짓눌리는 대신 더 면밀히 관찰하며 부분 부분 해체한다. 이렇게 세분화하고 분해하면 혼란의 파괴적 힘과 지배력이 약해진다. 그러고 나면 정신적 찌꺼기, 과도한 불행, 불필요한 두려움이 씻겨나가 한결 가벼워진 불가피하고 본질적인 현실의 고통만이 남게 된다.

고통을 자세히 들여다보기

명상은 고통을 직면하게 함으로써 우리를 위로한다. 고통을 인지하고 받아들이게 한다. 왜곡된 시선과 판단, (고난을 재앙으로 바꾸는) 확대 해석, (영원히 지속될 것이며 결코 해결되지 않으리라는) 예측, 개인화 ('항상 나한테만 비가 오지'), (위로를 부르기도 하지만 억제하기도 하는) 불평 등 고통을 복잡하게 만드는 상처를 모두 씻어내도록 도와준다.

고통에 관한 이 모든 가상적 과잉 앞에서 명상은 그 암적 부산물에서 분리되어 오로지 고통의 현실에만 집중할 수 있도록 돕는다. 프랑스의 작가 스탕달Stendhal도 정확히 같은 생각을 했다. "고통을 자세히 들여다보는 것은 스스로 위로하는 방법이다."[50]

명상은 자신과의 정기적인 조우이기에, 매일 고통을 마주하는 법을 배울 수 있다. 그리고 이 정기적이고 합의된 동행으로 말미암아 불안을 줄이고, 고통에 잠식되지 않은 채 귀 기울이고, 괴로움을 덜 겪을 수 있는 능력이 생긴다. 또한 삶을 아름답게 만드는 모든 것을 가까이하는 법을 배운다. 삶에서 행복한 순간을 명상할 때면 그 행복이 우리 안에 더욱 깊이 자리하기 때문이다.

세상을 향해 마음 열기

명상은 관점 훈련이라 봐도 무방하다. 명상을 통해 삶에 대한 시각을 넓히고, 더 멀리 바라보며, 자신에게서 멀어지기 때문이다. 빅토르 위고의 표현처럼 말이다.

> "신비롭고 평온한 하늘을 바라보면
> 그 광대함으로 인해 그대의 영혼이 확장된다."[51]

이 시적인 언어를 신경학 용어로 번역해 보자면, 명상은 두정엽 왼편에 작게 위치한 방향성과 결합 영역을 비활성화한다. 그 결과 위로를 발생시키는 자기 해체를 느끼게 된다.[52] 주기적으로 하늘을 바라보면 주관적이고 생물학적인 스트레스 수치가 낮아져 우리에게 유익하다는 연구 결과도 있다.[53] 명상은 결국 눈을 감은 채 수평선을 바라보는 방법이지 않은가?

다음은 보뱅의 통찰력 있는 견해이다. "현재로서는 내가 세상에 있지 않은 이 순간 세상이 내는 소리를 듣는 것으로 족하다."[54] 명상을 하는 또 다른 이유는 우리 고통에 무관심한 세상을 관찰하고 상심하려는 게 아니라, 그로 인해 평온을 얻으려는 것이기 때문이다. 외부의 안녕, 즉 하늘과 자연의 평온함을 받아들이는 것은 마치 죽은 자들에게 빌어주는 영원한 평화와 같다. 다만 우리는 사는 동안 평화를 얻으려 한다는 점이 다를 뿐이다.

때때로 고통은 지나치게 관심을 요구한다. 그럴 땐 세상이 우리를 도울 수 있고, 우리와 마찬가지로 가득한 고통에도 불구하고 그저 침착할 뿐 무관심한 것이 아님을 기억하는 것이 도움이 된다. 그리고 그 침착성에 젖어 들어보자.

충만감을 받아들이기

간혹 명상을 통해 평온한 감정이 떠오르기도 한다. 더는 그 무엇도 필요하지 않고, 그 어떤 욕구나 결핍도 없이, 필요한 모든 것이 충족된다. 이러한 충만감은 즐거움과 위안을 줄 뿐 아니라, 내적 평화는 결코 멀리 있지 않으며 고통과 고난에 대한 위로는 언제나 우리 생각보다 가까이에 있다는 깨달음을 준다.

그럴 때면 끊임없이 문제에 대한 해결책을 찾아 헤매는 일이 우리를 파괴하리란 사실을 직관적으로 이해하게 된다. 새로운 문제는 언제나 나타날 것이고, 따라서 언제나 새로운 해결책을 찾아야 하기 때문이다.

명상은 우리에게 주기적으로 다른 세계로 넘어갈 기회를 준다. 이 세계에서 중요한 것은 해결해야 할 문제보다도, 우리의 존재적 피로에 주어지는 불확실하고도 반복적인 은총에서 오는 위안이며, 충만과 영원함의 감각이다.

명상은 도피가 아니다. 명상이 끝나고 고난이 지배하는 물질세계로 돌아올 때 우리는 더 강하고, 차분하며, 창의적이고, 유연하다. 모든 연구 결과가 이를 증명한다. 그렇기에 정신 병리학과 심리 치료에서 마음챙김 명상을 활용하며, 이를 통해 불안증이나 우울증 등을 겪는 환자들이 한 걸음 물러나 자신의 어려움을 새롭게 바라볼 수 있도록 큰 도움을 준다.[55]

진심으로 동의하기

마지막으로, 명상은 위로의 말을 듣고 받아들일 수 있게 돕는다. 위로의 말이 진실하며 우리에게 필요하다는 사실을 알지만 거의 항상 내면의 방해물이 존재한다. 슬픔과 고통을 겪고 있기에 진심으로 받아들이고, 흡수하고, 소화하지 못하는 것이다. 우리의 마음이 위로를 거부한다. 격려의 말을 머리로는 받아들였으나 가슴이 따르지 않는 경우가 종종 있기에, 이를 온전히 받아들이는 것은 매우 중요하다.

꾸준한 명상 수행에는 정신적 방어 기제와 완고함을 전반적으로 완화시키는 효과가 있는 듯하다. 그래서 불교에서는 '확신을 무르게 하는 촛불'로 명상을 비유한다. 위로가 표면상으로만이 아니라, 우리 안에 정말 깊이 들어오길 바랄 때 명상은 무척 유용하다. 안도감은 대뇌 피질만 건드리는 것이 아니라("나는 이성적으로 동의/반대하는가?") 신체적 긴장 완화의 시작점인 감정 뇌에 닿아야 한다("이 말을 들을 때 어떤 기분이 드는가?"). 이때 융합과 추출의 절차로서 명상의 중대한 역할이 드러난다. 우리 몸에 위로를 주는 생각이 들어오게 하고, 우울한 감정을 단순한 생각 즉 가설로 전환하여 이의를 제기하고 부드럽게 내보내는 것이다.

따라서 명상은 그 자체로 내면에서 발생한 위로인 동시에, 외부에서 오는 모든 위로를 깊이 받아들이도록 돕는 두 가지 이점을 갖는다. 푸른 하늘이 우리에게 위로로 다가오기 위해서는 그저 객관적 사실이나 관념 이상으로 우리 안에 공명하는 감각, 폭발적이고 파고드는 감정이 되어야 한다. 명상은 머리의 위로를 가슴의 위로로 변화시켜 몸속에 흘려보낸다. 그리고 몸은 머리보다 기억력이 좋아서, 마치 동물이 그러하듯 몸에 베풀어진 선을 결코 잊지 않는다.

인기 있는 자기 계발서에서 자주 볼 수 있는 위로다. 어떤 일이 일어난 데에는 그럴 만한 이유가 있었노라 믿으라고. 운명을 믿고 받아들이는 것이다. "어쩔 수 없었다", "반드시 일어나야 하는 일은 일어난다", "만나야 할 사람은 반드시 만난다", "정확한 타이밍에 벌어진다."

이러한 격언들은 다소 미심쩍은 동시에(타당성의 측면: 운명의 존재 여부에 대해 우리가 대체 무엇을 알고 있는가?) 놀랍다(효과적인 측면: 꽤 자주 위안이 된다). 그리고 목표하는 바가 명확하다. 바로 "이건 정상이 아니야, 운이 없었어"라는 말을 되뇌지 않도록 하기 위함이다.

동요하기 전에 먼저 받아들임으로 시작하는 것은 결코 사소한 일이 아니다. 이 간단한 형태의 지혜가 비생산적이고 소모적이며 유해한 회한의 말을 끊어내도록 도와주고, 정당하고 합당한 슬픔의 감정만을 남기며 탄식이 아니라 행동을 위한 힘을 비축하도록 돕는다면, 주어진 운명을 받아들이는 일은 우리에게 큰 유익과 위안을 줄 수 있다.

시오랑은 이런 식으로 위로를 주기 위해 운명을 사용하는 방식을 조금도 좋아하지 않았다. "불행한 이를 위로하는 최선의 방법은 그에게 저주가 걸렸다고 믿게 하는 것이다. 이렇게 기분을 풀어주면 시련을 보다 잘 견디게 할 수 있다. 저주라는 개념은 선택을 상정하기에, 선택으로 인한 불행이라고 받아들이기 때문이다."[56] 가상의 저주가 주는 위안은 당연히 가설에 불과하다! 하지만 불운이라 할지라도 숙명을 인정하면 무의미한 저항을 단념하고 의미 있는 투쟁을 선택하게 해줌으로써 우리를 진정시킨다.

취업 면접

사촌이 친구와 동시에 취업 면접을 보았다. 굉장히 마음에 드는 자리였으나 둘 다 떨어지고 말았다. 사촌이 매우 실망하여 친구에게 전화했더니 "있잖아, 나중에 보면 그 자리에 취직 안 된 게 오히려 행운이었다는 사실을 알게 될 거야. 그런데 시간이 지나야 깨달을 수 있겠지" 하더란다. 그리고 정말로 두 사람 모두에게 그런 일이 일어났다. 더 좋은 직업을 갖게 된 것이다.

사촌의 이야기를 들은 나는 그토록 이성적이고 근심 많고 까다로운 사람이 어떻게 그런 평범하고 불확실한 말에 위로를 받았느냐고 물었다. 그도 그럴 것이 친구의 말로 그가 정말 사기를 회복했기 때문이다. 잠시 같이 생각해 보았다. 가벼운 역경이기도 했고, 둘이 함께 겪은 덕분이기도 했겠지만, 본인의 미래와 능력에 대한 확신이 있었기 때문에 위안을 받았을 것이다. 그는 이렇게 결론지었다. "일 년 후에 똑같은 일이 다시 일어난다면 그때는 친구가 똑같은 말을 해도 동기 부여되기는커녕 화가 날 거야. 위로의 길은 종잡을 수 없거든!"

그의 말이 사실이다. 그럼에도 위로의 말이 각각 어떠한 방식으로 깊숙이 나아가 우리의 감정을 어루만지고 진정시키며 안정감을 주는지, 혹은 반대로 전혀 회복시키지 못한 채 방어 기제와 부정적인 확신만 튀어나오게 하는지를 이해하려 노력하는 일은 때로 당황스럽기도 하지만 언제나 흥미롭다.

그런데 운명을 그저 믿는 데에서 나아가 특정한 방식으로 믿는 것이 중요

위로의 길

하다! 이는 철학자 알랭이 제언하는 ('운명'을 의미하는 라틴어 fatum에서 나온) 운명론의 관점에 부합한다. "최선을 다했을 때만 운명론을 통해 후회를 덜 수 있다. 운명론으로 스스로를 가장 잘 위로하는 사람들이 행동가인 이유는 이 때문이다. […] 논거의 계기가 되어줄 뿐, 운명론을 미래까지 확장시켜서는 안 된다."[57] 운명을 받아들이는 것은 일어난 일의 분석에 그치지 않고, 그 일이 일어나지 않도록 투쟁하여 패배한 후에 또다시 재발하지 않도록 투쟁하는 것이다. "어쩔 수 없었다"라는 말은 모순이기 때문이다. 묘하게도 과거를 말하는 듯하지만, 실제로는 미래를 바라보게 하고 후회보다 행동을 부추김으로써 우리를 해방시킨다.

그러니 위로받기 위해 운명에 기대는 것이 과연 좋은 아이디어일까? 그렇다. 체념이 아닌 통찰력에 중점을 둔다면, 그리고 슈테판 츠바이크Stefan Zweig가 『어제의 세계Die Welt von Gestern』에서 언급했듯이 순진함과 오만함을 피하고 "위대하고도 위험한 전제인 […] 운명이 파고들 조금의 틈도 없이 인생을 봉쇄할 수 있다는 감격스러운 확신"을 거부할 수 있다면 말이다.[58]

운명을 인정하고 그것이 주는 시련마저 받아들임은 곧 운명이 언제나 우리보다, 그리고 운명을 바꾸려는 노력보다 강력하다는 사실을 인정하는 것이다. 그와 동시에 시련이라는 폭풍을 과거로 간직한 채 위안과 회복의 미래에 시선을 고정하는 것이다.

그래서 나는 알렉상드르 뒤마Alexandre Dumas의 소설 『몬테크리스토 백작Le Comte de Monte-Cristo』 말미에 나오는 "기다리고 희망하라"라는 말의 모호함을 좋아한다. 훗날에 대한 강요된 기대를 희망의 아름다운 미덕에 결합해 위로를 주는 동시에, 같은 희망에 결부된 무력함을 명시하고 있기에 슬프다. 더는 현실을 변화시킬 능력이 없을 때에야 비로소 희망할 수 있다. 변화의 능력이 있다면 그것은 희망이 아니라 우리 안에 내재된 자신감이기 때문이다.

이렇게 운명에 대한 믿음은 우리를 안정시키고 위로할 수 있으나, 결코 우리의 행동을 제한해서는 안 된다. 기다리고 희망하되, 그 무엇보다도, 움직여야 한다.

의미를 추구하는 위태로운 위로

모든 일에는 의미가 있다는 말은 대중심리학이 제시하는 또 하나의 위로다. 우리에게 이야기하고, 알고 싶지 않았던 무언가에 주목하게 하고, 우리의 눈을 열어 명백한 사실을 보는 법을 밝혀주기 위해 역경이 존재한다고 믿게 하는 것이다. 역경이 준다고 여겨지는 메시지가 설사 우리를 아프게 하거나, 이해되지 않더라도 의미를 되새겨야 한다고 생각하게 만든다.

역경에서 의미를 찾는 것은 위로가 될 수 있다. 시련을 슬픔으로 바꾸어놓는 감정은 주로 부당함, 불가해, 불합리함이기 때문이다. 우리에게 닥친 불행의 이면에 어떠한 메시지가 숨어 있을지도 모른다고 믿음으로써 분노와 저항, 죄책감에서 돌아설 수 있으며 메시지의 내용에 따라서는 행동을 향해 나아갈 수도 있다. 특히 병환 중에 있을 때 적용이 가능한데, 우리 자신 혹은 아끼는 이들이 앓는 질환을 마치 우리가 제대로 살고 있지 않았기 때문에, 애써 무시해온 내면의 고통이 있었음을 알리는 신호라고 여기는 것이다. 그렇게 질병은 우리 인생에 **다시 부여하는 의미**를 향해 눈을 열어 줄 수도 있다.

위험

하지만 의미 추구는 위험할 수도 있다. 의사로서 환자가 본인의 질병이 '유의미하다'고 믿게 되는 것이 얼마나 폭력적인지 직접 본 경험이 있다. 두 영역으로 나누어 생각하자. 병과 장애, 시련은 그 자체로 유의미하지 않다. 그저 우연히, 불운하게, 실수로, 혹은 이해할 수 없는 사건 때문에 생겨난 결과일 뿐이다.

반면 난관과 어려움은 우리로 하여금 어제 무얼 했고, 내일 무엇을 하고 싶은지 혹은 무엇을 할 수 있는지에 대해 숙고하게 한다. 이것이 난관과 어려움의 유일한 이점이다. 문제없이 잘 지낼 때는 긍정의 흐름을 타지만, 질병이나 장애, 시련을 겪을 땐 흐름이 우리를 거스르기에 더욱 능동성을 발휘해야 한다. 그렇다면 자기 존재에 어떤 의미를 부여해야 좋을지 고민하게 되는 사람들이 있다. 혹자는 그저 "내 삶의 의의는 가능한 잘 살고, 누리고, 발견하고, 나누는 데에 있다"라고 말한다. 안락하고 어려움 없이 살아온 이들에 비해 큰 시련을 겪어야 했던 이들은 본인의 존재를 보다 풍부하고 밀도 있는 시선으로 바라본다.

그런 측면에서 (시련을) 유산이라 할 수도 있겠으나, 슬픔을 겪고 육신과 영혼이 살아남았을 때에만 적용되는 이야기이다. 고난이 우리 영혼을 죽이거나 영원한 상처를 남길 수도 있다.

때로는 고난과 고통에 어떤 의미도 부여할 수 없고, 그 어떠한 긍정적이거나 계몽적인 영향도 주지 않는 듯이 보일 때가 있다. 결코 일어나지 않는 편이 나았을 일이 있다. 하지만 이미 일어난 일이기에, 계속해서 살아가기 위해 어떻게라도 받아들이려 애를 쓰는 것이다. 그러나 여기에는 거대한 혼란을 겪고 의미의 불모지("살아서 무엇 하나?")를 헤매게 되는 큰 위험이 도사린다.

유익

그렇기에 각각의 시련에 꾸준히 의미를 부여하는 것이 때로 필수적이라 느끼게 된다. 착각일지 몰라도 도움이 되고 위로가 된다. 그리고 의미 추구는 우리 두뇌에 뿌리박힌 보편적인 심리 욕구인 듯하다.

어쩌면 이는 전대상피질의 역할 중 하나일지도 모른다. 불확실성과 돌발 상황에 민감하게 반응하는 이 영역은 스트레스 반응을 활성화한다. 한 실험에서, 우주는 항상 이해되지 않더라도 일관성 있는 법과 규칙을 따른다는 내용의 철학적 텍스트를 읽게 한 참가자들의 경우 어려운 과제를 제시하거나 갑작스러운 대답을 요구했을 때 받는 스트레스가 적었다(전대상피질이 덜 활성화되었다). 종교의 종류와 관계없이 신앙을 가진 이들에게서도 같은 결과를 볼 수 있었다.[59] 의미는 우리를 안정시키고, 그리하여 천천히 위로를 향해 인도한다.

이 위로의 메커니즘을 조금 더 깊이 들여다보면 시련이나 고통에 의미를 부여하는 일이 고통스러운 감정의 정도를 낮추고, 만족스럽고 일관성 있는 내적 이야기("이러이러하기 **때문에** 이런 일이 일어났다")에 대한 확신을 높여준다는 것을 이해할 수 있다. 중요한 점은 이 이야기가 우리를 달래고 삶을 지속할 노력을 계속하도록 격려한다는 사실이다.

의미에 대한 성찰은 부적절한 때에 외부에서 강요되거나, 위로받고 싶지 않은 사람, 심리적 친밀감과 고통의 문을 열고 싶지 않은 상대에게서 오는 **외인성** 성찰보다는 본인 내부에서 일어나는 **내인성** 성찰일 경우가 더 바람직하다.

방향성

그다음으로, 내가 개인적으로 선호하는 접근 방법이 있다. 의미를 **의의**("이 모든 것이 뜻하는 바는 무엇인가?")보다는 **방향**("어느 쪽으로 노력을 기울여야 하는가?")으로 인지하는 것이다. 다시 말해 시련의 원인과 이유가 아니라 결과에서 의미를 찾아야 한다. 시련을 겪은 나의 인생에 이제 어떤 의미를 부여할 수 있을까? 행동에 전념하고 전복된 에너지를 재구성할 때 위로가 찾아올 것이다. 질병이나 사고를 겪은 이후 잃어버릴 뻔했던 삶의 의욕을 되찾을 수 있고, 상을 치른 뒤 고인의 눈에 의미 있었을 행위를 계속하는 것에 집중할 수 있다(자녀의 죽음 이후 재단이나 협회를 창설하거나 봉사 활동을 시작하는 부모들을 예로 들 수 있겠다). 어떤 경우에든 다시 삶이 견딜 만해지기를 기다린 뒤에, 그 경험으로부터 어떤 것을 얻을 수 있었는지, 우리가 어떻게 (불가피하게) 다른 사람이 되었는지 살펴보는 것이 중요하다. 그리고 오로지 그 변화에서만 의미를 찾는 것이다. 꼭 찾지 않아도 좋다.

의미에서 일관성이 나온다. 삶은 일관성 없고 대립적인 요소들의 병렬과 혼합처럼 보이곤 한다. 두려움과 삶의 의욕, 아름다움과 역경, 모든 것이 비논리적으로 뒤섞여있다. 이러한 무질서는 시련 속에 더욱 극대화된다. 그러므로 질서를 어느 정도 회복하는 것이 슬픔을 덜어주는 데에 효과적이다.

내가 여기 있어요

친구의 죽음 이후, 슬프게 하는 말과 위로하는 말

친구(오귀스탱이라 하자)가 몇 해 전 직장 동료(폴이라 하자)를 잃은 이야기를 해주었다. 둘은 직장 생활 내내 업무적으로도, 사적으로도 아주 가까운 사이였다. 그러나 은퇴와 동시에 다소 터무니없는 일로 사이가 틀어져 멀어졌다. 어느 날 오귀스탱은 폴이 암에 걸려 곧 죽는다는 소식을 듣고 그에게 다가가려 했으나, 폴은 정중히 거리를 두며 예전처럼 친밀한 사이가 되기를 거절했다. 그로 인해 오귀스탱은 무척 슬퍼했으며 폴의 죽음 이후 더욱 그러했다.

오귀스탱의 아내와 친구 몇몇이 폴과의 불화와 단호했던 그의 말과 반응, 그리고 진실하지 못했던 태도를 상기시키며 위로해주려 했다. 하지만 오귀스탱은 전혀 위로받지 못했다.

다행히도 옛 동료였던 두 후배가 오귀스탱이 고통스러워하는 이유와 그의 필요를 알아챘다. 그 둘은 회사에 입사했을 당시 오귀스탱과 폴의 우정이 얼마나 멋지고 굳건했으며 그로 인해 얼마나 영감을 받았는지를 편지로 써서 오귀스탱을 위로했다. 그것이 바로 오귀스탱이 듣고 싶었던 진정성 있는 말이었다. 그를 위로한 것은 폴에 대한 비판의 말(아무리 타당할지라도)이 아니라, 그의 좋은 면과 아름다운 우정을 상기시키는 말이었다. 비판은 슬픔의 정당성을 인정하지 않으려 한 반면, 아름다운 이야기는 그것을 인정하면서도 완화시켰다. 슬픔을 허락하고 (쓰라린 감정이 아니라 온화한 감정을 통해) 완화할 방법을 찾는 것이야말로 완벽한 위로의 조합이다. 오귀스탱에겐 우정에 의미를 부여하는 것이 정답이었다. 둘의 우정은 직업적인 것을 넘어서 서로를 존중하고 상호 보완하던 두 인격의 만남이었기에.

따라서 이혼한 사람을 위로하겠다고 시작부터 전 배우자를 비판하는 것은 대개 경솔하고 무지각한 행위이다. 모순적이게도 위로의 첫 번째 단계는 둘 사이에 존재하던 아름다운 추억을 상기시키면서 처음에 그들 사이에 있었던 사랑을 인정하는 것인지 모른다. 비록 더는 아니더라도….

운명과 의미: 우리가 스스로에게 들려주는 이야기

운명을 믿거나 시련에 의미가 있다 여길 때의 공통점은 두 경우 모두 우리가 스스로에게 이야기를 들려준다는 것이다.

운명을 받아들일 때는 마음을 진정시키는 이야기를 한다. 아이가 병에 걸리거나 집에 불이 나는 등 어떤 사건들은 나 자신이나 나의 자질, 나의 노력에 달려 있지 않기에 죄의식을 갖는 것이 무의미하다. 그러나 우연히 발생한 일도 아니므로 두려워할 필요는 없다. 이런 사건들은 불가사의한 결정론과 나보다 더 높이 자리한 어느 손에 의해 쓰였으며, **일어났어야만** 했던 일이기에 곱씹고 고뇌하지 않아도 된다.

의미를 찾을 때는 거의 정반대의 이야기를 한다. 나의 질병, 직업상의 실패, 이혼이나 이별 같은 어떤 사건들은 일부나마 나 자신, 나의 선택, 나의 태도에 달려있다. 무언가 잘못되었다는 신호로 일어난 일이기에 모순이나 부조리가 아닌 단순한 정보일 뿐이다. 내가 더욱 통찰력 있고 지혜로웠다면 이 정보를 감안하여 삶의 방식에 변화를 줄 수 있었을 텐데, 그렇게 하지 않았기에 나를 일깨우기 위해 시련이 왔다. 따라서 이 시련

내가 여기 있어요

은 의미가 있으며, 시련을 받아들임으로써 가르침을 얻고 도움을 받을 수 있으니, 아직 행동할 여지가 있다.

철학자 폴 리쾨르Paul Ricœur는 **서사적 정체성**의 개념을 이론화하였다. 나 자신과의 관계는 이야기에 기반을 둔다. 이 이야기는 본인이 직접 쓴 자신의 삶에 관한 이야기이며, 인과 관계가 복잡하고 불확실하며 이해 불가능한 사건들에 (최소한 우리의 머릿속에서만큼은) 연속성과 일관성을 부여하는 방식으로 작성된다.**60** 그런데 "내가 이야기한 나"라는 우리의 서사적 정체성 안에는 운명(우연에 일관성을 부여한 이야기)과 의미(선택에 일관성을 부여한 이야기)의 자리가 마련되어진다. 그렇게 하는 것이 우리에게 도움이 되기에. 너무 빨리 자라버린 어린이인 어른들조차도 이야기가 필요한 것이다.

우리에게 달린 것

몇 해 전 남편과 이혼하고 어머니마저 돌아가셔 힘든 시기를 보낸 친구의 이야기이다. 우울증에 걸려 약물 치료와 가벼운 정신과적 도움을 받았다. 치료실을 나오며 그녀는 자신의 표현에 의하면 '치료받았으나 갈피를 못 잡고' 있었는데, 언니가 에픽테토스Epictetus의 저서 중 『우리에게 달려있는 것Ce qui dépend de nous』**61** 문고판을 선물해 주었다. 에픽테토스는 시련을 직면하는 데 있어 아주 귀중한 가르침을 주는 고대 스토아학파 철학자였다. 나의 친구는 그 책을 통해 "나에게 달려 있지 않은 부분은 받아들이고, 나에게 달린 부분에 대해 행동하리라"는 본질적 깨달음을 얻었다고 한다. 그리고 이렇게 말했다.

위로의 길

"배우자가 내게 적합한 사람이 아니었고, 또 우리는 결코 적절한 노력을 하지 않았기에 이혼은 우연이 아니었다는 걸 알겠어. 이제 우리 이별이 이해돼. 좋은 쪽으로. 안고 살기엔 너무나 복잡하고 고칠 수 없는 관계에서 우리를 해방시켰고, 다시 부부로서 (아니면 혼자서!) 살 수 있는 판단력을 조금 더 부여한 채 존재의 여정에 우리를 되돌려놓았어. 그리고 어머니의 죽음 또한 아무리 고통스럽다 할지라도 이례적인 사건이 아니라 순리에 따른 일이라는 사실을 깨달았지. 자녀보다 부모가 먼저 죽는 것이 필연적이잖아. 이걸 깨닫고도 여전히 불행하긴 했지만, 슬픔을 더 부과하지 않을 수는 있었어. 내게 일어난 일을 이런 방식으로 이해하고 나니 진정이 되고 위로되고, 다음 장으로 넘어가 미래를 바라볼 수 있게 되었어. 2,000여 년 전에 쓰여진 에픽테토스의 글이 여전히 이렇게 진리에 가깝다니 정말 놀라워!"

신앙이 주는 위로

인류를 위한 가장 거대하고 오래된 위로는 분명 종교이다.
많은 역사학자들은 약 6만에서 8만여 년 전 행해진 최초의 장례 의식이 인류 문명의 시작과 최초의 종교 탄생의 신호라고 본다. 수만 년 전, 우리 조상들이 저세상에서 유용하리라 믿는 물건들(음식, 도구, 보석, 무기 등)을 망자의 곁에 놓는 상상을 하며 어찌 감동하지 않을 수 있는가? 특히 원사 시대 아이들의 무덤은 더욱 가슴을 울린다. 자그마한 시신을 꽃이나 가축과 함께 묻는 부모의 고통과 더불어 이러한 선(先) 종교적 의식이 그들의 슬픔을 달래주었던 방식을 상상해 본다. 위로의 필요성이 종교 탄생에 일조한 것은 아닐까?

물론 종교는 거대한 위로 체계 이상이다. 세상과 세상의 기원 및 미래에 대한 이해 체계이자, 세상의 신비를 겸허히 받아들이는 방식이다. 그런데 종교의 설명적 기능이 영혼의 근심을 안심시킨다면, 슬픔에 잠긴 마음을 다시 따뜻하게 하는 것은 종교의 위로적 기능이다. 종교는 망자에게 내세에서의 새롭고 더 아름다운 삶에 대한 관점을 주는 동시에 장례의식의 위로적 행위와 언어를 통해 살아있는 이들을 집결한다. 독실한 신자였던 나의 장인어른은 우스갯소리로 그런 점에서 신은 창백하고 수염이 텁수룩한, 근엄한 노신사가 아니라, 보다 위안이 되는 인상을 주는 잘 웃고 친절하며 통통한 흑인 여성의 모습이리라 확신한다고 말하곤 했다.

지지하고 안위하는 종교의 심리적 기능이 연구로 증명된 바 있다. 수많은 과학자들은 다음의 세 가지 주요 기능을 발견했다.[62]

- 신앙과 믿음이 시련에 부여하는 의미와 ("너는 모를지라도 신은 그 이유를 알고 있으니 염려하지 마") 소망을 ("애통하는 자는 복이 있나니 그들이 위로를 받으리!"[63]) 통해 안정감을 주는 지지
- 동일한 신념과 세계관을 공유하는 공동체와의 사회적 관계와 지지
- 기도와 의식을 통해 몸과 정신이 진정되는 시간

물론 오직 이러한 위로 효과를 누리고자 신앙을 가지는 사람은 없다. 그

위로의 길

러나 신앙의 긍정적 효과가 이렇게나 많다면 시도해볼 만한 방법이라는 의미가 아니겠냐고 신자들은 말할 것이다.

어느 무신론자의 이야기

아버지가 집에서 돌아가셨을 때 우리는 무력감을 느꼈다. 우리 가족들은 모두 무신론자였고 공산주의 이념으로 가득 찼으며 신앙심이라고는 전무했다. 그런데 지금, 집안에 죽은 이의 시체와 함께 있게 되자, 어찌해야 할지 모르는 일이 닥친 것이다. '송장'은 우리 말에서 가장 끔찍한 단어 중 하나이다.

출관할 때 어머니의 요청으로 우리를 도우러 두 여성이 교구에서 와주었다. 그들이 손을 잡아주었고, 우리는 침상 발치에 서서 기도를 듣고 따라 하며 간결하고 꾸밈없는 강한 말에 담긴 믿음으로부터 기운을 얻었다. 당시 들었던 정확한 표현은 잊어버렸지만, 슬픔에서 평안으로 넘어간 그 날의 기억과 그때의 감정은 내 안에 영원히 새겨졌다. 일시적이고 순진하기까지 했을지라도 함께 믿음을 공유한, 믿을 수 없는 순간의 은혜에서 비롯된 분명한 위로도 기억한다. 그 영향에 흔들려 얼마간 미사에 참석하며 내게 생소했던 신앙의 위로를 다시 경험하고자 했으나, 그런 문화와 규범이 익숙하지 않아 이내 그만두게 되었다. 그것을 익히기 위해 노력했을 수도 있었지만 삶은 나를 다른 곳으로 인도했고 슬픔은 지나갔다.

여기에서는 내가 조금이나마 알고 있는 기독교적 신앙에 대해서만 언급하고 있으나, 모든 종교에는 위로의 능력이 있다. 성경에서 위로의 호소와 위로받지 못했을 때의 슬픔을 많이 볼 수 있다. "비방이 나를 상심케 해 / 마음이 괴롭다. / 손길을 기다렸으나 아무것도 없었고, / 위로자도 보이지 않네."[64] 그리고 위로를 받아들이는 것에 관한 조언도 있다. "형제들이여, 내가 권면하건대 인내를 갖고 위로의 말을 들으십시오."[65]

예수회의 창립자인 로욜라의 이그나티우스Ignacio de Loyola는 **슬픔-위로** 쌍을 발전시켜 강론했다. "희망과 신앙과 자비를 고취시키는 모든 것, 천상의 것들을 불러 이끌고 영혼에 쉼과 평안을 줌으로써 행복을 주는 모든 내적 환회를 위로라 지칭한다."[66] 성 이그나티우스에 의하면 위로는 신에게로 향하는 길을 구하고 있다는 신호로서, 상태가 아닌 움직임이다. 반면 슬픔은 스스로의 의지에도 불구하고 위로에서 멀어지는 이를 가리킨다. 이러한 탈선은 내적 분열감과 우울, 낙심, 고립으로 드러난다. 이렇듯 슬픔과 위로는 심리적 현상일 뿐 아니라 사람의 삶과 긴밀히 연관된 두 개의 영적 상태이다. '이그나티우스 영신 수련'이 심리적 측면과 영적 측면을 결합한 데에는 이런 이유가 있다.[67]

현대 기독교인들은 전능하고 회복시키는 신의 이미지보다 위로하는 신의 이미지를 더 많이 인용한다. 이에 대해 폴 클로델Paul Claudel은 다음과 같이 말했다. "신은 고통을 없애거나 설명해주기 위해 온 것이 아니다. 자신의 존재로 고통을 채우기 위해 왔다." 신이 우리의 고난을 언제나 막아줄 수 없다는 사실은 자명하지만, 언제나 우리 곁에 있다고 신자들은 말한다.

기독교적 신앙에서 비롯된 글귀 중에 위로되는 표현이 많다. 시인 에밀리 디킨슨Emily Dickinson의 묘비에 새겨진 비문을 예로 들어 보겠다.

"Born Dec.10.1830, Called back May.15.1886."

'Born… Called back'은 즉 '태어나고… 다시 부름 받았다'는 의미이다. 이렇게 우리는 죽는 것이 아니라 그저 신의 부름을 받아 왔던 곳으로 돌아가는 것이다. 죽은 사람들은 우리에게서 떠나간 것이 아니라 천상의 부름을 받아 그곳에서 우리를 기다리고 있다.

잠언에 나오는 다음의 구절을 좋아한다. "의인의 영혼은 하나님의 손에 있나니 그들이 요동치 않으리라."**68** 이처럼 우리는 마치 선량한 사람의 손에 내려앉은 무당벌레처럼 신의 손 안에 있을 수 있다. 비행기를 타고 가다가 에어 포켓이나 폭풍우, 엄청난 난기류를 만나면 내 몸은 매우 두려워한다. 그럴 때 나의 정신이 몸에게 지금 이 순간 우리는 신의 손 안에 (무척 광대하기에 나와 같은 비행기를 타고 있는 다른 모든 승객과 함께) 있음을 말하며 안심시킨다. 그 효과는 훌륭하다. 신이 어떤 일을 해낼지 기다리는 동안 몸은 긴장을 멈춘다. 지금까지 신은 최선의 길을 주었으며, 승객들과 승무원들과 내게 아무런 일도 일어난 적이 없다.

그럼에도 광신으로 인한 부작용까지 갈 것도 없이, 신앙은 문제를 초래하기도 한다. 밝음 이면에는, 시편 77편에 나온 것과 같이 이 땅과 사람의 위로에서 멀어져 오로지 신적 위로만을 추구하게 되는 그림자가 존재한다. "환난 중에 / 주를 찾노라. / 밤에는 지치지 않고 손을 든 채 / 모든 위로를 거절하였도다." 신자들은 오로지 신만이 위로할 수 있으며, 누구 혹은 무엇으로 위로할지 신만이 정할 수 있다고 믿는다.

또한 신앙은 이루어지지 않은 기도에 실망하여 극심한 슬픔과 절대적인 고독을 느끼게 만들 수도 있다. 신은 없고 인간이 우주에 홀로 존재한다고 생각하는 무신론자와 달리, 신자는 신으로부터 버림받았다는 끔

내가 여기 있어요

찍한 느낌을 더욱 강하게 받는다. 하지만 모든 면을 겸허히 고려해볼 때 신앙을 갖는 것에는 단점보다 이점이 더 많다. 신을 믿으면 잃을 것이 전혀 없고 오히려 모든 것을 얻는다는 철학자 파스칼의 유명한 '내기'처럼 말이다. 그의 주장을 살펴보자.

파스칼의 내기

- 이 점을 살펴보며 이렇게 가정합시다. "신은 존재한다, 혹은 존재하지 않는다." 어느 쪽을 택할 것인가요? 끝없는 혼란 때문에 이성적으로 결정할 수 없습니다. 이 무한한 여정의 첨단에서 동전 던지기를 하는 것입니다. 앞면과 뒷면 중 어디에 걸겠습니까? 둘 다 선택할 수도, 선택하지 않을 수도 없는 것이 이치입니다. 그러니 선택한 자들이 틀렸다 탓하지 마십시오. 당신은 아무것도 모르기 때문입니다.

- 아니오, 어느 쪽을 선택했다고 비난하는 것이 아니라 선택 자체를 비난할 것입니다. 앞면을 택하든 뒷면을 택하든, 둘 다 잘못된 선택이기에. 내기하지 않는 편이 옳았습니다.

- 네, 그렇지만 내기를 해야 합니다. 이미 판에 올랐으니 어느 쪽에든 걸어야지요. 그러니 무엇을 선택하겠습니까? 봅시다. 선택을 해야 하니 어느 쪽이 당신에게 이득이 덜 되는지 봅시다. […] 반드시 택해야 하니 어느 하나를 고른다고 해서 당신의 이성에 타격이 오지는 않을 겁니다. 여기는 빈 지점입니다. 그렇다면 당신의 행복은? 신이 존재한다는 쪽을 골랐을 때의 득과 실을 따져봅시다. 두 경우를 판단해봅시다. 당신이 이기면,

모든 것을 얻습니다. 진다 해도 잃는 것이 없습니다. 그러니 주
저하지 말고 신이 존재한다는 데에 내기를 거십시오.**69**

그렇다. 신을 믿으려 노력하는 것은 위안을 주는 가설에 동의하는 것이
다. 실제로 나는 불확실하고 흔들리는 신앙을 가졌음에도 신에게 기댈 때
마다 더욱 평안해지는 것을 느낀다. 단순한 가능성, 신의 지속적이고 친
절하며 전능하고 통찰력 있는 존재의 가능성만으로도 안심이 된다. 사소
한 걱정들이야 나 혼자 감당할 수 있지만, 중대한 시련 (질병, 죽음, 사회의 극
단적 폭력 등) 앞에서는 신이 존재할지도 모른다는 믿음이 나를 안위한다.

그리고 다른 사람들처럼 (이 주제에 관해 가까운 지인과 얘기할 때마다 발견하
기에 다른 사람들도 그러하리라 예상한다) 작고 경건한 의식을 많이 만든다. 행복
을 느꼈던 장소를 떠날 때면 출발에 앞서 바다(혹은 산, 혹은 숲, 혹은 들판)를
마주한 채 호흡하고, 귀 기울이고, 감상하면서 몇 분간 명상의 시간을 갖
는다. 그런 다음, 머무는 동안 느꼈던 모든 행복에 대해 감사를 표하며 한
번이라도 다시 돌아올 기회가 오길 바란다.

힘든 시기에는 마음을 가라앉히려 명상하다가 외로움을 느끼기도
한다. 명상하며 혼자라는 느낌이 들고, 시련 앞에 혼자라는 생각이 든다.
심리학적인 방법으로 충분하지 않다고 여겨진다. 그러면 명상을 그만두
고 기도하기 시작한다. 기도할 때면 신에게 전화를 거는 듯 묘한 기분이
든다. 아직까지는 한 번도 응답받지 못했지만, 저 높은 곳에서 누군가 수
화기를 들고 조용히 내 말에 귀 기울이는 것 같은 이상한 느낌…. 기도할
때면 내게 가르침을 주는 신이 아니라 그리운 신을 향하고, 소원을 들어
주는 신이 아니라 고통을 위로하는 신을 향한다. 나는 이렇게 어설픈 신

자이다. 믿는 이들을 선망하고 믿지 않는 이들을 이해하면서, 신을 믿고
자 **노력**한다.

환자의 기도

건강 검진 결과가 정상으로 나오길 기도하는 노신사가 있다. 그
는 공중에 던져진 동전만큼이나 자신이 무력하다고 느낀다. 앞
면이나 뒷면으로 떨어져, 삶을 유지하거나 죽음을 선고받을 것
이다. 수일 후 도착한 검진 결과는 염려스럽다. 그래서 그는 다
음을 위해 기도한다. 앞으로 진행될 정밀 검사에서 정상 혹은
심각하지 않다는 결과가 나오기를. 하지만 이번에도 안 좋은 결
과가 나왔다. 그는 수술을 받아야 한다. 어떻게 기도와 신에 대
한 신뢰를 지킬 수 있을까? 무엇이 그에게 좋은지 아는 이는 오
직 신뿐이라고 말하랴? 그렇지만 그는 운 좋게도 원기 왕성한
동년배들과 함께 조금이라도 건강을 누리고 싶다.

그 역시도 다른 많은 사람에 비하면 운이 좋은 편에 속한다. 그
는 신이 지혜로우셔서 그에게 약간의 노력과 곤란과 불확실성
과 불안을 주었다고 생각했다. 그렇지 않으면 인생이 너무 쉬울
테니. 사막의 잠언을 떠올린다. "알라는 위대하시다, 그래도 낙
타를 말뚝에 매어라!" 그는 자신에게 이렇게 말한다. "언젠가 신
은 너를 도울 거야. 일단 너 스스로 할 수 있는 일부터 시작해."
귀스타브 티봉의 책을 즐겨 읽던 그 노신사는 (내게 이 철학자를 알
려준 장본인이기도 하다) 티봉의 책 한 권을 펴들었다가 이 부분을
읽게 되었다. "사람에게 너무 많은 것을 요구하면 거절당한다.

신은 그 반대이다. 신은 물질적 재산이나 감성적 은혜 등을 충분히 구하지 않으면 거절한다."[70]

기도가 응답받지 못했다면, 혹시 진정으로 필요한 것을 구하지 않은 것은 아닐까? 물질적 안락만을 구하고 영적 힘은 충분히 구하지 않았던 걸까? 그는 계속해서 건강을 호전시켜주시기를 기도하기로 결심했다. 혼자서 질병에 맞서기엔 너무도 연약하다 느끼기에 기도를 통해 안심할 수 있었다. 또한 감사를 표하며 더욱 강한 믿음을 구하는 기도를 하기로 결정했다. 적은 말, 사소한 말로 간결하게. "감사합니다. 용서해 주세요. 저를 지켜주시고 당신께 가까이 갈 수 있도록 도와주세요. 당신이 좋다고 여기는 일을 행하십시오…."

이렇게 기도의 범위가 넓어져 건강을 넘어서자, 마음이 편안해졌고 기도 시간을 통해 위로받았다. 그는 시오랑의 글귀도 떠올렸다. "서기 2세기 그노시스 책에 이렇게 나와 있다. '슬픈 사람의 기도는 결코 신에게 닿을 힘이 없다.' 우리는 낙담했을 때에만 기도하기에, 그 어떠한 기도도 목적지에 이르지 못했다고 추측할 수 있다."[71] 노신사는 이에 동의하여, 신에게 무엇이든 구하기에 앞서 항상 감사해야 한다고 생각했다. 더 많은 은혜를 구하기 전에 지금껏 받은 모든 은혜를 생각해야 한다. 그는 작은 기도대에서 일어났다. 변한 것은 없지만, 위로받은 느낌이 들었다.

내가 여기 있어요

천사의 존재: 환상과 위로

"그대는 어디 있는가. 묘지에, 땅 밑에, 관 속에, 그런 응답으로 충분치 않다."[72] 크리스티앙 보뱅의 시는 우리가 고인에게 계속해서 느끼는 연결감의 필요성에 주목한다. 사랑하는 이가 죽었는데, 유대감을 유지하는 것외에 무얼 할 수 있는가?

가장 친한 친구가 세상을 떠난 이후 나는 수년간 그가 여전히 이곳에, 내 곁에 있다고 믿으며(지금도 때때로 그렇다), 남몰래 작은 목소리로 "너를 위해 하는 일이야. 너와 함께 하는 일이야" 하고 내 삶의 모든 순간을 바치곤 했다. 실로 정신 나간 사람처럼 보이겠지만, 다행히 그 누구도 눈치채지 못했다.

고인이 우리 곁에 있다고 상상하며 그들의 따스함을 느끼고, 그들이 계속해서 우리를 돕고 사랑해 준다고 믿으면 정말 위안이 된다! 그저 이야기에 지나지 않음을 안다. 그로 인해 우리 마음이 나아지고 비밀로 간직한다면, 문제 될 건 없다. 내적으로는 조금 미쳤더라도 나머지 다른 부분이 정상적으로 기능한다. 목소리를 듣고 환상을 보지만, 오직 우리 자신의 위안을 위할 뿐이다.

고인이 흐릿하거나 때로는 난해한 형상으로 우리 앞에 나타난다고 상상할 수도 있다. 보뱅은 이렇게 묘사한다. "어제 그대의 무덤을 보았소. 그대를 묻은 곳이 아니라 (나도 그 장면을 봤다네) 그대가 미소를 머금고 끊임없이 나오는 무덤 말이오. 그대는 잠시 물망초 꽃다발에 머물렀소. 얼마 후에는 도로 뒤에서 빗속의 환상처럼 보였고, 집 문을 열었을 때 그대는 이미 그곳에, 저녁녘의 고요 속에 있었다네."[73]

변상증(Paredolia)은 예측 불가하기에 가장 감동적이고 아름답게 우리를 위로하는 환상이다. 이것은 뇌로 하여금 눈앞에 보이는 것으로부터 의미를 찾게 하는 현상이다. 이로 인해 우리는 구름이나 천, 나무판의 무늬에서 특정한 형상을 찾게 된다. 프랑스에서 오메가-3와 항암 식품을 대중화한 선구적인 정신의학자 다비드 세르방-슈레베르David Servan-Schreiber는 여름의 바람이 얼굴을 어루만질 때 그를 기억해달라고 자녀들에게 말했다. "그 순간 내가 너희와 함께 있는 거야, 너희를 부드럽게 감싸 안는 거란다."[74]

가까운 사람 중 그 누구도 죽기 전에 내게 "어떤 일이 있어도 항상 너와 함께 있을 거야"라고 말하는 것을 들어본 적이 없다. 진짜 인생은 영화나 책에 등장하는 모습과 항상 같을 수는 없다. 그럼에도 이러한 메시지는 엄청난 힘을 지녔다고 믿는다. 덕분에 고인을 수많은 형태로 우리 곁에서 더욱 쉽게 느끼게 된다. 고인의 친절하고 다정하며 돕는 존재를 느끼는데, 이것이 바로 초(超) 위로의 형태이다.

철학자 클레망 로세Clément Rosset에 의하면 "세상의 침묵은 아마도 불안의 주요 원천일 것이다."[75] 무엇을 이야기하는 것일까? 바로 우리가 물속에 가라앉고 있는데도 세상이 계속해서 돌아갈 때 느끼는 외로움이란 감정이다. 세상은 우리를 필요로 하지 않고, 우리가 세상을 필요로 한다는 점을 시련이 상기시킨다. 하지만 우리는 누군가 거기 있다고 믿을 필요성 또한 느낀다. 부재하기에 편재하는 누군가가, 사랑과 애정의 관계를 공유한 누군가가, 작은 신호나 눈에 보이지 않아도 친절한 행동을 통해 자신을 드러내는 누군가가, 마치 수호천사처럼.

사랑의 힘이 우리를 돌보고 최선을 다해 우리를 도우며 보호한다고 생각하면 기분이 좋다. 우리는 결코 혼자가 아니라고 생각하면 위안이 된다. 환상에 불과하다고? 슬픔에 빠져 있을 때만큼은 진짜인지 가짜인지, 논리적인지 비논리적인지 의심하지 않을 권리가 있다. 하나의 질문이면 충분하다. 위로하는 환상인가, 슬프게 하는 환상인가?

환상은 우리가 시련을 인정하도록 돕는다. 후회와 자책 등 슬픔에서 비롯되며 더는 존재하지 않는 것을 바라고 더 이상 가능하지 않은 것을 꿈꾸게 하는 정신적 활동에 쏟을 에너지를 다른 곳으로 돌릴 수 있게 도와준다. 환상은 때로 이렇게 소모적인 되새김질에 마침표를 찍어주기도 한다. 자신의 삶으로부터 시선을 돌려 타인과 관계를 바라볼 수 있도록 도와준다. 부조리, 공허, 슬픔, 외로움의 감정으로부터 우리를 보호한다.

그렇다. 나는 이렇게 위로를 주는 환상을 좋아한다. 게다가 이것이 환상에 지나지 않는다고 누가 증명할 수 있는가? 우리가 찾는 것이 위로가 아니라 거짓이라 할지라도 무슨 상관인가? 니체Nietzsche는 "진실은 우리가 환상임을 잊어버린 환상이다"라고 말했다.[76] 환상은 실수가 아니라, 단지 세상에 투사된 우리 내면의 욕구다. "환상을 품다"라고 말하듯, 현실에 대한 욕구를 붙잡는 것이다. 환상은 세상을 읽는 방법이다. 핵심은 세상이 우리에게 줄 수 있는 것보다 더 많이 기대하지 않는 것이다. 환상이 현실을 바꿔주길 바란다면, 죽은 이를 살려내고 시련을 없애주길 기대한다면, 반드시 실망할 것이다. 그러나 환상이 아무것도 바꾸지 않고도 우리에게 위안을 줄 수 있다는 사실을 받아들인다면 위로가 될 것이다.

아름다운 빛, 소중한 이성

도시의 소음을 듣는
나는 지평선 없는 죄수
보이는 것이라고는
냉담한 하늘과 감옥의 헐벗은 벽뿐

시간은 흘러만 가고
타는 것은 감옥의 등잔불
독방에 있는 것이라고는
아름다운 빛과 소중한 이성뿐

기욤 아폴리네르,
1911년 루브르 박물관에서
모나리자를 훔쳤다는 누명을 쓰고[77]
상테la Santé 감옥에 투옥되었을 당시에 쓴 시

7
장

슬픔과 위로의 유산

슬픔의 한복판에서, 죽음에 가까워지며 두 사람은 질병이라는 비극이 아니었다면 결코 경험하지 못했을 것을 함께 겪는다. 다른 수많은 부부는 겪지 않을 경험이다. 삶이 결코 우리에게 주지 않았을 끔찍한 불가사의를 슬픔은 우리에게 건네곤 한다.

사랑과 죽음

몇 해 전 심각한 사회 불안 장애 치료를 받았던 젊은 환자 한 명이 소식을 전해주러 찾아왔다. 먼저 상태가 호전되었다는 얘기에 매우 기뻤다. 그는 몇 달 전 일어난 큰 변화를 이야기하고자 왔다고 했다. 그 일이 그를 짓눌러서, 당장은 버티고 있지만 끝내 무너지게 될까 두렵다고. 그가 말하기를 주저하는 동안 불현듯, 그가 원하고 내가 생각하는 것만큼 그가 침착하지 못하다는 사실을 발견했다. 입술이 파르르 떨리고 눈물이 차오르고 있었다. 그의 아내가 죽은 것이다. 아내는 그가 시련을 겪는 동안, 더 크게 보면 인생에서 어쩌면 유일한 버팀목이었다. 그는 아내의 죽음에 대해 긴 이야기를 이어갔다. 중환을 진단받고 몇 달 만에 급속히 진행되었기에 그는 모든 활동을 중단하고 그녀의 곁에서 최선을 다해 함께 있어주었다. 그는 이렇게 말했다.

"죽음이 가까워진다는 사실이 하루하루 더욱 선명해지는 참혹한 시기였습니다. 진짜 죽음은, 죽음의 이미지나 공포가 아닌 육신의 죽음은 지속적인 고통과 쇠약해지는 몸, 일상적 거동조차 어려워지고 모든 힘과 자율성이 사라지는 것으로 드러났습니다. 그런데 참 모순적이게도 우리는 그토록 행복했던 적이 없습니다. 대화를 나누고 응원하며 전에 없이 서로를 사랑하는 몇 주를 보냈습니다. 우리만의 이야기와 우리를 이어주는 사랑의 힘을 처음으로 실감했습니다. 죽음 앞에서 우리에게 주어진 삶의 강렬함을 난생처음 느꼈습니다. 이전에는 그렇게 살고, 느끼고, 말할 줄 몰랐던 것이지요."

슬픔과 위로의 유산

그의 이야기는 죽음이라는 거대한 슬픔과, 사랑이라는 가장 위대한 위로의 집합체 같았다. 그는 이 엄청난 경험을 어찌해야 할지 몰랐으며, 그로부터 얻은 엄청난 힘에도 불구하고 자신이 무너질까 두려워했다.

우리는 슬픔을 통해 더욱 강해지는가?

고난 후에 우리는 분명 달라져 있다. 성숙하고, 강해지고, 자란 것일까?

극작가 아이스킬로스Aeschylos의 "파테이 마토스[Pathei Mathos], 고난을 통해 배운다"는 문구를 보면 어쨌든 고대 그리스 시대부터 존재한 오래된 생각임은 분명하다.[1] 니체의 유명한 구절도 있다. "우리를 죽이지 않는 것은 우리를 더욱 강하게 한다." 환자들이 이 격언을 아주 싫어했던 기억이 난다. 그들을 죽이지 않은 시련은 그들을 더 강하게 한 것이 아니라 오히려 더욱 약하고, 불안하고, 상처 입고, 충격받고, 위태롭게 만들었기 때문이다. 혹은 더 강해지지 못함으로 인해 좌절감을 느꼈다. 사실 니체가 『우상의 황혼Götzen-Dämmerung』에서 이 질문을 다룰 때 쓴 것은 다음에 가깝다. "**나**를 죽이지 않는 것은 나를 더욱 강하게 한다."[2] 그는 본인과 예외적인 몇 사람에 대해서만 말하고 있었다.

그럼에도 우리에겐 슬픔만이 우리를 괴롭게 해서라도 변화하게 만들 힘이 있다는, 강렬한 지혜의 관념이 남았다. 가끔은 불행이 생산적인 강압이나 비옥한 시련의 모습으로 나타날 수도 있다. 철학자 시몬 베유Simone Weil는 불행의 이점은 바로 우리에게 세상을 직시하도록 강제하는 것임을 상기시킨다. "불행은 우리가 불가능하다 믿었던 것을 현실로 인지하도록 강요한다."**3** 다만 이 현실은 대개 비생산적인 고난의 면모를 지닌다.

슬픔의 시련을 통해 배울 수 있는 단 하나의 사실이 있다면 그것은 바로 힘("강하다, 강하게 보이다" 등)이나 최초의 큰 시련에 폭발해버리고 마는 가상의 내구성에 기반해 인생을 일구는 것이 무의미하다는 점이다. 그럼에도 불구하고 우리에게는 분명 힘이 필요하지만, 그보다 더 필요한 것은 사랑이다. 회복력이든, 맞서고 살아낼 의지든, 우리 존재의 위대한 자원은 바로 사랑이다. 받은 사랑, 준 사랑, 받을 사랑, 줄 사랑… 다른 말로 표현하자면 시련에 맞서는 모든 힘의 원천은 사랑과 그것이 주는 위로라고 할 수 있다.

우리를 죽이지 않는 것은 우리를 더욱 어떻게 만든다?

우리를 죽이지 않는 것이 때로는 우리를 더욱 약하고 슬프며 우울하게 만든다. 우리는 큰 시련을 견디지 못하는 행복을 더는 믿지 못하게 된다.

혹은 더 깊은 통찰력을 준다. 눈물을 통해 세상을 더 잘 보는 걸까? 그럴지도 모른다. 기쁨이 돌아왔을 때 눈물을 떠올리면 더욱 정확히 바라보게 된다. 진짜 불행을 알기에 '더 잘' 행복할 수 있다. 따라서 조금의 불행에도 매우 불행하다고 믿느라 행복의 기회를 놓치지 않을 수 있다.

마지막으로 우리를 죽이지 않는 것은 간혹 고통을 마주하는 피부를 두껍게 하여 더 잘 견딜 수 있게 한다. 그러나 이 두께는 우리를 척박하게 만드는 경계이기도 하다. 불행이 들어오지 못하게 막는 한편 행복도 막아버린다. 그러고 감정이 빠져나갈 수도 없게 만든다.

슬픔과 위로의 유산

불행은 우리를 그리 쉽게 풍요롭게 하지 못한다

혹은 어마어마한 고생 끝에 비로소 풍요로워지게 한다. 그도 아니라면 우리는 자신에게 엄청난 거짓말을 하고 있는 것이다! 노화를 대하는 태도와 유사하다. 나름의 철학을 가지고 노화를 받아들일 수 있고, 장점을 찾으며 잘 나이들 방법을 모색할 수 있다. 그렇지만 10년, 20년 전으로 돌아갈 기회가 (정말로!) 주어진다면 거절할 사람이 있을까? 마찬가지로 불행이전의 시간으로 돌아가기를 거부하는 이가 있을까? 누군들 불행을 피하고, 바꾸고 싶지 않을까? 하지만 인생은 우리 의견을 묻는 법이 없다.

슬픔이 우리를 더욱 강하게 하지 못한다면, 더 행복하게 만들 수는 있을까? 물론이다. 불행한 경험은 위로의 얼굴을 하고 행복의 필요, 느낌, 가치를 종종 상기시킨다. 그러나 행복의 미덕을 아는 것과 행복을 받아들이고 삶 속에 피어나게 하는 것은 별개이다. 시련을 겪고 나면 행복이 기회임을 깨닫기도 하지만, 동시에 그 기회가 나를 위한 것이 아님을 알게 되기도 한다.

그렇기에 고난을 겪고 다시 행복을 향해 나아가는 방식이 중요하다. 우리의 변화는 단순히 시련뿐 아니라 우리가 위로받았던, 혹은 받지 못했던 방식에 달려있다.

시련을 겪은 후 자랐다는 증거는 없을지라도 가능성이 충분하다는 '외상 후의 성장'에 관해서는 나중에 함께 살펴보도록 하겠다. 다만 이것이 현재 고통 중에 있는 이를 공격하는 데에 사용되어서는 안 된다. 발견하고 만들어 가는 것은 각자의 몫이다.

마지막으로 중대한 질문이 있다. 우리가 겪는 슬픔과 위로의 유산이 존재하는가? 시련과 슬픔은 뒤이어 오는 위로와 함께 우리에게 '교훈'이

226

내가 여기 있어요

나, 적어도 '기회' 이상의 **유산**을 남긴다. 유산은 우리가 선택해 받는 것이 아니며 일반적으로 죽음, 떠남, 상실, 눈물에서 비롯된다. 비탄과 위로의 유산 역시 마찬가지로 슬픔과 풍요의 조합이다. 우리가 할 일은 여력과 시간이 있을 때 그것을 가려내는 것이다.

소강상태

어느 환자가 수술 전에 받았던 진료를 이야기해 주었다. "마취과 의사는 바빴고 그다지 실력 있어 보이지도 않았어요. 진료 볼 환자가 많기도 했고 시간이 지연되기도 해서 문답을 서둘렀지요. 혈압만 재고는 제가 수술을 받을 수 있는 상태인지 일련의 의례적인 질문을 했어요. 그러던 중에 제가 암을 앓았었다고 말했죠. 무슨 암인지, 언제였는지, 어떤 치료를 받았는지 묻더니 고개를 숙인 채 메모하며 큰 소리로 말하더군요. '알겠습니다. 암이 소강상태군요.' 저를 쳐다보지도 않았고 신경도 쓰지 않았기에 제가 사색이 되고 경직되는 것도 당연히 보지 못했지요. 아마도 좋은 의미로 '소강상태'란 말을 썼겠지만, 제게는 그렇지 않았어요. 왜 서류에 '완치'라고 적지 않은 거지? 이미 말했듯이 바쁘고 무능해 보이는 데다 심리학에는 더욱 조예가 얕은 사람인 듯하니 질문하거나 무어라 말해서 시간 낭비하지 않기로 했답니다. 하지만 기분이 좋지 않았어요.
'소강상태'란 말이 싫어요. 무섭거든요. 적어도 환자들이 느끼기에는 암이 재발하리란 생각이 들게 하는 말이에요. 다행히 진료 후에 같이 영화를 보러 가기로 한 친구가 병원에 함께 갔었

227
슬픔과 위로의 유산

어요. 친구가 저를 위로하며 저 정신없는 마취과 의사의 말이 아니라 암 전문의의 말을 믿으라고 해주었어요. 암 전문의들은 암을 치료한 지 5년이 지났으니 (재발 위험이 큰) 소강상태가 아니라 (암에 걸릴 확률이 일반인들과 동일한) 완치 상태라고 했습니다. 그리고 친구는 '삶이란 성행위를 통해 전염되는 죽을병'이라던 우디 앨런Woody Allen의 말을 상기시키며 저를 웃게 했어요. 마지막에는 간결한 말로 저를 위로했습니다.

'결국 모든 사람들은 소강상태에 있는데 너처럼 그걸 아는 사람이 있고, 중병을 한 번도 앓지 않았거나 아직 앓지 않은 사람들처럼 그 사실을 모르는 사람이 있는 거야. 지금의 너는 깨달은 바가 있기에 질병의 빛 아래 걸어가며 어디를 딛는지 아는 거야. 너는 인생의 모든 행복을 지나간 불행과, 앞으로 닥칠지 모르는 불행에 대한 소중한 위안으로 받아들이고 누리고 있지. 다른 사람들은 부지중에 암흑 속에 있으면서 무엇으로부터 위협받는지 모르고 살지만, 또 그게 얼마나 큰 행운인지도 모른 채 살아. 네가 선택한 것은 아니었지만 네 인생이 더 바람직해.'

조금씩 긴장이 풀리면서 더 차분히 호흡하게 되었어요. 친구의 말을 들으니 몸이 나아지고 머릿속에서 최악의 상황에 대해 의구심을 품고 덜 믿게 되는 걸 느꼈어요. 달라진 건 없었지만 내면으로는 위로받은 것을 느꼈습니다."

슬픔의 세 가지 (잠재적) 유산

강요된 분리에서 통찰력 있는 애착으로

애착은 인간에게 정상적이고 바람직한 심리적 현상이다. 앞서 몇 가지 규칙에서 살펴보았듯이 아이가 양육자와 안정적인 애착을 형성해야 점차 자라면서 양육자와 서서히 멀어질 수 있고, 특히 성인이 된 이후 구속하지 않는 새로운 애착 관계를 맺을 수 있다. 지속적인 애착 관계(가족)가 있고, 왔다 가는 (만남) 애착 관계가 있다. 또 멀어짐이 반드시 분리를 의미하지는 않는다. 감정적 유대는 물리적 근접성과 무관한 것이 바람직하다.

애착은 성숙의 원천인 동시에 괴로움의 원천일 수 있다. 예를 들어 불안 애착과 같이 멀어짐, 방치나 상실에 대한 지속적인 공포로 인해 너무 경직된 관계 혹은 급작스레 빼앗긴 관계, 즉 역경이나 초상으로 인해 어떤 사람이나 상황이 사라진 경우가 그렇다. 이러한 이별은 갑작스럽게 당하는 고통스러운 분리에 가깝다. 앞서 살펴봤듯 우리에게 타격을 주는 모든 종류의 비탄은 관계, 재산, 이상에 대한 원치 않은 상실을 수반하므로 이별로 받아들여질 수 있다.

좋은 대상에 애착을 갖고 사랑하는 대상을 감싸 안는 것은 당연하다. 본능적이고 자연스러운 현상이다. 슬프게도 언젠가 애착의 대상을 잃는 것 또한 당연한 일이다. 인생의 모든 애착은 언젠가 해체되고 분해되게 마련이다. 이에 대비할 수 있을까?

해답은 우리 모두가 알고 있듯이 애착을 갖지 않는 것이 아니라(효과적인 예방책이지만 피폐하게 한다), 지혜롭게, 흔히들 음주에 대해 말하듯 '적당한' 애착을 형성하는 것이다. 불교 철학에서는 애착을 고통의 원천이라 여기고 비애착(非愛着)을 권장한다. 하지만 정확한 표현은 '애착을 갖지 말라'가 아니라 '집착하지 말라'일 것이다. 집착은 애착 관계에 대한 변화의 자유를 인정하지도, 견디지도 않는 애착이다. 어쨌든 나는 '비애착'보다 '가벼운' 혹은 '지혜로운 애착'이라는 표현을 선호한다. 사랑하고 존중하되 매달리지 않는 관계를 말한다. 죽음으로 끝맺음하리란 사실을 (다소 마지못하게라도) 받아들이고 삶을 만끽해야 한다.

집착하지 않고 애착 갖기

어떻게 하면 모든 것에 끝이 있다는 사실을 인정하면서도 불안 없이 애착을 가질 수 있을까? 사람, 사물, 장소, 즐거움, 활동에 대한 모든 애착은 인간의 존재와 닮아있다. 언제까지 지속되리란 보장이 없으므로 열과 성을 다해 만끽해야 한다. 이 맥락에서 신중한 선납금이자 앞서 보내는 위로로 '지금 이 순간' 철학과 **카르페 디엠**(Carpe diem, '오늘을 붙잡아라' 즉 '주어진 바에 충실하라')이 비롯되었다. 이러한 지혜로운 애착은 결코 쉬운 결정이 아니라 작은 것, 작은 사물, 작은 습관, 작은 확신들로부터의 분리를 날마다 인정하는 지속적인 훈련과 정기적인 수행으로 가능해진다. 생각의 변화를 받아들이고, 틀릴 가능성을 인정하며, 더 이상 사용하지 않는 물건을 버리거나 내어주기로 결정하고, 사랑하는 이가 멀어져 우리 없는 삶을 영위하며 다른 친구를 사귀고 다른 애정과 애착의 대상을 가질 수 있음을 이해하는 것을 말한다.

삶이란 일면 시련과 고난과 상실의 연속인 동시에 기쁨과 행복과 은총의 연속임을 계속해서 떠올려야 한다. 전자를 겪어내는 방식이 후자를 받아들이는 방식에 영향을 미친다. 비탄에 관심을 기울여야 하고 위로,

내가 여기 있어요

자기 위로, (장례와 같은) 공동의 위로가 중요한 이유가 이 때문이다. 모든 사람은 고통을 겪고 모든 사람은 서로 위로를 주고받는다. 위로는 삶이 낸 분리의 생채기에 두르는 붕대와 같다.

본질은 물질에 있지 않다

우리는 축적된 물건, 관계, 추억, 확신으로 도피한다. 주의하지 않으면 나이가 들수록 불안해서 혹은 타성으로 축적한다. 이러한 소유는 흘러가는 시간을 전혀 위로해 주지 못할뿐더러 더한 혼란을 야기한다. 벨 에포크 시대 댄디즘의 대명사인 로베르 드 몽테스키외Robert de Montesquiou는 1893년 어느 날 마르셀 프루스트Marcel Proust에게 본인의 사진에 "나는 덧없는 것들의 군주"라는 자작 시구를 적어 보냈다.[4] 아름다운 문장이다. 우리 또한 우리 생의 덧없고 하찮은 것들의 군주이며 이 사실에는 변함이 없다. 우리처럼 덧없기에 비애착만이 유일한 삶의 철학이 될 수 있다. 시련은 나름의 가혹한 방식을 통해 소유나 지위가 우리를 불행으로부터 지켜주지 못한다는 사실을 가르친다. 각각의 실패와 고난은 우리가 소유한 것을 더 거리를 두고 바라보게 만들고, 끊임없이 애착 관계와 위로를, 그리고 언제나 사랑을 삶의 중심에 두도록 돕는다.

죽음과 물질적 분리에 관한 두 가지 이야기

물질적 재산은 사용을 통해 우리를 위로할 뿐 소유나 축적 자체로는 위로를 주지 못한다. 재산은 우리를 종속시키는 것이 아니라 외려 자유롭게 하기 위해 존재한다. 나와 아주 가까웠던 두 사람이 죽음을 맞이하며 판이한 태도를 취하는 것을 보았다.

슬픔과 위로의 유산

그녀: 삶을 충분히 누리지 못하고 죽는다는 생각으로 불안에 사로잡힌 여성이었다. 그녀에게 있어 나이 듦이란, 젊은 시절 충분히 경험하지 못한 행복한 순간을 만회하기 위한 경주였다. 그녀는 사는 동안 슬픈 일을 많이 겪었으므로 그럴 자격이 있었다. 그래서 그녀는 물건을 사들이고, 쌓아 두고, 움켜쥐었다. 카페의 제일 작은 티스푼, 레스토랑의 제일 작은 유리잔, 주점의 제일 작은 컵 등을 훔치고 심지어 원형 교차로나 공원에서 식물이나 꽃을 뽑아 오기도 하는 등 쓸모없는 것들에 대한 도벽이 생겼다. 그녀는 생전의 유산을 물려주기 위한 그 어떤 준비도 하지 않은 채 엄청난 행정적 혼란을 남기고 죽었다.

그: 죽음이 가까워진 것을 느끼자 마치 고대 로마인처럼 집을 비우고, 책을 비롯해 가능한 많은 물건을 기부하여 그 누구에게도 짐을 지우지 않았다. 아내와 자녀들을 위해 사전에 장례와 상속에 관한 행정 절차를 마무리했다. 그에게 남은 가장 중요한 임무는 떠날 준비를 하면서 지난 삶을 기뻐하는 것이라 내게 말했다. 임종을 앞두고 윌리엄 마셜William Marshal의 마지막 날들에 관한 아름다운 글을 읽어달라고 요청했다. 당시 역사상 가장 위대한 기사로 여겨졌던 마셜이 재산을 나누어주고 지인들에게 마지막 조언을 전해주는 장면이었다.[5] 그는 이 글로부터 용기를 얻고자 했다.

이탈리아 출신의 오랜 친구가 이야기해준 짤막한 철학 이야기가 기억에 남는다. 부자의 아들과 빈민의 아들이 친구였는데, 하루는 둘이 함께 언덕 위에서 풍경을 바라보고 있었다. 부자의 아들이 말했다. "어느 날 아버지가 나를 이곳에 데려와 말씀하셨어. '아들아, 보렴. 보고 감탄하거라. 언젠가 이 모든 것이 너의 소유가 되리라.'" 그러자 그의 친구인 빈민의 아들이 대답했다. "아, 맞아, 나도 그랬어! 어느 날 아버지가 나를 이곳에 데려와 말씀하셨지. '아들아, 보렴. 보고 감탄하거라.'" 청중은 이어지는 문장이 나오기를 잠시간 기다리다가, 그 갑작스러운 중단 자체가 이야기의 결말이자 교훈임을 이내 깨닫는다. 이렇게 놀랐다가 잠시 후 이야기에 담긴 철학을 깨닫고 즐거워하는 시간을 통해 우리는 생각하게 된다. 본질은 어디에 있는가? 감탄이 소유보다 나은가?

향수에 대한 애착과 분리

"그 일이 끝났다고 울지 말고, 경험할 수 있었음에 웃어라." 이것이 향수, 행복과 슬픔을 섞어놓은 그 달콤 쌉싸름한 감정의 모토이다.

인간의 애착과 분리 관계 형성에 있어 향수는 중요한 위치를 차지한다. 위로의 감정이기 때문이다.

향수는 분리의 반대말일까? 아니면 분리의 구현일까? 그도 아니라면 애착과 분리 능력을 주기적으로 연마할 기회일까? 향수는 일견 과거의 위로적 도피처를 연상시키기에 곧 과거에 대한 애착으로 보인다. 하지만 그리 간단하지 않다. 연구에 의하면 향수에는 회복시키고 위안을 주는 면이 존재하는데, (과거에 대한) 애착이 아니라 (지나갔다는 슬픔에서 오는) 분리에서 비롯된다고 한다. 물론 특정한 조건하의 경우로, 일종의 향수의 기술이 존재하는 듯하다. 힘겨운 현재를 위로하는 향수는 과거의 아름다운 순간을 떠올리며 (그 순간을 다시금 경험하면 기분이 좋아진다) 적절한 관점을 선

슬픔과 위로의 유산

택하게 한다. 이미 지나간 경험이지만 그것을 겪었기에 기뻐하는 것이다. 이 경우 향수는 과거로부터 행복하게 분리되는 성공적인 경험과 같다.

그러나 향수의 역할은 여기에서 그치지 않는다. 예를 들어 회상한 과거에서 힘을 얻고 눈을 떠 현재의 강렬함을 몇 년 후에 되새겨볼 수도 있다. 이에 관해 귀스타브 티봉은 다음과 같이 말했다. "먼 기억이 현재보다 더욱 뚜렷이 존재한다. 당시에는 무의미했던 존재의 가장 미미한 조각이, 난데없이 신비롭고 거대한 의미를 지닌 채 시간과 관계를 뛰어넘는다. 지연된 감정이 이별을 통해 되살아나 존재의 근원에 닿는다. 표면적으로 경험했던 바를 밑바닥까지 다시금 살아낸다."[6] 철학자는 이 글에서 어떻게 추억과 향수를 통해 지금껏 이해하지 못했던 인생의 밀도를 인지할 수 있는지 보여준다.

프랑스의 작가 조제프 케셀Joseph Kessel은 그의 저서에서 어느 노인에 대해 (그리고 분명 나이든 자신에 대해) 이렇게 말한다. "이제 그에게 있어 산다는 것은 기억하는 것이었다. 그는 방향마다 떠오르는 기억을 회상하곤 했다."[7] 나이가 들수록 추억과 인생을 반추하는 일이 죽음과 노화에 대한 생각에서 도망치는 것이 아닌 미리 위로하는 것에 가까워진다. 연로했던 어느 환자의 말이 기억난다. "젊을 때는 추억이 있었다면 이제는 과거가 있습니다." 그가 하고자 했던 말은 즉 지금껏 흩어져있던 기억들을 불러모아 일관성 있는 하나의 이야기로 재구성한다는 것이었다. 이 일관성이 바로 우리가 말했던 위로의 근원이다. 젊을 땐 미래를 향해 열려 있는 현재를 산다면, 나이가 들어서는 과거를 향해 열려 있는 현재를 살아간다. 미래에 대한 불확실성과 불안이 강할수록 과거의 확실성과 안정이 필요한 법이다. 과거와의 행복한 관계를 유지하는 한 이 생을 떠날 준비를 더

내가 여기 있어요

잘할 수 있지 않을까?

그대의 생으로 인해 세상이 더욱 아름답기를

어느 날 전 정신과 인턴이 쌍둥이 출산 소식을 전해왔다. "친애하는 크리스토프, 아기 천사들이 태어났답니다! 아기들과 우리 부부 모두 건강해요! 이 아이들의 생으로 인해 세상이 더욱 아름다워지면 좋겠습니다! 안녕히 계세요. 곧 만나요." 이 작은 두 사람이 엄마의 소원대로 세상을 더욱 아름답게 하리란 생각에 나는 완전하고 형용할 수 없는 기쁨에 사로잡혔다. 그 순간 지구의 미래에 대한 내 모든 걱정을 위로해 준 감정을 어떻게 설명할 수 있을까? 언젠가 내가 더는 존재하지 않게 됐을 때 그 자리를 채울 이 아이들, 그리고 그 친구들로 인해 세상이 정말 더욱 근사해지리란 생각 때문이었으리라. 힘없고, 가정에 불과하며, 불확실한 생각이었지만 어머니의 사랑이 더해졌을 때 나를 변화시키고 위로하는 아름다운 이야기가 되었다.

분리는 결국 긴장을 완화시킨다

고산 지대 하이킹을 할 때 우리와 종종 동행하던 가이드가 생각난다. 그는 매번 출발하기 전에 우리 가방을 살핀 후 짐의 절반을 빼게 했다. "가방이 가벼워야 편할 겁니다. 산을 오르는 목적은 안락함이 아니라 그보다 더욱 강렬한 경이를 경험하기 위해서예요!" 그의 말이 옳았다. 생각과 행동의 자유를 누리기 위해서는 끊임없이 짐을 덜어내야 한다. 그런데 이 자유는 "자유의 대가는 영원한 경계태세"라는 미합중국 공군의 표어처럼 노력과 주의를 요한다.[8] 우리 안에 끊임없이 피어나는 모든 애착 관계와 모든 확신, 정신적 애착에 대해 침착하지만 엄격한 경계를 펴야 하는 이유가 바로 여기에 있다.

죽음과 삶

불안정 애착과 연관된 모든 생각(소유)과 안정 애착과 이어진 위로(만끽)는 최종적이고 강제적인 분리, 삶과의 분리에 관한 생각으로 우리를 이끈다.

철학자인 친구와 죽음에 관해 토론한 적이 있다. 그는 한때 "50세가 되도록 롤렉스 하나 없다면 실패한 인생입니다!"라고 외쳤던 광고계의 거장 자크 세구엘라Jacques Séguéla의 말을 패러디하여 "70세가 되도록 죽음이 두렵다면 실패한 인생입니다!"라고 말했다. 최후의 비탄인 죽음에 사로잡히는 것이 아니라 보다 잘 살기 위해 죽음과 공존하는 법을 배워야 한다. 지나고 보면 각각의 슬픔과 시련은 이러한 정신으로 죽음을 이해할 수 있는 강제된 훈련의 기회이다. 매일 죽음에 대해 생각하며 지내는 것이 스스로 불멸이라 믿으며 하루하루 사는 것보다 분명 더욱 유익하다.

쥘 르나르는 일기에 이렇게 적었다. "질병: 죽음을 걸쳐 보기." 시련은 무엇을 걸쳐 보는 것일까? 우리의 최후, 소멸일까? 아니, 통찰이다! 인생은 고난이고 죽음으로 끝난다. 이 점을 이해하고 받아들여야 다음 단계로 넘어갈 수 있다. 그때에야 비로소 성숙하고 견고한 행복이 탄생하고 존재하며 만개할 수 있다. 중환이든 애도든, 커다란 시련에서 살아남은 후에 우리는 언젠가 죽을 것이며 인생은 다른 조건 없이 그 자체로 아름답다는 사실을 이해하게 된다.

한 환자는 내게 이렇게 말했다. "내가 죽으리란 사실을 잊곤 했는데

병이 제게 상기시켜 주었습니다. 지금으로서는 무사히 살아있지만, 멀든 가깝든 끝나는 날이 오리란 사실을 분명히 압니다. 죽음에 대한 관점이 이전에는 지식에 불과했다면, 병 덕분에 구체적인 경험으로 바뀌었습니다. 죽음에 대한 공포는 사그라들었지만 제게 남아있는 시간이 얼마든 누리고 싶은 욕망은 여전합니다."

나이 듦은 죽는 법을 배우는, 즉 언젠가 생을 마감하리란 사실을 현명하게 받아들이고 그 전에 최대한 잘 활용하는 방법을 배우는 또 하나의 기회이다. 우리 사회는 죽음을 지우려 하고 죽음의 준비, 즉 육신의 노화도 지우고 싶어 한다. 터무니없게도 모든 형태의 위로를 금한다. 몸이 불편하고 부자유스러워질수록 그 몸을 두고 떠나는 아쉬움이 적어지므로, 육신이 망가지는 이유는 죽음에 대비시키기 위함이라는 유용한 환상마저도 거부한다. 어떤 환자들에게 죽음은 고통을 덜어주는 방책일 수 있고, 지친 이들에게 죽음은 삶의 피로를 덜어주는 방책일 수도 있다.

　마지막으로, 반드시 필요한 분리를 대비하는 방법 중 '마지막 기회'의 인식과 관련된 위로가 있다. 초등학교부터 대학교에 이르기까지, 학년 말이 되면 이별은 물론이고 수많은 얼굴들이 내 인생에서 사라지리란 무의식적이고도 강렬한 확신 때문에 슬퍼했던 기억이 난다. 우리가 알지 못하는 새 친구나 장소와의 마지막 만남, 어떠한 경험에 대한 마지막 기회 등 인생에 수많은 **마지막**이 일어난다. 어려서는 그것을 깨닫지 못하거나 어렴풋이 감지할 뿐이다. 그러나 일정 나이가 되면 이러한 경험의 수가 아찔할 정도로 급증하여 그 누구도 더는 인지하지 않을 수 없는 수준이 된다. 따라서 우리가 아마도 '마지막 기회'를 살고 있을지 모른다는 사

237

슬픔과 위로의 유산

실을 인지하고, 거절의 두려움으로 경직되기보다는 삶을 더욱 깊이 누리고 만끽할 시간을 충분히 갖는 것이 지혜롭다.

계속해서 죽지 않고 있다[9]

에마뉘엘 카레르의 소설[10] 중에 8살 꼬마가 할머니에게 보내는 편지가 등장한다. "저는 아직 죽지 않았어요…. 저는 죽지 않는 중이에요." 소년은 "저는 살고 있어요. 저는 살아있어요."라 하지 않고, 대신 "저는 죽지 않는 중이에요"라고 한다. 그가 이렇게 쓴 것은 소설의 배경이 되는 1936년 당시 편집증적 섬망이 있던 스탈린이 수백만 명의 국민을 노동 수용소(굴라크)에 보내거나 죽이는 대숙청이 일어나고 있었기 때문이다. 매일 위험이 도사리고 죽음이 도처를 배회하여 생존의 여지만 간신히 있을 뿐이었다.

사실 삶은 언제나 그렇다. 죽음은 늘 가깝고 언제든 일어날 수 있다. 마치 우리가 지나다니는 거실 커튼 뒤에 숨어든 불청객 같다. 잘 살펴보면 아래로 삐져나온 죽음의 발끝이 보일 것이다. 하지만 매 순간 죽음을 떠올리며 사는 것은 너무 힘들고 괴로운 일이다. 그래서 우리는 죽음에 관한 생각을 멀리하기 위해 망각의 묘약을 마시고 수많은 유용한 행동과 무용한 소일거리에 빠져든다. 죽음이 우리를 따라잡아 입에 물고 흔드는 날까지…. 사고를 면하거나 병에서 낫는 등 간혹 우리를 그대로 삼키지 않고 풀어줄 때도 있다. 또는 잇새에 가두고 멀리 앗아가 영영 이별하는 것은 지인이 될 수도 있다. 그때마다 망각은 임시방편일 뿐

내가 여기 있어요

이며 우리에게 필요한 것은 억압이 아니라 위로임을 깨닫는다.

학생 시절 가장 친한 친구를 잃은 뒤로 죽음은 내 삶에 들어와 영영 떠나지 않게 되었다. 그때부터 나는 죽음이 충직하고 잠잠히 곁에 있다는 사실을 안다. 스쿠터를 탈 때 죽음은 뒤에 올라타 내 어깨를 손으로 잡는다. 그러면 나는 달릴 때마다 죽을 수 있다는 걸 안다. 파리 외곽을 달릴 때의 나는 마치 코끼리와 코뿔소 사이에서 껑충대는 영양과 같다는 사실을 안다. 그들이 조금이라도 방향을 틀면 나는 죽은 목숨이다. 그렇다. 그런데 이 사실을 떠올림으로써 나의 약함을 잊지 않을 수 있다고 믿는다. 내가 할 일은 운전할 때 경직되지 않은 채 엄청난 주의를 기울이는 것이다. 그리고 스쿠터에서 내릴 때는 '죽음에 대한 인식' 소프트웨어를 끄고 삶을 향해 돌아선다.

이 시스템은 해를 거듭할수록 완벽해진다. 죽음을 떠올리지 않은 날이 정말 단 하루도 없었다. 그리고 내가 여전히 살아 숨 쉬고 있음을 기억하며 위로하고자 노력하지 않은 날이 하루도 없었다. 내가 명상의 스승으로 삼은 존 카밧진Jon Kabat-Zinn이 말했듯 "숨 쉬고 있는 한 인생에는 안 되는 일보다 잘 되는 일이 더 많다는 뜻이다." 이것이 호흡의 위로, 호흡에 대한 인식이다.

죽음에 대한 거부와 집착 사이에 존재하는 이 세 번째 방식만이 우리 인생을 행복하고 밝게 해주며, 다가오는 소멸 앞에서 우리를 위로할 수 있다.

슬픔과 위로의 유산

외상 후 성장은 존재하는가?

1987년 영국과 벨기에 사이를 항해하던 여객선이 침몰하는 사고로 193명의 승객이 익사했다. 정신의학자와 과학자로 이뤄진 팀이 300여 명의 생존자를 맡았다. 외상 후 스트레스 증상을 보이는 이들을 돕기 위해서였지만, 40% 이상의 생존자는 고통스럽기보단 오히려 그 충격으로 인해 세상과 존재를 바라보는 관점이 긍정적으로 변했다고 말했다. 그들은 살아 있는 행운을 더욱 만끽하며 지인들과 더 행복하고 조화롭게 지냈다.[11] 이로 인해 트라우마의 심리적 영향에 대한 연구의 세 번째 물결이 시작되었다. 첫 번째는 후유증과 외상 후 스트레스에 관한 연구였고 두 번째는 극복과 회복에 관한 연구였으며, 뒤이은 세 번째 물결이 바로 **외상 후 성장**이라 부르는 주제의 연구였다.

외상 후 성장은 우리가 극복한 트라우마적 경험을 통해 이전보다 발전하고 더 잘살게 될 가능성을 의미한다. 시련 뒤의 회복에는 세 단계가 있다.

1. 생존하기 (침몰하지 않고 부유하는, 여전히 시련을 겪고 있는 단계)
2. 다시 살기 (시련이 지난 이후의 회복)
3. 더 잘 살기 (과거가 된 시련을 통한 성장)

위로하려는 거짓말일까, 진실일까? 다수의 연구에 의하면 상당한 수의 사람들이 실제로 외상 후 성장을 경험하였다.[12] 그러나 불행이 트라우마가 아니라 경험으로 남으려면 일정한 조건이 충족되어야 한다. 위로와 자기 위로의 자양분을 갖춘 개인적이고 관계적인 근원이 필요하다. 위로는 고난의 길에서 모든 단계마다 내밀어진 손처럼 우리의 눈물을 닦아주고,

구렁에서 끌어내며, 걸음을 인도하고, 다시 넘어져도 일으켜 세운다. 우리에게 인내를 가르치고 더딘 회복을 관용할 수 있게 만든다. 스스로를 친절히 대하는 법을 알려준다. 위로는 나침반처럼 길 잃은 우리에게 방향을 알려주어 다시금 타인과 그들의 말, 조언, 사랑과 애정을 향하게 한다.

몽상가가 아니었던 시오랑은 이렇게 말했다. "영적인 차원에서 모든 고통은 행운이다. 오직 영적 차원에만 국한된 사실이다."**13** 이 발언은 외상 후 성장의 개념을 부인하는 것이 아니라 올바른 방향성을 갖고 성장을 도모하라는 뜻으로 이해해야 한다고 본다. 견고하고 물질적인 평화가 있어야 우리 삶이 영적인 평화를 누릴 수 있는 경우가 많아 보인다. 세상에서 너무 많은 고난을 겪다 보면 안정을 회복하려는 생존 투쟁에 머무르게된다. 따라서 영적 평화의 필요성이 뒤로 밀려나곤 한다. 하지만 (애도의 시간, 비통한 상실, 숨 막히는 결핍과 같은) 맹렬한 비탄의 시기가 지나고 나면 비물질적인 모든 것으로부터 진정한 구원이 온다. 앞서 언급한 사랑, 영성, 믿음, 위로하는 환상과 같이 실체 없고 연약한 모든 것들에서.

외상 후 성장을 이해하려면 끝과 시작을 관장하는 법칙을 이해해야한다. 죽음과 시련은 거칠고 확실하게 발생하는 반면 행복이 다시 찾아오는 방식은 막연하고 점진적이다. 그렇기에 시련에는 기나긴 침체가 존재한다. 행복의 가능성을 믿지 않고 지키지 않으며 관심을 기울이지 않는다면 더욱 더디게 돌아올 것이다. 불행에는 이러한 불안정성이나 요구 사항이 없을뿐더러 우리의 관심 여부에 상관없이 우리를 찾아올 수 있다. 다시 일어서는 것보다 더 빨리 넘어지곤 하는 이유가 바로 이 때문이다. 안좋은 일은 한 번에, 크게, 난폭하게 일어난다. 좋은 일은 천천히, 불안정하게, 불확실하게 일어날 뿐이다.

고난을 겪고 돌아오면 초반에는 모르는 편이 나았던 것을 알게 된 씁쓸함을 경험한다. 행복은 깨지기 쉽고, 인생의 목표들은 대부분 부수적이며, 우리는 인간 조건의 나약함에 대한 무의식과 그 아름다움에 대한 무의식이라는 이중 무의식과 피상 속에서 너무도 많이 허우적거린다는 사실이다. 부지불식간에 진부함과 피상성, 범속성 가운데 살고 있음을 깨닫는다.

커다란 시련을 겪은 후에는 더 이상 이러한 삶의 방식에 이끌리지 않으며 다시는 돌아가고 싶지 않아진다. 즐거우나 무의미한 활동으로 돌아설 마음은 추호도 들지 않는다. 우리 존재 전체, 혹은 그를 향한 우리의 시선이 변화되어야 한다는 사실을 깨닫기도 한다. 메마르게 하는 일상성과 풍요롭게 하는 일상성의 차이를 발견했기 때문이다. 죽을 뻔했던, 혹은 가까운 이의 죽음을 목격한 이의 눈에 예사롭지 않은 것은 이제 없다. 우리 삶이 일련의 겸허한 경이들로 이루어졌다는 사실을 이해한 후에야 시련에서 비롯된 풍요를 경험할 수 있다. 고통의 유일하지만 커다란 장점은 **고통이 부재한** 행복에 눈을 뜨게 한다는 것이다. 마치 심한 치통을 겪다가 치료를 받거나 발치하여 통증이 사라진 것과 같다. 고통에 관한 기나긴 철학이나 심리학 강연보다 경험을 통해 배우는 바가 더 많다. 일부 지식인들에게는 곤란하리만큼 간소해 보이겠지만, "경험은 조언보다 확실하게 가르친다"라는 앙드레 지드André Gide의 말마따나 나는 누구나 접근 가능한 이 간결한 교훈이 좋다.[14] 지옥을 경험한 이는 두려움 없이 미래를 바라볼 수 있다. 미래에서 다가오는 죽음보다는 남은 생을 보게 된다. 유쾌한 사람이자 그리스의 신학자였던 오리게네스Origen 교부처럼 사유하게 된다. 그는 250년 당시 "모든 것을 경험해보고, 좋은 것은 간직하라"고 가르쳤다.**15** 우리에게 오는 것을 직면하고 받아들이며 가치 있는 것을 누리라는 이 가르침은 수 세기가 흐른 지금에도 여전히 시사하는 바가 크다.

위로의 세 가지 (잠재적) 유산

상호 의존의 발견과 그 원동력인 감사

저널리스트 엘리자베스 퀸Élisabeth Quin은 『깊어가는 밤La nuit se lève』에서 자신의 녹내장 발병을 이야기하며 다음의 문장을 인용한다. "나는 항상 낯선 이들의 친절을 믿었다."**16** 그리고 이 문장이 시각 장애인들의 모토로 사용될 수 있다고 말했다. 그녀도 곧 시각 장애인이 될 터였다. 사실 이 문장은 연약하지만 낙관적인 모든 인류의 모토가 되기에 충분하다.

상호 의존은 현실이자 이상이다. 타인 없이는 생존할 수도, 성숙할 수도 없기에 현실이며, 이러한 현실을 이해하고 인정하고 나면 위협이 ("타인 없이 나는 아무것도 아니야") 아니라 기회이자("타인 덕분에 내 인생은 더욱 아름다워") 목표로서(계산하지 않고 기쁜 마음으로 관계와 교류와 상호 격려를 증가시킨다) 살아내야 하기에 이상이다.

비탄에 잠겼을 때 애정으로 우리를 구해내는 것이 바로 상호 의존이다. "혼자서는 더 빨리 가지만, 함께 하면 더 멀리 갈 수 있다"가 상호 의존의 모토이다. 여기에 이렇게 덧붙일 수 있다. "그리고 함께 하면 넘어져도 더 잘 일어설 수 있다." 우리 스스로 이루어낼 수 없는 것이 있다는 사실을 깨닫게 하는 것이 바로 타인의 위로가 가진 장점이다.

슬픔과 위로의 유산

상호 의존의 핵심 감정은 감사이다. 우리가 받은 바를 인식하고 그로 인해 기뻐하는 마음. 행복과 성공을 경험할 때마다 받았던 도움을 가슴과 머리로 기억할 뿐 아니라 가능하다면 현실에서 말로써 감사를 표현한다. 감사를 통해 인생이 과거와 지금 타인으로부터 받은 것으로 인해 아름다우며 상호 의존이 지속되어야만 아름답다는 사실을 깨닫는다.

슬픔을 겪을 때는 위로받고 한참 지난 뒤에야 감사가 떠오르는 경우가 많다. 물에 빠진 사람을 구해주면 일단 호흡과 정신을 가다듬느라 구해준 이에게 즉시 "고맙습니다"라고 말할 정신이 없는 법이다. 중요치 않다. 긍정심리학에 의하면 감사하는 마음은 다소 소박해 보이는, 매일 잠들기 전 그날의 선행과 웃음, 조언, 도움 등을 떠올리는 것 같은 작고 귀납적인 경험들을 통해서도 길러질 수 있다. 이 방식의 상당한 효과는 다수의 연구를 통해 증명되었다.[17]

당장은 삶의 관점 외에 그 어떠한 변화도 가져오지 않는 듯 보이는 (잠들기 전에 하는 사소한 마음 연습에 어찌 무언가 변화시킬 힘이 있겠는가?) 이 훈련을 좋아한다. 우리 모두가 알고 있듯이, 사실 이 관점에 모든 것을 바꿀 능력이 있다.

상호 의존에 대한 인식은 우리를 매우 풍요롭게 하지만 시련 후에야 상호 의존의 존재와 중요성에 대해 인식하기 수월해진다. 도움과 위로를 통해 그 필요성을 절감하기 때문이다. 매일 내면에 감사가 살아있게 하면 상호 의존에 대한 인식이 살아 숨 쉬며 펼쳐질 수 있고, 베풀어야 하는 위로에는 주의를 기울이고, 언젠가 받아야 할 위로에는 수용적일 수 있다.

경이

지금까지 함께 살펴보았듯이, 철학은 진정한 행복을 발견하기 위해서는 시련을 겪거나, 삶이 우리를 시련으로부터 지켜주지 않는다는 점을 이해하는 것이 유용하다는 사실을 우리에게 기꺼이 가르친다. 그러나 고난만이 인생이란 진정 무엇인지 인식하는 유일한 기회는 아니다. 그리고 시련만이 현실을 가리는 환상의 장막을 찢을 수 있는 유일한 가능성도 아니다. 인생의 의미를 되찾기 위해 외상 후 성장에만 기대를 걸기보다는 다른 방법, 즉 외상 **전** 성장을 시도하고 "우리를 죽이지 않는 것은…"으로 시작하는 불쾌한 문장을 "불행을 통해 강해지지 말고 기회를 통해 강해져라"라는 문장으로 대체하라.

그러기 위해서는 인생으로 인해 울고 웃는 능력과, 다음의 이야기처럼 감정과 해체마저 감격스레 받아들이는 능력이 필요하다. "분별력을 잃었지만 기억은 잃지 않은 노파가 있다. 그녀는 남편을 아버지로 착각하고 열다섯 살 때처럼 말을 건넨다. 그러면 남편은 매료된 채 중학교에서 일어난 이야기, 친구들과 첫사랑 이야기를 한없이 듣는다. 아내의 과거를 마주하는 것이다."[18]

이 분야에서 우리는 유쾌한 사람과 경이에 찬 사람을 통해 많은 것을 배울 수 있다. 예전에는 경이에 찬 사람을 거의 멍청한 수준의, 무언가 부족한 사람이라고 여겼다. 통찰력이 부족하다고. 그러나 이제는 그들을 지혜로운, 무언가 남들에게 없는 것을 갖춘 사람이라 여긴다. 그 역시 통찰력이다. 다만 전사의 통찰력이 아니라 현자의 통찰력이다.

경이에 찬 사람의 예로 동굴 탐험에 관한 다큐멘터리를 시청하던 중 티비 앞에서 사망한 조제프 케셀이 있다. 그의 마지막 유언은 "경이롭도

슬픔과 위로의 유산

다…"였다.**19**

경이에 찬 또 다른 사람, 한 친구가 어느 날 내게 말했다. "행복에 한 대 세게 맞았네." 우울했던 그에게 아기가 생긴 것이다. 아기로 인해 그는 외상 후 스트레스의 메커니즘과 정확히 반대되고 대칭을 이루는, 행복의 갑작스럽고 부인할 수 없는 출현과 그 (아주 드문) 트라우마에 영향을 받아 기쁨과 경이라는 새로운 세계에 들어섰다.

경이에 찬 나의 장인은 기술의 발전, 평화 조약 체결, 세상을 아름답게 하는 일 등 기쁜 소식을 다루는 신문 기사를 모두 오려 커다란 파일에 정성스레 넣어두었다. 그리고 화해나 가족들의 좋은 소식, 감격스러운 순간 등 개인적인 사건들도 기록했다. 파일의 제목은 〈나를 감동하게 만드는 것들〉이라 적었다. 그는 염세주의자들이 걱정스러운 신호를 탐지하는 데에 들이는 만큼의 에너지를 이 행복주의적 탐색에 쏟았다.

'고통받고, 고통받고, 고통받다가 결국 죽는' 것이 삶이라는 사실을 이해할수록 이 여정을 거치는 방법은 여러 가지가 있으며, 괴로워하는 이가 있고 경이에 찬 이가 있다는 것을 발견한다. 후자의 방식이 더욱 현명할 뿐 아니라 더 즐겁다.

경이에 찬 사람은 인생의 상처를 겪은 적이 없을까? 결코 그렇지 않다. 그러나 금세 스스로 위로하고, 매일의 경이로 생성된 심리적 면역력을 통해 빨리 회복한다. "어떤 일이 있어도 이 삶은 아름답고 즐겁고 흥미로웠으니 후회가 전혀 없다." 그들은 모든 작은 행복의 순간들을 과거와 미래의 고통에 대한 위로라 여긴다. 경이에 찬 이들은 실패와 고난을 미리 위안받고 해방된 자들이다. 이전에 잃어버린, 지나간, 혹은 놓친 경이와 행복에 매달려있지 않기에 지금의 경이와 행복에 항상 열려있다.

내가 여기 있어요

상처를 인정하고 애정 기울이기

시련으로 인해 상처받고 약해지고 환상을 잃었기에 그 경험을 애석하게 생각할 수 있다. 마찬가지로 살아오며 노쇠해졌기에 삶을 겪었음을 애석하게 여길 수도 있다. 하지만 이는 자연스러운 흐름이다. 지나가는 시간은 우리를 손상시키는 동시에 풍요롭게 한다. 이 둘은 불가분한 과정이다. 눈에 보이지 않을 수도 있지만 우리의 시선을 필요로 하지 않으며, 우리가 어떻게 하든 존재하는 득실이다. 그러므로 하나에만 집중하거나, 넓은 시야로 둘 모두를 바라보는 법을 배워야 한다. 시간의 흐름과 시련에 잃은 것들에 대해 스스로 위로하고자 한다면 시간과 삶이 우리에게 선물한 것을 바라보는 것으로 족하다.

얼마 전 사무실에서 자리를 옮기다가 아주 오래전 툴루즈에서 친구가 선물해 주었던 작은 석고상을 떨어뜨렸다.[20] 갈색 옷을 입고 광배를 단 채 두 손 모아 기도하는 형태의 단순한 성모 마리아 입상이었다. 떨어진 충격으로 목이 부러졌다. 마리아상과 거기 깃든 추억 때문에 마음이 아팠다. 겨우겨우 붙이고 얼마간은 접착제와 벗겨진 석고의 흔적을 볼 때마다 조금 슬펐다. 조금인 이유는, 인생에는 부서진 작은 물건보다 더 중요한 일들이 많기 때문이다. 그렇지만 마음이 어떤 식으로 작용하는지 우리 모두 알고 있지 않은가. 석고상을 고치고 다시 붙이는 것으론 충분한 위로가 되지 못했다. 아름다운 물건이 부러졌던 흔적을 볼 때마다, 망가뜨리지 않을 수 있었다는 생각에 슬퍼질 바에는 차라리 없애버리고 싶었다. 그런데 그럴 수 없었다. 그래서 마리아의 목에 난 흉터는 이제 그녀의 역사, 그녀와 나의 이야기의 일부라 생각하기로 했다.

슬픔과 위로의 유산

그러자 어느 정도 위로가 됐다. 그리고 시간이 흐르며 물밑으로 지속되던 위로의 작업이 나의 노력으로 궤도에 올랐다. 여전히 내 사무실에 자리한 그 석고상을 바라볼 때 이제는 안정된 시선으로 바라볼 수 있다. 떨어트린 기억, 내가 느낀 슬픔과 고쳤던 기억이 툴루즈의 친구에 대한 기억, 석고상을 두었던 자리에 대한 기억 등에 더해져서 마음이 한층 더 풍요로워졌다. 마리아상의 모험은 불교에서 중요히 여기는 비(非)영속성의 원칙을 떠오르게 한다. 모든 것은 깨지고 모든 것은 지나간다. 석고상과 나 또한 모두 깨지고 해체되고 티끌이 되고 먼지가 되었다가 언젠가 다른 무언가로 다시 생겨날 운명이다.

기분이 좋을 때면, 이어 붙인 흔적이 있는 그 작은 마리아상이 예전처럼 여전히 아름답게 보인다. 흉터에도 불구하고 마리아상은 은총이 가득한 모습이다. 어쩌면 무구한 상태였을 때보다 더 아름다워졌는지도 모른다. 일본의 '킨츠기(金継ぎ)' 기술처럼.

역사와 가치가 귀중한 물건이 깨졌을 때 그것을 조심스레 고치되, 수리한 흔적을 숨기지 않는 것이 킨츠기의 정신이다. 깨졌던 흔적마저 이제 존재의 일부가 되었으므로 오히려 더 아름답고 눈에 띄게 만든다. 주로 도자기 그릇 수선에 쓰이는 전통 킨츠기는 접착제로 조각들을 정밀하게 붙인 뒤 옻칠하고 금으로 덮는다. 그 결과 금빛의 섬세한 흉터로 인해 더 아름다우며, 물건과 소유인의 역사를 보여주는, 깨지기 전보다 더 귀중한 물건이 탄생한다. 물질적 파손의 고통에 대해 이토록 아름답고 지혜로우며 우아한 위로가 또 있을까?

나는 닳고 깨진 것을 기꺼이 버리는 시대에 역행하는 이 놀라운 행위를 좋아한다. 내가 킨츠기를 좋아하는 데에는 가끔 '킨츠기형 인간'을 만난 듯한 느낌이 한몫한다. 손상을 입고도 쓰라림이나 회한을 간직하지 않고 다시금 회복하는 사람들, 오히려 발전하여 재건하고 확장되고 개선되고 개량된 이들이 있다.

그들은 깨어진 삶의 조각을 다시 붙였다. 울고, 위로받았으며, 삶과 사람을 다시 사랑하기 위해 노력했다. 마음의 흉터는 점차 선(善)과 지혜의 금으로 덮였다. 지옥을 지나 삶을 사랑하고픈 욕망을 갖고 나온 이들에게서 볼 수 있는 위로 받은 지혜일 것이다. 내 주위에도 수많은 이들이 있다. 심각한 사고를 겪은 후 다리를 저는 친구, 지독한 우울증에서 벗어난 친구, 수차례 입원 끝에 완치된 환자… 역경으로 깨진 자신의 모습을 보았지만, 오늘날 그들의 미소는 금의 가치를 지닌다. 그들이 바로 킨츠기가 된 것이다.

슬픔과 위로의 유산

모든 것의 끝을
두려움 없이 바라보라

어릴 때부터 그대를 따라다니던 아름다움은
시련에도 놓아주려 하지 않고
그대의 표정을 조각한 오만한 세월은
그 광휘를 보존하고 지워짐을 두려워하네.

모든 것의 끝을 두려움 없이 바라보라.
만족한 눈으로 거울을 바라보라.
그대의 백합도 장미도 시들지 않으니
그대 삶의 겨울은 또 다른 봄이어라.

시인 프랑수아 메나르François Maynard가
다른 이와 결혼했다가 과부가 된,
그가 여전히 사랑하던 젊은 시절 연인에게
1638년 보낸 시**21**

끝난 것은 아무것도 없어…

오라시스(Orasis): 그리스인들은 사라짐과 동시에 알아차릴 수 있는 신성한 존재의 출현을 이렇게 표현했다. 위로도 처음에는 오라시스와 같다. 아주 미세하게 선한 영향을 주는 유약하고 희미한 단어, 손짓, 말과 노력 하나에서 시작된다. 이 영향은 순간적이며 금세 지워져 고통이 다시 찾아온다. 하지만 이 순간이 주는 알아챌 수 없는 미미한 자극이 다음 위로, 다음 행복이 오기까지 우리를 살게 한다.

비탄에 빠져 있을 때는 슬픔과 불안이 우리 안에 자리 잡고 조금이라도 나아지려는 가능성에 대한 모든 민감성과 능력을 박살 내기 때문에 위로를 감지하기 어렵다. 그래도 상관없다.

다시 생으로 돌아온 때에야 무슨 일이 일어났는지, 우리를 위로해 준 순간들을 이해할 수 있다.

위로는 본질적으로 행복과 같다. 다만 불행의 검은 빛에 가려졌을 뿐이다. 위로는 슬픔에 잠겨 모든 행복이 무용하고 하찮으며 불쾌하게까지 여겨지는 순간에 사물의 부드러움, 사람의 다정함, 세상의 아름다움이 우리를 감싸도록 두는 것이다.

그러면 너울거리는 위로의 빛이 우리에게 저 멀리 출구를 보여주며 미세한 목소리로 속삭인다. "끝난 것은 아무것도 없어. 단 하나의 행복으로 다시 시작할 수 있어."[22]

위로받는다는 것은 이 말을 믿고자 하는 마음이다. 그래, 끝난 것은 아무것도 없어, 하나의 행복만 있다면 다시 시작할 수 있지….

철학적 위로

알랭 드 보통

『철학의 위안Les Consolations de la philosophie』, Mercure de France, 2001.
가볍고 실제적이며 생동감 있는 작품으로서 어떻게 소크라테스가 악평을, 에피쿠로스가 가난을, 몽테뉴가 좌절감을, 쇼펜하우어가 사랑의 시련을 위로했는지 이야기한다. 교육적이고 고무적인 책이다.

• 『철학의 위안』, 정명진 옮김, 청미래, 2012.

앙드레 콩트-스퐁빌

『위로할 수 없는 외 즉흥 에세이L'Inconsolable et autres impromtus』,
PUF, 2018.
이 책에 담긴 짧막한 글 중 위로에 관한 내용은 첫 번째 글이 전부이지만, 그래도 읽어볼 만한 가치가 있다(사실 다른 책들도 마찬가지다). 작가가 겪은 시련을 가감 없이 이야기하며 철학보다 더 큰 도움이 되었던 우정과 삶의 생동감을 소개한다. 재치 있고 용기를 준다.

뱅상 들르크루아

『철학적 위로Consolation philosophique』, Payot & Rivages, 2020.
위로의 가능성, 특히 철학에 의한 위로 자체에 대해 어둡고 다소 회의적인 책. "루킬리우스Lucilius에게 보내는 편지(스토아 철학자 세네카가 말년에 루킬리우스에게 보낸 서한을 말함 - 편집자주)에 나온 지침을 충실히 따라 위로해본 사람이 있기나 한가?"

미카엘 페셸

『위로의 시간Le Temps de la consolation』, Seuil, 2015.
모든 인간 사회 내 비탄과 위로의 의미와 사회적 역할에 관한 길고 심도 있는 철학적·정치적 고찰. "위로를 생각함으로써 우리는 애도 혹은 회복의 명령으로도 종식하지 못한 고통의 파괴력을 제대로 다루게 된다."

공동의 위로

자크 아탈리·스테파니 본비치니

『위로La Consolation』, Naïve/France Culture, 2012.
France Culture 방송 이후 발간된 책으로 사상가, 저널리스트, 정신의학자, 성직자, 랍비, 혹은 상을 치른 일반인 등이 가진 위로에 대한 시각을 다룬다. 개인적이고 솔직한 견해를 다양하고 풍부하게 접할 수 있다.

에마뉘엘 위스망 페랭 외 공저

『위로, 아픈 마음을 위한 말La Consolation, Mots pour maux』,
Autrement, 1997.
영화에서 오페라까지, 철학에서 심리학까지, 다독임에서 기도에 이르는 위로가 가진 모든 얼굴에 관하여 작가, 철학자, 예술가 등이 전하는 다양한 시선.

위로의 경험

안-도핀 줄리앙

『위로Consolation』, Les Arènes, 2020.

"저는 제 딸들을 잃었습니다. 이 말을 하고 나면 내게서 멀어지는 이들
도 있고 […] 입을 닫는 이들도 있고 […] '저도요' 속삭이는 이들도 있고
[…] 그제야 다가오는 이들도 있다." 두 자녀를 잃는 아픔을 겪은 어머니
가 받은 위로에 관한 감동적이고 도움이 되는 이야기.

클레르 오페르트

『슈베르트라는 붕대Le Pansement Scubert』, Denoël, 2020.

죽음을 앞둔, 병들고, 장애를 가진 사람들 곁에서 연주한 음악이 예기치
못한 위로의 힘을 발휘하는 모습을 발견한 한 첼리스트의 경험담. 놀람
에서 감탄까지, 이 책은 고통받던 이들이 어느 첼리스트의 연주를 듣고
위안을 받았다는 단순한 이야기를 바탕으로 여러 만남을 소개한다.

심리적 위로

크리스토프 포레

『그날 그날의 애도Vivre le deuil au jour le jour』, Albin Michel, 2004(2판).

알랭 소트로

『너의 죽음 이후의 삶Vivre après ta mort』, Odile Jacob, 2017.

슬픔에 잠긴 사람들을 전문으로 치료하는 신경정신과 의사들이 쓴 작
품. 두 권 모두 위로에 국한된 내용은 아니지만, 위로를 주는 설명과 조
언이 가득 담겨있다.

내가 여기 있어요

종교가 주는 위로

단테

『나는 이 땅에서 위로를 얻고자 했네Je cherchais ma consolation sur la terre...』, Gallimard, ⟨Folio sagesse⟩, 2018.

인생의 사랑이었던 베아트리체가 죽고 절망에 빠진 단테는 철학 서적과 흘러가는 시간에서 위로받기에 실패한 뒤 신과 그의 은총에서 위안을 얻었다.

마이스터 에크하르트

『신적 위로의 책La Divine Consolation』, Rivages, 2004.

이 개론서는 본래 유명한 중세 신학자이자 신비주의 사상가였던 저자가 헝가리의 아녜스 왕후를 신적 은총으로 초청하고자 쓴 책이다. 저자에게 있어 최우선 순위는 '신적 위로'에 들어가는 것인데, 즉 우리 안에 숨어 현존하는 신의 발견을 의미한다. 신앙뿐 아니라 개인적 분리의 노력 전반을 통해 가능하며 에크하르트는 이 두 번째 대목 때문에 종교 재판의 이단 시비에 휘말렸다.

• 『신적 위로의 책』, 이부현 옮김, 누멘, 2009.

모니크 뒤랑-우드

『위로를 찾습니다Consolation. Avis de recherche』, Cerf, 2018.

병원에 파견된 수련 수녀 아델이 임종을 앞둔 어린 소년과 만난 후 위로를 찾는 이야기를 담은 소설이다. 철학에서 시작해 기독교 신앙으로 눈을 돌리고, 그 이후 소년의 방에서부터 수수께끼의 해답을 찾기까지의 여정을 다룬다.

참고 문헌과 작가 코멘트

델핀 오르빌뢰르

『당신이 살았던 날들Vivre avec nos morts』, Grasset, 2021.
위로보다는 슬퍼하는 사람들을 만난 이야기 그리고 죽음과 가까운 이
가 겪는 고통에 관한 전통적 유대 사상을 다룬 책.

• 『당신이 살았던 날들』, 김두리 옮김, 북하우스, 2022.

레진 메르

『성경이 말하는 위로Ce que dit la Bible sur la consolation』,
Nouvelle Cité, 2015.
구약과 신약에 나오는 위로를 모은 선집. 히브리어 '위로(nahum)'라는 단
어는 어원 "NHM"에서 유래했으며 노아(Noah)와 같은 인명을 파생시켰
다. "이 자가 피로와 손의 수고로부터 우리를 위로할 것이라."(창세기 5:29)

고대의 위로

보에티우스

『철학의 위안La Consolation de Philosophie』, Les Belles Lettres, 2002.
로마 제국 멸망 50년 후인 524년, 동고트 왕국 테오도리크 대왕의 집정
관이자 철학자였던 보에티우스는 실각해 감옥에 갇혀 고문당한 뒤 사
형 선고를 받는다. 그러한 와중에 그는 키 크고 아름다운 여성으로 현신
한 철학이 위안이 되는 대화를 나누고자 자신을 찾아오는 상상을 통해
이 작품을 집필한다. 하지만 철학은 결코 만만한 상대가 아니며, 시의
뮤즈가 보에티우스의 침대맡에 찾아와 예술로써 그를 위로하려 하자
격분한다. "누가 이 작은 연극의 벼룩들이 병자에게 다가오도록 허락했
는가?" 그녀가 보에티우스에게 전할 것은 많은 데에 반해 시간은 없던
탓이었다.

• 『철학의 위안』, 박문채 옮김, 현대지성, 2018.

플루타르코스

『아내에게 보내는 위로의 편지Consolation à sa femme』,

Rivages Poche, 2018.

두 살배기 딸 티모세나가 죽자 출타 중이던 플루타르코스는 아내를 위로하고자 편지를 쓴다. 당시의 예법에 따른 글은 오늘날 우리가 보기에 짐짓 투박하고 점잔 빼는 듯이 보인다. 하지만 탐독하다 보면 플루타르코스의 고통과 아이에 대한 아름다운 추억을 간직하고픈 그의 염원을 분명히 발견할 수 있을 것이다. "그러나 이 아이가 우리의 가장 소중한 환희였고, 가장 달콤한 정경이었으며, 가장 감미로운 음악이었듯 그러한 관념을 우리 마음 깊이 더욱 충실하게 간직해야 하오. 우리가 슬픔보다 더 많은 기쁨을 간직해야 한다는 말이오."

세네카

『철학자의 위로(위로 3부작)Consolations (Dialogues, tome III)』,

Les Belles Lettres, 1975.

세네카는 가족과 친구들에게 수많은 위로의 편지를 썼다. 로마인들이 흔히 그러했듯 문체를 연습한 것으로 보아도 무방하다. 하지만 단순한 습작으로 치부하기엔 아쉽다. 세네카의 위로는 스토아 철학의 대원칙을 비롯하여 삶, 역경, 죽음에 대한 그의 태도를 실제로 적용한 사례이기도 하다.

• 『철학자의 위로』, 이세운 옮김, 민음사, 2022.

감사의 말

어느 가을, 엉 칼카 수도원에서
내게 영원한 위로를 준
드니 위베르 형제와 그의 분신 테오팀 수사에게.

응원과 우정을 전해준 카트린과 소피에게.

내게 사랑을 주는 폴린, 포스틴, 루이즈와 셀레스트에게.

주
석

국내 발간된 도서의 경우 제목을 굵게 표기하였습니다.

1) 『La *Légende des siècles*』, XXI. (Le Temps présent), Hetzel, 1877.

위로

1) Gustave Thibon, 『*L'Ignorance étoilée*』, Fayard, 1974, p. 47.
2) André Comte-Sponville, 『*L'Inconsolable et autres impromptus*』, PUF, 2018, p. 25.
3) Malherbe, 『*Poésies*』, Gallimard, 1971, p. 49.

비탄

1) Vincent Delecroix, 『*Consolation philosophique*』, Payot & Rivages, 2020, p. 137.
2) Goethe, 『**Faust I·II**』(1808 · 1832), Flammarion, (GF), 1984, p. 220.
3) Gustave Thibon, 『*L'Illusion féconde*』, Fayard, 1995, p. 13.
4) Marie Noël, 『*Les Chansons et les Heures*』(1922), Gallimard, (Poésie/Gallimard), 1983 (「Conseils」, p. 54).
5) 위의 책, (「Attente」, p. 44).
6) Épicure, 『*Lettres, maximes et autres textes*』, Flammarion, (GF), 2011, p. 121 (바티칸 격언 31).
7) Anne-Dauphine Julliand, 『*Consolation*』, Les Arènes, 2020, p. 13.
8) 위의 책, p. 54.
9) Christophe Fauré, 『*Vivre le deuil au jour le jour*』, Albin Michel, 2004, p. 234.
10) 테런스 맬릭(Terrence Malick)의 2019년 영화. (국내 개봉명은 〈히든 라이프〉 - 옮긴이주)
11) George Eliot, 『**Middlemarch**』, Gallimard, (Folio classique), 2005. 에서 인용한 문장.
12) Viviana E. Horigian 외, 「Loneliness, mental health, and substance use among US young adults during COVID-19」, 『*Journal of Psychoactive Drugs*』, 53(1), 2021, p. 1-9. 그리고 : Helen Cowie·Carrie-Anne Myers, 「The impact of the COVID-19

내가 여기 있어요

pandemic on the mental health and well-being of children and young people」,
『*Children & Society*』, 35(1), 2021, p. 62-74.

13) Montaigne, 『*Les Essais*』, 제3권 (1588), 9장 (「De la vanité」). Édition en français moderne de Claude Pinganaud, Arlea, 2004, p. 681.

14) 1954년 자살로 생을 마감한 스웨덴 작가 스티그 다게르만(Stig Dagerman)의 저서 중 1993년 Actes Sud에서 출간한 작품의 제목.

15) Francis Scott Fitzgerald, 『*La Fêlure*』 (1963), Gallimard, (Folio), 1981, p. 485.

16) Shakespeare, 『*The Tempest*』 (v. 1611), 1막 2장.

17) Érasme, 『*Les Adages*』, volume 1, adage 2.7, Les Belles Lettres, 2011, p. 48-49.

18) Jacques Drillon의 블로그, Les Petits Papiers, n° 66, 「Les mots empoisonnés」, 2020년 7월 17일.

19) Laure Adler, 『*À ce soir*』, Gallimard, (Folio), 2002, p. 184.

우리를 위로하는 것: 관계의 회복

1) Jean Lacouture, 『*Album Montaigne*』, Gallimard, (Albums de la Pléiade), 2007, p. 136.

2) Michaël Foessel, 『*Le Temps de la consolation*』, Seuil, 2015.

3) Pascal Quignard, 『*La Barque silencieuse*』, Seuil, 2009, p. 193.

4) Anouk Grinberg, 『*Rosa, la vie. Lettres de Rosa Luxemburg. Textes choisis par Anouk Grinberg*』, Éditions de l'Atelier et France Culture, 2009, 1917년 3월 30일 서신, p. 123.

5) 자크 드리용의 블로그, Les Petits papiers, n° 125, 「L'espion de l'âge」, 2021년 9월 3일.

6) Anouk Grinberg, 『*Rosa, la vie*』, 전게서, 1915년 5월 25일 서신, p. 53.

7) 위의 책, 1917년 3월 30일 서신, p. 123.

8) Frans de Waal, 『*De la réconciliation chez les primates*』, Flammarion, 1992, p. 66-67.

9) Frans de Waal, 『*Le Bon Singe. Les bases naturelles de la morale*』, Bayard, 1997, p. 79.

10) Amrisha Vaish 외, 「Sympathy through affective perspective-taking, and its relation to prosocial behavior in toddlers」, 『*Developmental Psychology*』, 45(2), 2009, p. 534-543.

11) Delphine Horvilleur, 『***Vivre avec nos morts***』, Grasset, 2021, p. 80.
(델핀 오르빌뢰르 지음, 김두리 옮김, 『당신이 살았던 날들』, 북하우스, 2021.)

12) Albert Camus · René Char, 『***Correspondance 1946-1959***』, Gallimard, 2007
(카뮈가 샤르에게 1957년 9월 17일 보낸 편지). (알베르 카뮈 · 르네 샤르 지음, 백선희 옮김, 『알베르 카뮈와 르네 샤르의 편지』, 마음의숲, 2017)

13) 위의 책. 샤르가 카뮈에게 1953년 12월 2일 보낸 편지.

14) 위의 책. 카뮈가 샤르에게 1948년 4월 보낸 편지.

15) 위의 책. 샤르가 카뮈에게 1947년 6월 22일 보낸 편지.

16) Gustave Thibon, 『*L'Ignorance étoilée*』, 전게서, p. 183.

17) 2013년 주간지 『*L'Express*』에 게재된 인터뷰(Christian Bobin : "Nous ne sommes pas obligés d'obéir", 주간지 홈페이지에서 인터뷰 전문 열람 가능).

18) 2016년 9월 24일, 브뤼셀 에메르장스(Émergences) 협회 학회.
19) Alain, 『*Propos*』, tome I, Gallimard, (Bibliothèque de la Pléiade), 1956, 1911년 12월 31일의 말 (「Gribouille」), p. 124-125.
20) 2018년 4월 『*Psychologies*』에 실린 칼럼.
21) Heinrich von Kleist, 『*Récits*』, Le Promeneur, 2000.
22) Paul Ekman 외, 「The Duchenne smile : emotional expression and brain physiology, II」, 『*Journal of Personality and Social Psychology*』, 1990, 58(2), p. 342-353.
23) Anthony Papa · George A. Bonanno, 「Smiling in the face of adversity : The interpersonal and intraparsonal functions of smiling」, 『*Emotion*』, 2008, 8(1), p. 1-12.
24) Dacher Keltner · George A. Bonanno, 「A study of laughter and dissociation : Distinct correlates of laughter and smiling during bereavement」, 『*Journal of Personality and Social Psychology*』, 1997, 73(4), p. 687-702.
25) Pascal Quignard, 『*La Barque silencieuse*』, 전게서, p. 15에서 재인용.
26) Guillaume Apollinaire, 『*Le Guetteur mélancolique*』, Gallimard, (Poésie/Gallimard), 1970, p. 11.
27) Érasme, 『*De conscribendis epistolis*』(1522), ch. 49-50, Exercices de rhétorique [온라인], 「Sur la consolation」, n° 9, 2017.

타인을 위로하기

1) Jules Renard, 『*Journal*』 (1897년 10월 9일).
2) Andre Comte-Sponville, 『*L'Inconsolable*』, 전게서, p. 22에서 재인용.
3) Dutramblay의 우화 「La jeune fille et son chat」. Jean-Yves Dournon, 『*Grand Dictionnaire des citations françaises*』, L'Archipel, 2002.에서 재인용.
4) Vincent Delecroix, 『*Consolation philosophique*』, 전게서, p. 210.
5) Emmanuel Carrère, 「*Yoga*」, P.O.L, 2020, p. 135.
6) Julian Barnes, 『**Le Perroquet de Flaubert**』, Stock, 2000, p. 287에서 재인용. (줄리언 반스 지음, 신재실 옮김, 『플로베르의 앵무새』, 열린책들, 2009.)
7) Anders Norberg · Marcus Bergsten · Berit Lundman, 「A model of consolation」, 『*Nursing Ethics*』, 8(6), 2001, p. 544-553.
8) Anna Söderberg · Fredricka Gilje · Anders Norberg, 「Transforming desolation into consolation: The meaning of being in situations of ethical difficulty in intensive care」, 『*Nursing Ethics*』, 6(5), 1999, p. 357-373.
9) Élisabeth Quin의 에세이 『*La nuit se lève*』 (Grasset, 2019, p. 116)에 등장하는 일화. 니콜은 1928년 발진 티푸스 연구로 노벨상을 받았다.
10) Michaël Foessel, 『*Le Temps de la consolation*』, 전게서, p. 56에서 재인용.
11) Delphine Horvilleur, 『**Vivre avec nos morts**』, 전게서, p. 109.
12) André Comte-Sponville, 『*L'Inconsolable*』, 전게서, p. 11.

13) George Sand, 『*Lettres d'une vie*』, Gallimard, (Folio), 2004 ; George Sand · Gustave Flaubert, 『*Tu aimes trop la littérature, elle te tuera. Correspondance*』, Le Passeur, 2018.

14) Malherbe, 『*Poésies*』, 전게서.

15) Plutarque, 『*Consolation à sa femme*』, Rivages Poche, 2018, p. 33-53.

16) Louis-Ferdinand Céline, 『*Voyage au bout de la nuit*』(1932), Gallimard, 1952.

17) François-René de Chateaubriand, 『*Mémoires d'outre-tombe*』(1848-1850), Gallimard, (Quarto), 1997.

18) Victor Hugo, 『*Choses vues*』(1887-1900), Gallimard, (Folio classique), 1997.

위로를 받아들이고 인정하기

1) Christian Bobin, 『*Autoportrait au radiateur*』, Gallimard, (Folio), 1999, p. 21.

2) Marcel Mauss, 『***Essai sur le don. Forme et raison de l'échange dans les sociétés archaïques***』(마르셀 모스 지음, 이상률 옮김, 『증여론』, 한길사, 2002), 본래 『L'Année sociologique』 두 번째 시리즈 게재 글, 1923-1924.

3) Anne-Dauphine Julliand, 『*Le Figaro*』 유튜브(YouTube) 영상, 2021년 2월 27일.

4) Christopher K. Germer, 『*L'Autocompassion*』 (Éditions Odile Jacob, 2013), 서문에서 영감을 받은 이야기. (크리스토퍼 거머 지음, 서광·김정숙·한창호 옮김, 『오늘부터 나에게 친절하기로 했다』, 더퀘스트, 2018)

5) 「*El Desdichado*」(1854).

6) 창세기 37:35.

7) 예레미야 31:15.

8) Jacques Attali · Stéphanie Bonvicini, 『*La Consolation*』, Naïve/France Culture, 2012, p. 139-148.

9) Anne-Dauphine Julliand, 『*Consolation*』, 전게서, p. 193.

10) Jacques Drillon의 블로그, Les Petits Papiers, n° 107, 「*Le canapé du cyclope*」, 2021년 4월 30일.

11) Stig Dagerman, 『*Notre besoin de consolation est impossible à rassasier*』(1952), Actes Sud, 1981.

12) Fritz Zorn, 『*Mars*』, Gallimard, (Folio), 1982, p. 19.

13) Nancy Huston, 『*Professeurs de désespoir*』, Arles, Actes Sud, 2004, p. 103에서 재인용.

14) Romain Gary, 『*Pour Sganarelle*』(1965), Gallimard, (Folio), 2013.

15) Gustave Thibon, 『*L'Ignorance étoilée*』, 전게서, p. 89.

16) Simon Leys, 『*Les Idées des autres*』, Plon, 2005, p. 14.

17) Catherine Pozzi, 『*Agnès*』(자전 소설, publie a la NRF en fevrier 1927)를 인용한 Julian Barnes, 『*L'Homme en rouge*』, Mercure de France, 2020, p. 202에서 재인용. (줄리언 반스 지음, 정영목 옮김, 『빨간 코트를 입은 남자』, 다산책방, 2021)

18) Barbara Fredrickson, 『*Love 2.0*』, Marabout, 2014.

19) Henry-David Thoreau, 『*Journal 1837-1861*』, Terrail, 2005, p. 216.

20) Stig Dagerman, 『*Notre besoin de consolation est impossible à rassasier*』, 전게서.

위로의 길

1) 폴 클로델(Paul Claudel)이 지극히 개인적으로 번역한 『*Psaumes*』(시편), Téqui, 1986.

2) Evguénia Guinzbourg, 『*Le Vertige*』(1권, 1967), Seuil, (Points), 1990, p. 191.

3) Tzvetan Todorov, 『*Face à l'extrême*』(1991), Seuil, (Points), 1994, p. 99에서 재인용.

4) Sylvain Tesson, 『*Sur les chemins noirs*』, Gallimard, 2016, p. 16.

5) Etty Hillesum, 『*Une vie bouleversée*』, Seuil, 1985, p. 158.

6) Anouk Grinberg, 『*Rosa, la vie*』, 전게서.

7) Mathew P. White 외, 「Spending at least 120 minutes a week in nature is associated with good health and wellbeing」, 『*Scientific Reports*』, 9(1), n° 7730, 2019.

8) Atul Kumar Goyal 외, 「Nature walk decrease the depression by instigating positive mood」, 『*Social Health and Behavior*』, 1(2), 2018, p. 62-66.

9) Hannah Roberts 외, 「The effect of short-term exposure to the natural environment on depressive mood : A systematic review and meta-analysis」, 『*Environmental Research*』, vol. 177, 2019.

10) Albert Camus, 『*Noces*』, 「Le Vent à Djemila」, 『*Œuvres complètes*』(1권) 수록, Gallimard, (Bibliothèque de la Pléiade), 2006, p. 115.

11) Christian Bobin, 『*Ressusciter*』, Gallimard, (Folio), 2003, p. 87.

12) Jessica Michel, 「A parental perspective : The role of companion animals for children during separation and divorce」, 『*thèse de l'université Edith-Cowan*』, 2008. 그리고 : Sargın N 외, 「Pet therapy : an approach to support mental health of people in their life-long during covid-19 period」, 『*International Journal of Quality in Education*』, 2021, 5(2), p. 82-97.

13) Harold Herzog, 「The impact of pets on human health and psychological well-being : Fact, fiction, or hypothesis?」, 『*Current Directions in Psychological Science*』, 20(4), 2011, p. 236-239.

14) Louis-René des Forêts, 『*Pas à pas jusqu'au dernier*』, Mercure de France, 2001, p. 61-62.

15) 『*Les Epistoliers du XVII° siecle*』, Larousse, (Classiques Larousse), 1952, p. 28.

16) Paul T. Williams 외, 「The relationship of walking Intensity to total and cause-specific mortality. Results from the National Walkers' Health Study」, 『*PLOS One*』, 8(11), 2013.

17) Jeffery C. Miller·Zlatan Krizan, 「Walking facilitates positive affect (even when expecting the opposite)」, 『*Emotion*』, 16(5) 2016, p. 775-785. 그리고 : Jutta Mata 외, 「Walk on the bright side : physical activity and affect in major depressive disorder」, 『*Journal of Abnormal Psychology*』, 121(2),

2012, p. 297-308.

18) David Le Breton, 『Marcher la vie』, Métailié, 2020, p. 123에서 재인용.

19) 『The Art Newspaper』, 2021년 1월 20일 온라인 게재.

20) Jacques Attali · Stéphanie Bonvicini, 『La Consolation』, 전게서, p. 10.

21) Alain de Botton · John Armstrong, 『Art et thérapie』, Phaidon(London), 2014, p. 64-65 과 p. 90.

22) Julian Barnes, 『L'Homme en rouge』, 전게서, p. 222에서 재인용.

23) George Sand · Gustave Flaubert, 『Tu aimes trop la littérature, elle te tuera』, 전게서, 1875년 12월 18일과 19일 편지, p. 596-599.

24) 이 걸작은 알자스 지방 콜마르 운터린덴 미술관에 전시되어 있다.

25) Guilherme Brockington 외, 「Storytelling increases oxytocin and positive emotions and decreases cortisol and pain in hospitalized children」, 『Proceedings of the National Academy of Sciences of the United States of America』, 2021, 118(22).

26) 예를 들어 '독서하는 여인 혹은 입으로 행동하는 사람들(La Liseuse ou Les Agités du buccal)' 단체의 홈페이지를 보면 다수의 협회가 이 방식을 제안하며, 고통스러운 만성 질환을 돕기 위한 방편으로 고등 보건기구(Haute Autorité de santé)가 장려한다.

27) Paul Valéry, 『Œuvres』(1권), Gallimard, (Bibliothèque de la Pléiade), 1957, p. 1422.

28) Raymond A. Mar · Keith Oatley, 「The function of fiction is the abstraction and simulation of social experience」, 『Perspectives on Psychological Science』, 2008, 3(3) : 173-192. 그리고 : David C. Kidd · Emanuele Castano, 「Reading literary fiction improves theory of mind」, 『Science』, n° 342, 2013, p. 377-380.

29) Matthew D. Lieberman 외, 「Putting feelings into words. Affect labeling disrupts amygdala activity in response to affective stimuli」, 『Psychological Science』, 18(5), 2007, p. 421-428.

30) Julian Barnes, 『Le Perroquet de Flaubert』, 전게서, p. 303.

31) Wang Wei, 『Le Plein du vide』, Millemont, Éditions Moundarren, 2008, p. 23.

32) André Comte-Sponville, 『Dictionnaire philosophique』, PUF, 2021(3판).

33) Anouk Grinberg, 『Rosa, la vie』, 전게서, p. 177.

34) Paul Valery, 『Tel quel』(1941), Gallimard, (Folio essais), 1996.

35) Anne-Dauphine Julliand, 『Consolation』, 전게서. p. 155-156.

36) 위의 책, p. 181.

37) Alan R. Harvey, 「Links between the neurobiology of oxytocin and human musicality」, 『Frontiers in Human Neuroscience』, 2020, volume 14, article 350.

38) Liila Taruffi · Stefan Koelsch, 「The paradox of music-evoked sadness : An online survey」, 『PLOS One』, 2014, 9(10).

39) Tom F. M. Ter Bogt 외, 「"You're not alone" : Music as a source of consolation among adolescents and young adults」, 『Psychology of Music』, 2017, 45(2), p. 155-171.

40) Jenefer Robinson, 『Music and Meaning』, 1997, Cornell University Press(Ithaca, NY), p. 242-253. 에 게재된 Stephen Davies의 「Why listen to sad music if it makes one feel sad?」.

41） 『*Le Monde*』 인터뷰, 2020년 11월 16일.

42） Claire Oppert, 『*Le Pansement Schubert*』, Denoël, 2020.

43） Cioran, 『*Œuvres*』, Gallimard, (Quarto), 1995, p. 22.

44） 이 연구들의 총체는 James W. Pennebaker · Joshua M. Smyth, 『*Écrire pour se soigner. La science et la pratique de l'écriture expressive*』, Genève, Markus Haller, 2021.

45） Dominique Moncond'huy, 『*Le Tombeau poétique en France*』, La Licorne, 1994.

46） Rosalie Weigand · Thomas Jacobsen, 「Beauty and the busy mind : Occupied working memory resources impair aesthetic experiences in everyday life」, 『*PLOS One*』, 16(3), 2021.

47） Matthew A. Killingsworth · Daniel T. Gilbert, 「A wandering mind is an unhappy mind」, 『*Science*』, n° 330, 2010, p. 932.

48） Betul Keles 외, 「A systematic review : the influence of social media on depression, anxiety and psychological distress in adolescents」, 『*International Journal of Adolescence and Youth*』, 25(1), 2019, p. 79-93. 그리고 : Jasmine N. Khouja 외, 「Is screen time associated with anxiety or depression in young people? Results from a UK birth cohort」, 『*BMC Public Health*』, 19(1), 2019, p. 82.

49） Gioacchino Pagliaro 외, 「A randomized controlled trial of tong len meditation practice in cancer patients : Evaluation of a distant psychological healing effect」, 『*Explore*』, 12(1), 2016, p. 42-49.

50） André Comte-Sponville, 『*L'Inconsolable*』, 전게서, p. 24에서 재인용.

51） 빅토르 위고(Victor Hugo) 사후에 출간한 『*Dernière Gerbe*』(마지막 작품집)에 수록된 시 「Après avoir souffert」에서 발췌, Calmann-Lévy, 1902.

52） Andrew B. Newberg, 『*Principles of Neurotheology*』, Surrey, Ashgate, 2010. 그리고 : Sébastien Bohler, 『*Bonheur (les émotions, comment ça marche?)*』, Aubanel, 2010, p. 48.

53） Andrew Huberman의 인터뷰, 『*Cerveau & Psycho*』, n° 130, 2021년 3월, p. 64-67.

54） Christian Bobin, 『*Autoportrait au radiateur*』, 전게서, p. 36.

55） Clara Strauss 외, 「Mindfulness-based interventions for people diagnosed with a current episode of an anxiety or depressive disorder : A meta-analysis of randomised controlled trials」, 『*PLOS One*』, 9(4), 2014.

56） Cioran, 『*Œuvres*』, 「Écartèlement」, 전게서, p. 1472.

57） Alain, 『*Les Arts et les Dieux*』, Gallimard, (Bibliothèque de la Pléiade), 1958, p. 1058.

58） Stefan Zweig, 『*Le Monde d'hier*』, 『*Romans, nouvelles et récits*』(2권) 수록, Gallimard, (Bibliothèque de la Pléiade), 2013, p. 862.

59） Alexandra M. Tullett 외, 「Randomness increases self-reported anxiety and neurophysiological correlates of performance monitoring」, 『*Social Cognitive and Affective Neuroscience*』, 10(5), 2015, p. 628-635. 연구의 총체는 세바스티앙 볼러 (Sébastien Bohler)의 『*Où est le sens?*』, Robert Laffont, 2020.

60） Paul Ricoeur, 『*Soi-même comme un autre*』, Seuil, 1990.
(폴 리쾨르 지음, 김웅권 옮김, 『타자로서 자기 자신』, 동문선, 2006)

268

61) Épictète, 『Ce qui dépend de nous』, Arléa, 2004.

62) Allon Vishkin 외, 「God rest our hearts : Religiosity and cognitive reappraisal」, 『Emotion』, 16(2), 2016, p. 252-262. 그리고 : Dan Blazer, 「Religion/spirituality and depression : What can we learn from empirical studies?」, 『American Journal of Psychiatry』, 169(1), 2012, p. 10-12.

63) 마태복음 5:4.

64) 시편 69편.

65) 히브리서 13:22.

66) Exercice spirituel n° 316.

67) Saint Ignace de Loyola, 『Exercices spirituels. Texte définitif de 1548』, Seuil, (Points sagesses), 2004.

68) 잠언 3:1.

69) Blaise Pascal, 『Pensées』, 397편 (Lafuma 418 – Brunschvicg 233).

70) Gustave Thibon, 『L'Ignorance étoilée』, 전게서, p. 53.

71) Cioran, 『De l'inconvénient d'être né』(1973), Gallimard, (Idées), 1983, p. 117. (에밀 시오랑 지음, 김정란 옮김, 『태어났음의 불편함』, 현암사, 2020)

72) Christian Bobin, 『Autoportrait au radiateur』, 전게서, p. 30.

73) 위의 책, p. 25.

74) David Servan-Schreiber, 『On peut se dire au revoir plusieurs fois』, Robert Laffont, 2011, p. 156. (다비드 세르방 슈레베르 지음, 권지현 옮김, 『안녕은, 영원한 헤어짐이 아니다』, 중앙북스, 2012)

75) Clément Rosset, 『Le Monde et remèdes』(1964), PUF, 2000 (2판), p. 47.

76) Friedrich Nietzsche, 『Le Livre du philosophe』(1873), Aubier/Flammarion, 1969, p. 173-183.

77) Guillaume Apollinaire, 「À la Santé」, 선집 『Alcools』(1913) 수록.

슬픔과 위로의 유산

1) 뤼방 오지앙(Ruwen Ogien)이 『Philosophie magazine』과의 인터뷰에서 언급, n° 106, 2017년 2월.

2) Nietzsche, 『Le Crépuscule des idoles』(1888), Gallimard, (Folio essais), 1988.

3) Simone Weil, 『La Pesanteur et la grâce』, Plon, 1948, p. 95. (시몬 베유 지음, 윤진 옮김, 『중력과 은총』, 문학과지성사, 2021)

4) Julian Barnes, 『L'Homme en rouge』, 전게서, p. 79에서 재인용

5) Georges Duby, 『Guillaume le Maréchal, le meilleur chevalier du monde』, Fayard, 1984. (조르주 뒤비 지음, 정숙현 옮김, 『위대한 기사 윌리엄 마셜』, 한길사, 2005)

6) Gustave Thibon, 『L'Illusion féconde』, 전게서. p. 22.

7) Joseph Kessel, 소설 『Les Cavaliers』의 서문(「L'Aïeul de tout le monde」),

Gallimard, 1967.

8) Jon Kabat-Zinn, 『*L'Éveil de la société*』, Les Arènes, 2020, p. 35.

9) 2020년 10월 6일 프랑스 앵테르(France Inter) 방송의
〈행복하기를 바랍니다(Grand bien vous fasse)〉.

10) Emmanuel Carrère, 『*Yoga*』, 전게서, p. 233.

11) Steve Taylor, 「Peut-on sortir renforcé(e) d'un trauma?」, 『*Cerveau & Psycho*』, n° 126,
2020년 11월, p. 47-49. 그리고 : Tim Dalgleish 외, 「The Herald of Free Enterprise disaster
: Lessons from the first ten years」, 『*Behavior Modification*』, 24(5), 2000, p. 673-699.

12) Alex P. Linley · Stephen Joseph, 「Positive change following trauma and adversity :
A review」, 『*Journal of Traumatic Stress*』, 17(1), 2004, p. 11-21.

13) Cioran, 『*La Chute dans le temps*』, Gallimard, 1964, p. 144-145.

14) 『*Les Faux-monnayeurs*』, Paris, Gallimard, 1925.

15) Didier Decoin, 『*Dictionnaire amoureux de la Bible*』, Plon, 2009. 책 첫머리의 인용구.

16) 영화 〈욕망이라는 이름의 전차(A Streetcar Named Desire)〉에서 블랑쉬 뒤부아
(Blanche DuBois)의 마지막 대사. Elisabeth Quin, 『*La nuit se lève*』, 전게서,
p. 141에서 재인용.

17) Rébecca Shankland, 『*Les Pouvoirs de la gratitude*』, Odile Jacob, 2016.

18) Jacques Drillon의 블로그, Les Petits Papiers, n° 1, 「Les tentures noires de Romain Gary」,
2019년 4월 19일.

19) Gilles Heuré, 『*Album Kessel*』, Gallimard, (Albums de la Pléiade), 2020, p. 224.

20) 카이젠(Kaizen)에서 작가 본인이 언급함. n° 33, 2017년 여름.

21) 『*Anthologie de la poésie francaise*』(1권), Gallimard, (Bibliothèque de la Pléiade), 2000,
시 「La belle vieille」, p. 984.

22) Émile Zola, 『*Germinal*』(1885), Le Livre de Poche, 2000, 제5장, p. 574.
(에밀 졸라 지음, 강충권 옮김, 『제르미날』, 민음사, 2022)

내가 여기 있어요

세상에 혼자라고 느껴질 때, 우리를 위로해 주는 것들

2023년 5월 11일 초판 1쇄 발행

지은이 크리스토프 앙드레
발행인 박상근(至弘) • 편집인 류지호 • 상무이사 김상기 • 편집이사 양동민
책임편집 하다해 • 편집 김재호, 양민호, 김소영, 최호승 • 디자인 쿠담디자인
제작 김명환 • 마케팅 김대현, 이선호 • 관리 윤정안 • 콘텐츠국 유권준, 정승채
펴낸 곳 불광출판사 (03169) 서울시 종로구 사직로10길 17 인왕빌딩 301호
대표전화 02) 420-3200 편집부 02) 420-3300 팩시밀리 02) 420-3400
출판등록 제300-2009-130호(1979. 10. 10.)

ISBN 979-11-92997-07-0 (03180)

값 19,000원